Hüslers

Klettersteigführer
Dolomiten

Alle Vie ferrate zwischen
Brixen und Belluno

Eugen E. Hüsler

BRUCKMANN

Vorwort

Erfunden wurden Eisenwege zwar anderswo, doch das ändert nichts daran, dass die Dolomiten das Klettersteigrevier schlechthin sind: fast 100 gesicherte Routen in einem 6000 Quadratkilometer großen Gebiet – einmalig im gesamten Alpenraum! Und die Palette ist überaus weitgespannt; sie reicht von gesicherten Höhen- und Panoramawegen – etwa dem »Günther-Messner-Steig« oder der »Alta via Bruno Federspiel« – bis zu richtigen Gänsehautrouten wie der »Ferrata Piazzetta« oder der »Stella Alpina« in der Palagruppe. Welcher Klettersteig-Fan hat noch nicht von der »Ferrata Tomaselli« und der »Pisciadù« gehört, den absoluten Rennern unter den Dolomiten-Klettersteigen, oder der »Costantini« in der Moiazza, Nummer eins in der Hitliste der anspruchsvollsten Routen? Manche der gesicherten Steige haben unheilige Väter, gehen auf ehemalige, in den Steilfels trassierte Kriegssteige zurück wie der »Sentiero Dibona« im Cristallomassiv, die »Ferrata delle Trincee«, die »Alta via Bepi Zac« und die meisten Eisenwege in den Sextener Dolomiten, darunter auch die berühmte »Strada degli Alpini«. Sogar noch aus der Zeit vor der »Grande Guerra« stammen die Via ferrata am Marmolada-Westgrat und der steile »Pößnecker Steig«, zwei echte Oldies. Der eigentliche Boom kam dann in den sechziger Jahren, als zunächst rund um Cortina d'Ampezzo, später auch im Fassatal viele Vie ferrate angelegt wurden.

Damals begegnete ich meinem allerersten Klettersteig, der »Tomaselli«, zufällig und, was Eisenwege anging, völlig ahnungslos. Das hat sich inzwischen gründlich geändert, Touren auf gesicherten Steigen sind längst zum festen Bestandteil (und zur Bereicherung) jedes Bergjahres geworden. Gezählt habe ich sie nicht, »meine« Eisenwege; in den Dolomiten jedenfalls kenne ich die meisten Vie ferrate. Neuanlagen gab's in den letzten Jahren kaum mehr, geändert hat sich manches: hier ist eine Zufahrt gesperrt, dort steht eine neue Hütte, fährt eine Seilbahn; manche Routen sind modifiziert, Verlauf und Sicherungen verändert worden. Ein großes Danke gebührt da meinem Südtiroler Freund Manfred Kostner, der zahlreiche Steige gegangen ist, vor Ort bei Bergführern und Tourismusstellen recherchiert hat.

Natürlich war ich im vergangenen Sommer ebenfalls fleißig unterwegs. Und ein weiteres Mal durfte ich mich davon überzeugen, dass die »Bleichen Berge« – allen Eingriffen zum Trotz – kaum etwas von ihrem Zauber eingebüßt haben. Meinen Lesern wünsche ich viel erlebnisreiche Tage auf den Vie ferrate delle Dolomiti!

Eugen E. Hüsler

INHALT

Wichtig: die Ausrüstung 10 • Die Selbstsicherung 11 • Ein Wort zum Umweltschutz 12 • Gefahren 13 • Leicht zu merken – 10 Regeln für Klettersteiger 15 • Objektiv – subjektiv: die Schwierigkeit mit den Schwierigkeiten 16 • Eine Vier-Klassen-»Gesellschaft« 17 • Die Hüsler-Schwierigkeitsskala 19

Pragser Dolomiten, Fanes und Ampezzaner Dolomiten 96

Steil, aber gut gesichert.

*Sicher am si-
chernden Seil.*

Die kleinste Ferrata der Dolomiten: Sass da Rocia.

Steilpassage an der »Ferrata Lipella«.

Wichtig: die richtige Ausrüstung

Auf den Vie ferrate, den »Eisenwegen«, braucht man zwar weder Schneidbrenner noch Drahtzange, aber in jedem Fall die richtige Ausrüstung. Das ist einerseits mehr, als Bergwanderer in ihrem Rucksack haben, aber erheblich weniger, als ein Kletterer zum Einstieg schleppt. Geht man auf eine große Tour alpinen Zuschnitts, ist der Ballast natürlich ungleich größer als beim Training am kurzen, talnahen Sportklettersteig. Da wird dann der Biwaksack verstaut, werden im Frühsommer Grödeln aufgepackt. Taschenlampe und Handschuhe sind ohnehin im Rucksack.

Auch das »Outfit« (so nennt sich das heute) hängt weitgehend von der Jahreszeit und dem gewählten Tourenziel ab. Klar, dass im Sommer (oder am Gardasee) das Beinkleid eher kurz ausfällt, dass die Trinkflasche dafür etwas größer sein darf. An der »Ferrata Cir V« braucht es kein schweres Gepäck; auf der »Strada Sanmarchi« dagegen sollte man sich gegen alle Unwägbarkeiten bei einer großen Tour wappnen.

Helm auf! Ganz wichtig auf Klettersteigen: die schützende Kopfbedeckung, für alle Fälle. Auf Gratrouten darf man ja durchaus auf das schweißtreibende Stück verzichten (ein fesches Stirnband gefällt ohnehin besser), doch in Rinnen und Schluchten, unter Felswänden und auf Bändern gibt man sich doch gerne bedeckt, weiß jede/r den Helm zu schätzen. Und da sind ja noch jene Bergkameraden, die sich gerne als »Abräumer« betätigen ...

Ganz schön neugierig!

Die Selbstsicherung

Klettersteig-Sets. Sicherheit vermittelt dem »Akrobat schöön« am Drahtseil nicht das Netz, sondern seine Ausrüstung. Sie besteht neben dem Helm aus einem Sitz- und Brustgurt (bzw. Kombigurt) und dem Klettersteig-Set: zwei je etwa einen Meter langen Seilstücken, einer Sturzbremse und zwei Schnappkarabinern mit großer Öffnung. Diese Sets werden von mehreren Herstellern angeboten, in unterschiedlichen Standards. Üblich ist heute die Y-Form, die doppelte Sicherheit bietet, weil jeweils beide Karabiner eingehängt werden.

Eine innovative Neuerung bilden Sets mit angenähter Bandschlinge. Endlich ist Schluss mit dem umständlichen Einbinden des Sets, keine Knoten mehr (die aufgehen können)! Die Bandschlinge wird ganz simpel per Ankerstich mit dem Klettergurt verbunden – da kann wirklich nichts mehr schiefgehen! Manche Hersteller sind auch bei der Befestigung der Karabiner vom traditionellen Knoten zugunsten vernähter Bänder abgekommen. Ein echter Fortschritt!

Karabiner. Auch bei den Karabinern sind neue Entwicklungen zu registrieren; wer es sicher und komfortabel mag, greift zum Modell »Attac« von Salewa mit seiner intelligenten Verschlusssicherung. Um ihn einzuhängen, drückt man den Karabiner einfach gegen das Drahtseil oder die Verankerung. Sehr vorteilhaft auch, dass der Karabiner durch eine Öse eingebunden wird; eine Querbelastung ist dadurch unmöglich (Bruchrisiko).

Partnersicherung. Auf steilen bis senkrechten Klettersteigen, die lediglich mit einem durchlaufenden Drahtseil ausgestattet sind (z. B. »Via Piazzetta«), gewährleistet diese Selbstsicherung keinen optimalen Schutz. Versuche haben gezeigt, dass bei Stürzen über wenige Meter bereits Kräfte frei werden, die zu Karabinerbruch oder Seilriss führen können. Und sogar wenn die Sicherungen halten, muss bei solchen Stürzen mit bösen Verletzungen gerechnet werden. Wirkliche Sicherheit bietet da nur die konventionelle Partnersicherung – man begeht die Via ferrata wie eine Kletterroute am Seil.

Ein Wort zum Umweltschutz. Über die enormen Belastungen, denen die Alpen als »Playground of Europe« ausgesetzt sind, muss an dieser Stelle nichts weiter gesagt werden. Von den Besuchermassen darf man wohl nur bedingt erwarten, dass sie – entgegen ihren (schlechten) Gewohnheiten – das Naturwunder Alpen nicht bloß konsumieren, sondern als Individuum sinnvoll erleben. Diese Erkenntnis entbindet aber gerade den Bergsteiger keineswegs von einer Mitverantwortung gegenüber seinen Bergen. Also zumindest dafür sorgen, dass der Müllhaufen nicht weiter anwächst! Was bereits herumliegt, braucht nicht ansteckend zu wirken, im Gegenteil: Ich habe es mir zur (guten) Gewohnheit gemacht, nicht nur die eigenen Abfälle, sondern von jeder Tour auch ein zurückgebliebenes Exponat unserer Wegwerfgesellschaft wieder hinab ins Tal mitzunehmen. Diese kleine »Mühe«, von all jenen praktiziert, die sich als Berg- und Naturfreunde fühlen, müsste eigentlich eine erfreulich reinigende Wirkung auf Gipfel und Wegränder zeitigen.

Auf dem geschichteten Dolomitfels des Cristallomassivs: der »Sentiero Dibona«.

Gefahren

Wenn das Leben gefährlich ist (wie der Volksmund behauptet), dann ist es das Herumsteigen im Gebirge sowieso. Das wissen die Bergbauern (sofern sie noch nicht Hoteliers geworden sind), und sie begegnen dem Berg deshalb mit Respekt, meiden unnötige Risiken. Der moderne Mensch dagegen, der Natur in seinem Alltag entfremdet, an PC und Handy gefesselt, meist auch sitzend unterwegs (im Auto, im Zug), er sucht das Abenteuer, den spannend-entspannenden Kontrast zu seiner Arbeitswelt. So begibt er sich bewusst auf unbekanntes Terrain – in Gefahr halt. Und die kommt im Gebirge meistens von oben: Regen, Schnee, Gewitter, Steinschlag.

Steinschlag. Er steht in der Liste möglicher Unfallursachen an erster Stelle, wie Statistiken beweisen. Schuld daran sind leider auch rücksichtslose »Bergkameraden«, die durch unsauberes Gehen für gefährlichen »Beschuss« sorgen. Steilrinnen und Geröllschluchten sollte man nach Möglichkeit ohnehin nur betreten, wenn niemand darin unterwegs ist, und selbstverständlich wird man in diesen kritischen Bereichen selber keine Steine lostreten.

Wetter. Immer wieder ist zu beobachten, wie sträflich die Wetterentwicklung von Bergsteigern unterschätzt wird. Wer einmal ein richtiges Gewitter in den Alpen erlebt hat oder bei einem Temperatursturz mit einsetzendem Schneefall über einen Klettersteig abgestiegen ist, wird in Zukunft entschieden vorsichtiger sein. Deshalb: vorher Infos über die Wetteraussichten einholen! Ein strahlend schöner früher Morgen bietet keinerlei Gewähr, dass es den ganzen Tag über sonnig bleibt, dass weder Gewitter noch Regen drohen. Als Vorboten einer Wetterverschlechterung gelten Morgenrot, fallender Luftdruck (lässt sich am Höhenmesser ablesen), bestimmte Wolkenbilder (z.B. Schäfchenwolken nach längerem Schönwetter, Föhnfische und von Westen aufziehende Federwolken). Bilden sich bereits am Vormittag Haufenwolken, die dann rasch zu mächtigen Türmen anwachsen, sind Schauer, Blitz und Donner zu erwarten. Und das sollte den Klettersteigler auf jeden Fall interessieren, ist sein liebstes Sportgerät doch ein gigantischer Blitzableiter.

Besonders gefährlich ist das auf »eisernen« Überschreitungen, bei denen man auch den Abstieg über eine Ferrata nehmen muss. Da hilft bei Gewittergefahr bloß: rechtzeitig umkehren. Wird man trotzdem vom Unwetter erwischt, heißt die Devise: weg von Eisenleitern und Drahtseilen (aber natürlich nur, wenn das ohne Absturzgefahr geht)!

Zu meiden sind herausragende Geländepunkte wie Gipfel, Grate oder isoliert stehende Bäume. Auch Felsnischen bieten keinen sicheren Schutz, da sich ein Blitzschlag über die Wand entladen kann.

Bin nicht schwindelfrei ... Der Blick in bodenlose Tiefe, er gehört auf Klettersteigen natürlich dazu, macht ja (für manche) ihren besonderen Reiz aus: sicher am Abgrund, das kleine Abenteuer, wohliges Kribbeln im Bauch. Doch die Vorstellung, hoch über dem (sicheren) Boden auf ein paar Eisenklammern zu stehen, kann auch ganz andere Reaktionen auslösen: Bin ich schwindelfrei?

Es gibt organisch bedingte Störungen des Gleichgewichtssinns, doch viel häufiger ist ein Schwindelgefühl, dessen Wurzeln psychischer Natur sind: Angst. Und die kann man (manchmal) besiegen, mit viel Geduld und beharrlichem Training. Allmähliche Gewöhnung an die Höhe (bzw. die Tiefe), verbunden mit der langsam wachsenden Gewissheit: Ich schaff' es!

Selbstüberschätzung. Bergsteigen lernt man nicht von heute auf morgen, und das gilt auch fürs Klettersteiggehen. Es ist ein verhängnisvoller Irrtum, zu glauben, das sichernde Eisen wäre eine Versicherung gegen menschliche Unzulänglichkeit; im Gegenteil: Manchmal verleitet es zu gefährlichen Fehleinschätzungen. Deshalb der Rat: klein anfangen, allmählich steigern, nicht zu viel Ehrgeiz entwickeln. Und auf keinen Fall vergessen: Der Spaß an der Sache ist wichtiger als das (vielleicht zu hoch gesteckte) Ziel.

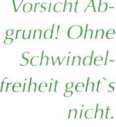

Vorsicht Abgrund! Ohne Schwindelfreiheit geht`s nicht.

Leicht zu merken – 10 Regeln für Klettersteigler

→ Vor der Tour: Informationen über Wetteraussichten einholen; bei Gewitterneigung möglichst früh starten, besser Tour verschieben.

→ Tourenplanung dem eigenen Können (bzw. dem des schwächsten Teilnehmers) anpassen. Nicht gleich mit der schwierigsten Ferrata beginnen!

→ Rucksack sorgfältig packen: nichts vergessen?

→ Ausrüstung nicht nur mitnehmen, sondern auch benützen. Der Steinschlaghelm im Rucksack nützt recht wenig.

→ An der Via ferrata nach Möglichkeit klettern; das Drahtseil dient ja in erster Linie der Sicherung. Wo das nicht mehr möglich ist, darauf achten, dass ein Seilabschnitt jeweils nur von einer Person benützt wird.

→ Sorgfältig gehen, Steinschlag vermeiden. In Rinnen und Schluchten nach Möglichkeit erst einsteigen, wenn das Gelände über einem »frei« ist, also keine anderen Bergsteiger unterwegs sind.

→ Stets aufs Wetter achten. Bei Gewittergefahr weg von Graten und Eisenteilen – wer geht schon gerne an einem riesigen Blitzableiter entlang spazieren?

→ Bei einem Wettersturz umdrehen! Selbst nur mäßig schwierige Klettersteige verwandeln sich bei Regen oder Schneefall, bei einem Temperatursturz (Vereisung) rasch in gefährliche Fallen.

→ Kein blindes Vertrauen in Drahtseile, Haken und Verankerungen; sie können beschädigt sein. Drahtseile nicht unnötig auf Zug belasten.

→ Defekte Sicherungen in der Hütte oder im Talort (Polizei, Tourismusbüro) melden!

Objektiv – subjektiv: die Schwierigkeit mit den Schwierigkeiten

Es ist fast wie in der Schule: Noten müssen her, Bewertungen, ein System halt, das den Klettersteigler informiert, ihm Vergleichsmöglichkeiten eröffnet: leicht, mittel, schwierig, sehr schwierig.

Das hört sich ganz einfach an, ist in Wirklichkeit aber ziemlich kompliziert (siehe Schule). Nur ein Beispiel: Was hat die »Strada Sanmarchi« in der Marmarole mit der »Via Pisetta« am Dain Picol in den Gardaseebergen gemeinsam? Die Eisenteile, richtig. Aber das ist – abgesehen von der »Felsunterlage«, auch schon alles; bei ersterer handelt es sich um eine hochalpine Gratüberschreitung, während an der »Pisetta« vor allem ein kräftiger Bizeps und absolute Immunität gegen schwindelnde Tiefblicke verlangt werden. Die Begehung der »Strada Sanmarchi« setzt alpine Erfahrung voraus, sicheres Gehen in ungesichertem Gelände, Klettererfahrung und eine tadellose Kondition. All das ist am Dain Picol zweitrangig, noch mehr an jenen Sportklettersteigen in den Französischen Alpen, die sich jeder angehende Feuerwehrmann zutrauen darf. Angst vor der Tiefe. Wer kennt es nicht, das leichte Kribbeln, das einen an sehr ausgesetzten Passagen befällt, bei manchen panische Reaktio-

Das große Felsenfenster an der Tofana di Mezzo.

nen auslöst, während andere es als emotionales Highlight empfinden –
das kalkulierte Risiko, das »sichere« Abenteuer! Wer's ganz extrem aus-
kosten will, springt gleich am Gummiseil von der Brücke. Alles subjektiv, sagt der Verstand – doch das Gefühl?

Klettersteigler sind in der Regel Hobbybergsteiger, keine Profis oder Kletterer. Ihr alpines Rüstzeug variiert mindestens so stark wie die Qualität des
Frühstückskaffees auf Berghütten: miserabel bis sehr gut. Manche, die
sich am Drahtseil und auf der Leiter völlig sicher fühlen, bekommen im
ungesicherten Schrofengelände ihre Probleme – und umgekehrt.

Dennoch, eine Skala muss her, Noten sind wichtig (nicht nur in der
Schule). Also nochmals von vorn. Eine »Via ferrata« ist als Kletterroute
mit fest installierten Sicherungen und künstlichen Haltepunkten zu de-
finieren. Entsprechend hängt ihre Bewertung vor allem von zwei Fakto-
ren ab: dem Schwierigkeitsgrad der naturbelassenen Route (nach der
Alpenskala) und der Art bzw. dem Umfang der angebrachten Eisenteile
(Drahtseile, Haken, Leitern). Mit zwei Ziffern ließe sie sich verhältnismäßig leicht klassifizieren, beispielsweise V/D (eine Route im V.
Schwierigkeitsgrad mit Drahtseilsicherungen) oder III/DL (ein »Dreier«,
ausgerüstet mit Drahtseilen und Leitern).

Zu kompliziert? Also doch: leicht bis extrem schwierig.

Eine Vier-Klassen-«Gesellschaft«

Den sehr unterschiedlichen Anforderungen auf
gesicherten Routen entsprechen vier Kategorien:
Gesicherte Steige, klassische **Klettersteige**, **Alpine Steige**, **Sportklettersteige**. Sie unterscheiden
sich in diesem Führer durch Farbpunkte im Pikto-
gramm.

Gesicherte Steige Wege oder Steige, die in der
Regel nur kürzere gesicherte Passagen aufweisen,
z.B. Normalwege auf Gipfel, Gratrouten oder
Übergänge von Hütte zu Hütte. Bergerfahrung ist
entschieden wichtiger als ein dicker Bizeps.

Klettersteige Die klassische Via ferrata, meistens
eine mehr oder weniger aufwändig »aufgerü-
stete« Kletterroute.

Alpine Steige Mit den »Gesicherten Steigen« vergleichbar, nur kommt hier anspruchsvolleres ungesichertes Gelände hinzu. Die alpine Route

weist leichtere Kletterstellen auf (bis II), sie führt über Eis (Gletscher-
ausrüstung) und/oder in heikles Schrofen- und Felsgelände. Routen für
Bergsteiger mit entsprechender Erfahrung.

Sportklettersteige Meistens in Talnähe angelegte Routen, bei denen es
mehr um Spektakel als um den Berg geht: senkrechte Wandstellen,
maximal exponierte Querungen, neuerdings auch mit Gags wie
Hänge- oder Dreiseilbrücken.

*Kraxeln im
Berg: die
»Galleria
Lagazuoi«.*

Die Hüsler-Schwierigkeitsskala

Leicht Selbstverständlich handelt es sich auch hier nicht um einen simplen Wanderweg, der Steig ist in der Regel aber trassiert, die Sicherungen sind in Relation zum Gelände komfortabel. Durchwegs große natürliche Tritte; wo sie fehlen, werden sie durch Leitern, Stege, Eisenbügel und Haken ersetzt. Nur kürzere exponierte (und dann bestens gesicherte) Passagen. Für geübte Bergsteiger ist noch keine Selbstsicherung erforderlich.

Mittel Man bewegt sich abschnittweise bereits im Steilfels; die Routen sind aber recht aufwändig gesichert. Senkrechte Passagen mit Eisenbügeln und/oder Leitern, Drahtseilsicherungen auch in weniger schwierigem Gelände. Selbstsicherung auch für routiniertere Bergsteiger empfehlenswert.

Ziemlich schwierig In dieser Kategorie sind viele Klettersteige angesiedelt; es handelt sich um Routen, die teilweise bereits in anspruchsvollem Gelände verlaufen, aber in Relation dazu eher üppig gesichert sind.

Schwierig Das Gelände wird steiler, schwieriger; oft finden sich nur mehr kleine Tritte und Griffe, die Sicherungen sind sparsamer gesetzt. Auch an exponierten Stellen hilft oft bloß ein Drahtseil; künstliche Haltepunkte (Haken, Eisenbügel) nur an den schwierigsten Stellen.

Sehr schwierig Klettersteige im extremen Felsgelände! Senkrechte bis leicht überhängende Passagen, vielfach bloß mit Fixseilen versehen. Nur für sehr erfahrene Klettersteiggeher mit gut trainiertem Bizeps!

Extrem schwierig In diese Kategorie fallen nur ganz wenige "Gänsehautrouten"; etwas für die Extremen unter den Ferratisti.

Farblich unterschiedliche Piktogramme erleichtern den Überblick:				
	Gesicherte Steige	Kletter-steige	Alpine Steige	Sportkletter-steige
leicht	○	○	○	○
mittel	◑	◑	◑	◑
ziemlich schwierig bis sehr schwierig	●	●	●	●

GEISLER-PUEZ, LANGKOFEL, SCHLERN

Das Grödner Tal ist die touristische Schlagader im Nordwesten der Dolomiten; die drei Orte St. Ulrich, St. Christina und Wolkenstein gehören zu den Schwergewichten im Südtiroler Fremdenverkehr. Und die Berge rundum zu den bekanntesten Dolomitenprofilen: Geislerspitzen, Langkofel, Schlern. Erstaunlich mager fällt das »eiserne« Angebot aus: lediglich ein paar kürzere gesicherte Steige, aber keine richtig große Via ferrata. Das mag mit der traditionellen Zurückhaltung des Südtiroler Alpenvereins Klettersteigen gegenüber zu tun haben. Immerhin gibt's für Genießer an den Aferer Geislern einen schönen Höhenweg (»Günther-Messner-Steig«, ⇨ Tour 2), und auf den Sas Rigais führen gleich drei gesicherte Steige (⇨ Touren 3, 4, 5). Eine eindrucksvolle Innenansicht des Langkofelmassivs vermittelt der »Oscar-Schuster-Steig« (⇨ Tour 8), viel Aussicht der »Maximiliansteig« (⇨ Tour 9).

Höhenwandern über dem Villnöß-tal: am »Günther-Messner-Steig«.

1 Peitlerkofel-Steig

Peitlerkofel, 2875 m
Kurzer, leichter Klettersteig zu großer Aussicht

leicht

5 bzw. 5½ Std.

km

1070 m bzw. 900 m

Routencharakter: Gipfelwanderung mit »eisernem« Finale, an sommerlichen Schönwettertagen eher etwas für gesellige Menschen.
Ausgangspunkte: Straßenbrücke (1825 m) über den Schartenbach bzw. Würzjoch (1987 m) an der »Brixner Dolomiten-straße«. Busverbindung nur von St. Martin in Thurn bis zum Würzjoch.
Gehzeiten: Ab Straßenbrücke gesamt 5 Std.; Aufstieg 3 Std., Abstieg 2 Std. Ab Würzjoch gesamt 5½ Std.; Aufstieg 3¼ Std., Abstieg 2¼ Std.
Markierung: Rot-weiß-rot mit den Nummern 1 bzw. 8A, Gipfelweg rote Farbtupfer.

Landkarten: Tabacco 1:25 000, Blatt 07 »Hochabtei-Livinallongo«. Freytag&Berndt 1:50 000, Blatt WKS 5 »Gröden-Sella-Mar-molada«.
Highlights: Umfassende Panorama-Aus-sicht vom Gipfel.
Einkehr: Munt de Fornella (2080 m), ☐ Mitte Juni bis Mitte September.
Einkehr/Unterkunft: Ütia de Börz (2006 m) am Würzjoch, ☐ Mitte Mai bis Ende Oktober; Tel. 0474/52 00 66.
Fototipps: Vom Kleinen Peitlerkofel (2813 m) bietet sich ein packender Blick in die Nordwand des Hauptgipfels. Action am Klettersteig.

Lage, Höhe und ein vergleichsweise leichter Zugang stempeln den Peitlerkofel, ladinisch Sas de Putia, zu einem beliebten Gipfelziel, ganz klar die Nummer eins zwischen Villnöß- und Gadertal. Da kommt es schon einmal vor, dass sich an einem Sommertag, wenn der Morgenhimmel gute Fernsicht verspricht, zwei- oder dreihundert Leute aufmachen, ihm aufs graue Haupt zu steigen, was wiederum am felsigen Kopf des so Beglückten zu kleinen Staus führt. Erfahrene Klet-tersteiger empfinden das Finale eher als kleine »eiserne« Zugabe; für Anfänger ist die kurze, wenig exponierte Kraxelei gerade richtig.

Auf den Peitlerkofel steigt man auch der Aussicht wegen, und die kann sich wirklich sehen lassen, im Wortsinn, nicht nur des ungewöhnlich weiten Horizonts wegen. Besonders schön sind die Kontraste, grün-sanftwellig der Norden, zum Pustertal hin, dahinter das glitzernde Gletscherweiß des Alpenhauptkamms, kalkgrau und schroff die Dolo-mitzinnen im Süden bis Osten. Und da sind garantiert ein paar Gipfel mit großem »eisernem« Anstieg dabei ...

➜ **Anfahrt** Zum Peitlerkofel kommt man über die »Brixner Dolomi-tenstraße«, die aus dem Eisacktal über die beiden Wasserscheiden Halsl (1867 m) und *Würzjoch* (1987 m) ins Gadertal führt. Beide Ausgangspunkte für die Peitlerkofel-Tour, die Brücke über den Schar-tenbach (1825 m) und das Würzjoch (1987 m), liegen an dieser Strecke, 26 bzw. 29 km ab Brixen, 16 bzw. 13 km von St. Martin in Thurn.

↗ **Zustiege** Von der Straßenbrücke oberhalb der Gungganwiesen führt ein gut markierter Weg in das Tälchen des Schartenbachs, wo der mit 8A bezeichnete Zustieg vom Würzjoch mündet. Nun im Zickzack durch den Graben hinauf in die *Peitlerscharte* (2357 m), 1 ½ bzw. 1 ¾ Std.

↑ **Peitlerkofel-Steig**

Der Gipfelweg steigt in Serpentinen durch die offene Südflanke des Peitlerkofels an, mit zwei Varianten im oberen Teil. Sie treffen knapp unterhalb der Senke zwischen dem grünen Rücken des Nebengipfels (2813 m) und dem Peitlerkofel wieder zusammen. Die letzten 100 Höhenmeter bieten dann – endlich! – das kleine Felsabenteuer. Aus dem Stein gehauene Stufen und Drahtseile erleichtern den Aufstieg am wenig ausgeprägten Südgrat. Zuletzt über Geröll auf den Gipfel, 1 ¼ Std.

↘ **Abstieg** Auf dem Anstiegsweg.

Der Aufstieg zum Peitlerkofel bietet schöne Ausblicke, u.a. ins Hochabtei.

2

Günther-Messner-Steig

Kofelwiesen – Wälscher Ring (2646 m) – Kreuzkofeljoch
Aussichtswandern an den Aferer Geisler

 leicht

 7¼ Std.

 1100 m

Routencharakter: Große Runde an den Aferer Geisler mit einigen gesicherten Passagen (Drahtseile, Leiter). Bei Altschnee etwas heikle Querung nördlich unter dem Wälscher Ring. Klettersteigausrüstung für Geübte nicht notwendig.
Ausgangspunkt: Zanser Alm (1680 m) im innersten Villnößtal. In der Hauptreisezeit verkehrt ein Linienbus; ab Mitte September Kleinbusdienst ab St. Peter (täglich um 9 Uhr, Rückfahrt 17 Uhr). Mehrere Parkplätze auf der Zanser Alm.
Gehzeiten: Gesamt 7¼ Std.; Zustieg 2 Std., »Günther-Messner-Steig« 3½ Std., Abstieg 1¾ Std.
Markierung: Teilweise ziemlich sparsam bezeichnete Wege, aber an allen Verzweigungen Hinweistafeln. Aufstieg Nummern

32, 32A, »Günther-Messner-Steig« mit GM bezeichnet, Abstieg Nummern 4, 35, 32.
Landkarten: Mapgraphic 1:25 000, Blatt 12 »Brixen und Umgebung«. Freytag&Berndt 1:50 000, Blatt WKS 5 »Gröden-Sella-Marmolada«.
Highlights: Aussicht auf die Geislerspitzen und zum Peitlerkofel. Blumenpracht im Frühsommer!
Einkehr/Unterkunft: Schlüterhütte (2297 m), ☻ Ende Juni bis Mitte Oktober; Tel. 0472/84 01 32. Gampenalm (2062 m), ☻ Pfingsten bis Anfang November; Tel. 0472/84 00 01.
Fototipps: Viele schöne Landschaftsmotive unterwegs. Stimmungsvoll die Geislerspitzen im Nachmittagslicht, etwa von der Gampenalm aus.

Ein Kalendermotiv, das fast jeder kennt: das gotische Kirchlein von St. Magdalena vor den Geislerspitzen (Sas Rigais, 3025 m). Und auf dem »Adolf-Munkel-Weg«, der am Nordfuß dieser berühmten Villnösser Kulisse verläuft, sind alljährlich Zigtausende unterwegs: Dolomitenzauber. Sie gucken hinauf in jene steilen Felsen, an denen der junge Reinhold Messner seine allerersten Kletterversuche unternahm. Kaum jemand schaut nach Norden, übers Tal, wo die Aferer Geisler (Tullen, 2653 m) stehen: weniger hoch, keine markanten Felsen. Dafür folgt ihrem langgestreckten Schartengrat eine markierte Route mit noch viel schönerer Aussicht auf die Geislerspitzen, tief in die Ampezzaner Dolomiten hinein und bis zum weißen Firnsaum des Alpenhauptkamms:

 **tipp**

Wenn die Parkplätze auf der Zanser Alm belegt sind – was während der sommerlichen Ferienzeit schon mal vorkommen kann –, wird die Zufahrtsstraße ab St. Johann gesperrt. Als alternativer Ausgangspunkt für den »Günther-Messner-Steig« bietet sich das *Russiskreuz* (1730 m) an der Strecke von St. Peter in Villnöß zum Halsl an. Aufstieg über die Furtschelle, Abstieg zur Peitlerscharte (2357 m) und Rückweg über die Rodelwiesen; gesamt 7½ bis 8 Std.

der »Günther-Messner-Gedächtnissteig«, benannt nach dem beim Abstieg vom Nanga Parbat verunglückten Bruder von Reinhold Messner. Er ist mehr Wanderweg als Klettersteig, nichts für »Eisenfresser«, aber eine Idealtour für Genießer. Und die soll's ja auch unter den »Ferratisti« geben ...

2

Geislerspitzen vom Anstieg zum »Günther-Messner-Steig«.

➜ **Anfahrt** Ins Villnößtal führt eine gut ausgebaute Straße, 10 km bis St. Peter, knapp 20 km bis zur Zanser Alm (1680 m).

↗ **Zustieg** Bei der Zanser Alm über den Caserilbach, dann taleinwärts zur Abzweigung der »Herrensteige«. Nun links am Rand einer mächtigen Geröllreiße zunehmend steiler aufwärts. An der Weggabelung (1960 m) nimmt man den »Oberen Herrensteig«, Markierung 32A, der mit prächtiger Aussicht auf die Geislerspitzen an der Südflanke der Aferer Geisler (Rueffen) ansteigt, dabei mehrere Gräben ausgeht und schließlich auf den *Kofelwiesen* (2200 m) in den »Günther-Messner-Steig« mündet.

↑ **Günther-Messner-Steig**
Der mit GM markierte Steig führt über die blumenübersäten Almböden weiter bergan gegen die bizarren Felszacken der Weißlahnspitzen (2494 m). Eine namenlose Gratsenke wird tangiert, ehe der Weg am Rand einer schrofigen Mulde im Geröll gegen die markante Felsbastion des kreuzgeschmückten *Tullen* (2653 m) ansteigt. Der höchste Gipfel der Aferer Geisler kann auf einer Wegspur bestiegen werden; von der beschilderten Abzweigung (ca. 2530 m) etwa 20 Minuten.

Der »Messner-Steig« lässt den Tullen links stehen und steuert eine felsige Rinne in der Südflanke des *Wälscher Rings* (2646 m) an. Drahtseile erleichtern den Durchstieg; über einen Wiesenhang gewinnt man an-

2

schließend leicht den Grat. In der felsigen Nordflanke kurz abwärts, dann an Fixseilen über gestufte Felsen diagonal zum Gipfel.

Der Weiterweg verläuft wieder an der Sonnseite des Kamms. Im steilen Zickzack geht's zunächst über Schrofen abwärts, dann steigt man durch eine enge Rinne (Drahtseil) an auf einen Wiesenhang. Nun links in eine Gratsenke (2567 m) und weiter aufwärts zu einer winzigen Scharte (2580 m) im Südwestgrat der westlichen Ringspitze. Dahinter verliert der »Günther-Messner-Steig« erheblich an Höhe (rund 150 m), ehe er an den schrofendurchsetzten Hängen der Ringspitzen (2625 m) wieder anzusteigen beginnt. Eine solide, etwa acht Meter hohe Leiter hilft über einen senkrechten Grataufschwung hinweg; Drahtseile leiten in leichteres Gelände. Aus einer Scharte links abwärts, unter überhängenden Felsen zu einer Graskuppe und über einen Wiesenhang rechts hinunter zu dem vielbegangenen Weg, der, von der Peitlerscharte kommend, südwärts in das weite *Kreuzkofeljoch* (2340 m) führt.

↘ **Abstieg** Knapp unterhalb der grasigen Senke steht die *Schlüterhütte* (2297 m). Spätestens hier ist dann eine Rast fällig, bevor man den Talabstieg unter die (müden?) Füße nimmt: anderthalb Stunden über die Gampenalm (2062 m), mit Aussicht auf die Geislerspitzen, die sich im Nachmittagslicht besonders stimmungsvoll präsentieren. Unterhalb der Gampenwiesen stößt man auf den breiten Talweg, der am Caserilbach entlang zurückleitet zur Zanser Alm.

Die einzige Leiter am »Messner-Steig« hilft über eine senkrechte Felsstufe hinweg.

Sas Rigais, Ostanstieg   3
Sas Rigais, Südwestanstieg   4
Villnösser Einstieg   5

Sas Rigais, 3025 m
Stumpfe Spitze, tolle Aussicht

 leicht/mittel

 6 Std.

1000 m

Routencharakter: Nur wenig schwierige, landschaftlich aber sehr dankbare Routen. Mit Aufstieg aus dem Val Salieres und Abstieg über den »Villnösser Einstieg« zur Mittagsscharte ergibt sich eine abwechslungsreiche Runde. Die Sicherungen am Südwestanstieg befinden sich zur Zeit (Sommer 2000) in einem lamentablen Zustand, und dies, obwohl der leichteste Weg zum Sas Rigais besonders stark frequentiert wird. Keine Werbung für das Grödner Tal!
Ausgangspunkt: Bergstation der Gondelbahn am Col Raiser (2107 m). Der Lift verkehrt vom 10. Juni bis Anfang Oktober täglich 8–17 Uhr.
Gehzeiten: Gesamt 6 Std.; Col Raiser – Ostanstieg 3 ¾ Std., Abstieg über »Villnösser Einstieg« 2 ¼ Std.

Markierung: Wegzeiger und ordentliche Markierungen im Bereich der Cislesalm, Anstieg durch das Val Salieres nicht zu verfehlen.
Landkarten: Tabacco 1:25 000, Blatt 05 »Gröden-Seiseralm«. Freytag&Berndt 1:50 000, Blatt WKS 5 »Gröden-Sella-Marmolada«.
Highlights: Steilpassage am Ostanstieg, Panorama, Mittagsschlucht.
Einkehr/Unterkunft: Col-Raiser-Berghaus (2107 m) an der Liftstation, ⏱ Mitte Juni bis Anfang Oktober; Tel. 0471/79 63 02. Regensburger Hütte (Geislerhütte, 2037 m), ⏱ Anfang Juni bis Mitte Oktober; Tel. 0471/79 63 07.
Fototipps: Actionmotive bieten alle drei Anstiege, und dann sind da noch all die herrlichen Dolomitenzacken rundum ...

Ihrer Nordansicht begegnet man in allen Südtirol-Kalendern und Dolomiten-Bildbänden, und da machen die Geislerspitzen ihrem ladinischen Namen – le Odle (Nadeln) – alle Ehre. Nur ein Gipfel bildet die berühmte Ausnahme: Der Sas Rigais ist, im Gegensatz zur *Furchetta* (3030 m), die ihn an Höhe gerade um fünf Meter übertrifft, ein massiger Klotz mit zerschrundenen, schrofigen Flanken, durch die tiefe Mittagsscharte von den eleganten Turmbauten um die Gran Odle abgesetzt. Trotz seiner beeindruckenden Nordwand gilt der Sas Rigais bei den Kletterern als wenig interessant: zu brüchig das Gestein. So treffen sich auf dem Gipfel fast nur »Gemäßigte«: Bergwanderer mit Dreitausender-Ambitionen und Klettersteiger, mitunter fast in Kompa-

Am Ostanstieg zum Sas Rigais.

3/4/5 niestärke. Das verwundert nicht weiter, ist der Sas Rigais neben dem Piz Boè doch der einzige »leichte« Dreitausender der Grödner Dolomiten, zudem mit drei gesicherten Anstiegen. Es lockt das kleine Felsabenteuer…

Allzu weit sind diese Gipfelwege nicht; eine Gondelbahn befördert die Gipfelstürmer von St. Christina bis über die 2000-Meter-Höhenmarke hinaus. Vom *Col Raiser* (2107 m) spaziert man dann am Südrand des Naturparks Geisler-Puez hinüber zur Regensburger Hütte, wo ein Wegzeiger die Richtung angibt: »Sass Rigais«.

➔ **Anfahrt** Den Grödner Ferienort St. Christina (1428 m) erreicht man auf guter Straße aus dem Eisacktal, 24 km von Klausen, 17 km von Waidbruck. Im Ort links aufwärts zur Talstation der Col-Raiser-Gondelbahn.

➚ **Zustieg** Zunächst leicht abwärts, vom Col Raiser über licht bewaldete Böden zur schön gelegenen *Regensburger Hütte* (Geislerhütte, 2037 m). Hier links und über die Blumenwiesen der Cislesalpe bergan zur Wegspinne (2263 m) am Südfuß des Sas Rigais. Geradeaus geht's zur Mündung der Mittagsschlucht, rechts auf deutlicher Spur ins *Val Salieres*. Durch das felsumstellte Kar aufwärts, zuletzt im Geröll und über Schneereste, in die zwischen Sas Rigais und Furchetta eingelagerte *Forcella Salieres* (2696 m).

↑ **Ostanstieg**

Aus der Senke, den verblassten Markierungen folgend, links über leichte Felsen und Schrofen auf einen kleinen Rücken mit schönem Tiefblick ins Villnößtal. Nun an Drahtseilen schräg aufwärts zu einer felsigen Schulter, dahinter kurz hinunter in einen gerade meterbreiten Einschnitt. Gleich jenseits sehr steil auf Eisenstiften diagonal über eine fast senkrechte Wandstufe. Dass in diesem Schattenwinkel früher bis spät ins Jahr Schnee lag, merkt man beim Griff zum (zu hoch angebrachten) Drahtseil! Weiter fast durchgehend seilgesichert in einem Graben über gestufte Felsen aufwärts in offeneres Gelände und zum Gipfel, 1 1/4 Std.

Sas Rigais, gesicherte Steige

↑ **Südwestanstieg**

Von der erwähnten Weggabelung (2263 m) am Plan Ciautier zur Mündung der *Mittagsschlucht*, dann mühsam über Geröll und zwischen Felstrümmern aufwärts, bis sich rechts ein Seitengraben öffnet. Unter Über-

hängen etwas heikel (Drahtseil) in die Rinne und in ihr kurz aufwärts. **3/4/5**
An verlotterten Seilen über eine steile 20-Meter-Wand, anschließend in
gestuftem Felsgelände an weiteren Sicherungen (Seile, kurze Brücke)
auf den Wiesenhang unter dem großen südwestseitigen Kar des Sas Rigais. Der deutlichen Wegspur folgend bergan bis unter die Felsen, dann
mit Drahtseilsicherungen steiler aufwärts (keine Steine lostreten!) gegen
den Südostgrat und über ihn zum Gipfel, *2 ½ Std.*

↑ **Villnösser Einstieg**

Ursprünglich angelegt, um die Besteigung des Sas Rigais aus dem Villnösser Tal zu erleichtern, bietet sich die Route angesichts der total verlotterten Sicherungen am Südwestanstieg als Abstiegsalternative bei
einer Gipfelüberschreitung an. Man folgt dem Südweststeig nur bis in
das große Kar (ca. 2760 m), quert dann nach rechts zu einem etwas
exponierten Eck, das mit Fixseilen und zwei Haken gut gesichert ist.
Vorsicht: Kein deutlich sichtbarer Hinweis an der Abzweigung! Weiter
unter dem Westgrat, teilweise gesichert, über gestufte Felsen abwärts,
zuletzt auf einer Wegspur in die *Mittagsscharte* (2597 m).

↘ **Abstieg** Im Geröll hinunter durch die wilde Klamm. Kurz vor ihrer
Mündung weisen gelbe Markierungen (Hinweis »Col Raiser«) nach
rechts auf ein Felseck. Kurz aufwärts, dann in längerer Querung unter
den Felsen der Gran Odla westwärts ins Almgelände von Cisles. Auf
markierten Wegen abwärts zum Col Raiser.

*Sella und
Langkofel
vom Gipfel-
grat des Sas
Rigais.*

6 Nives-Schartensteig

Forcela Nives, 2740 m
Viel Landschaft, wenig Eisen

leicht

6¼ Std.

1000 m

Routencharakter: Abwechslungsreiche Runde zwischen Geislerspitzen und Puezbergen; gesicherte Passage kurz und wenig schwierig. Steinschlaghelm ratsam, Selbstsicherung für weniger Geübte. Im Frühsommer liegt in der Steilrinne unterhalb der Nivesscharte oft Schnee.
Ausgangspunkt: Bergstation der Gondelbahn am Col Raiser (2102 m). Der Lift verkehrt vom 10. Juni bis Anfang Oktober täglich 8–17 Uhr.
Gehzeiten: Gesamt 6¼ Std.; Aufstieg zur Nivesscharte 2½ Std., Übergang zum Col de la Piéres 1½ Std., Abstieg 2¼ Std.
Markierung: Rot-weiß-rot mit den Nummern 2, 3, 4. Anstieg zur Nivesscharte und Col de la Piéres rote Markierung ohne Nummer.

Landkarten: Tabacco 1:25 000, Blatt 05 "Gröden-Seiseralm«. Freytag&Berndt 1:50 000, Blatt WKS 5 »Gröden-Sella-Marmolada«.
Highlights: Kontraste zwischen den wüsten Plateaubergen von Puez und der Filigranarchitektur der Geislerspitzen, Panorama des Col de la Piéres.
Einkehr/Unterkunft: Col-Raiser-Berghaus (2107 m) an der Liftstation, ☉ Mitte Juni bis Anfang Oktober; Tel. 0471/79 63 02. Regensburger Hütte (Geislerhütte, 2037 m), ☉ Anfang Juni bis Mitte Oktober; Tel. 0471/79 63 07. Steviahütte (2312 m), ☉ Anfang Juli bis Ende September.
Fototipps: Gute Motive am Siélesgrat, Blick von der Steviaalm auf Cirspitzen und Sella.

Der paar Eisenteile wegen wird wohl niemand ins hinterste Val dla Roa pilgern, doch wenn man den Abstecher zur Nivesscharte mit einer Überschreitung des *Col de la Piéres* (2751 m) verbindet, wird aus wenig Klettersteig viel Dolomitenzauber. Besonders eindrucksvoll ist dabei der Kontrast zwischen der wüsten »Mondlandschaft« des Puez-Plateaus, die sich am Ausstieg der Mini-Ferrata plötzlich auftut, und den fantastischen Felsbauten der Grödner Berge: Geislerspitzen, Langkofel, Sella, Cirspitzen.

→ **Anfahrt** Den Grödner Ferienort St. Christina (1428 m) erreicht man auf guter Straße aus dem Eisacktal, 24 km von Klausen (Brenner-Autobahn), 17 km von Waidbruck. Im Ort (Hinweis) links aufwärts zur Talstation der Col-Raiser-Gondelbahn.

↗ **Zustieg** Die Tour startet im (leichten) Abwärtsgang, mit dem Spaziergang von der Liftstation am Col Raiser (2107 m) hinüber zur *Regensburger Hütte* (Geislerhütte, 2037 m). Dahinter führt der Weg zunächst mit Aussicht auf die Geislerspitzen in das nur wenig ansteigende, licht bewaldete innerste Cislestal, dann rechts in den steinigen Gra-

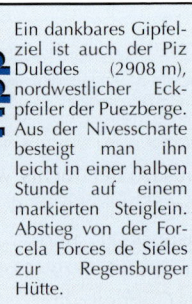

Tipp

Ein dankbares Gipfelziel ist auch der Piz Duledes (2908 m), nordwestlicher Eckpfeiler der Puezberge. Aus der Nivesscharte besteigt man ihn leicht in einer halben Stunde auf einem markierten Steiglein. Abstieg von der Forcela Forces de Siéles zur Regensburger Hütte.

ben von Forces de Siéles. An der Weggabelung (2255 m) hält man sich links und steigt durch das weite, felsumrahmte Kar des Val dla Roa auf gegen die gleichnamige Scharte.

↑ Nives-Schartensteig

An der beschilderten Verzweigung unter der Forcela dla Roa rechts und unter den markant geschichteten Felsen des Piz Duledes (2908 m) hinüber zur Mündung der Steilrinne, die von der *Forcela Nives* (2740 m) herabzieht. Nun an soliden Sicherungen recht steil, aber problemlos hinauf zum Grat, *2 ³/4 Std.*

↗ **Übergang** zum Col de la Piéres. Mehr oder weniger am Siéleskamm hinab und hinüber zur *Forcela Forces de Siéles* (2505 m). Drei kurze Passagen sind gesichert. Aus der Scharte führt eine schmale Spur über den schrofigen Grat (Drahtseile) steil bergan zur Ostabdachung des *Col de la Piéres* (2751 m). Zuletzt am breiten Rücken zum höchsten Punkt mit großem, sehr stimmungsvollem Panorama.

↘ **Abstieg** Nicht zu übersehen ist auch die dünne Spur, die in einem weiten Bogen die Karmulde unter der Muntejela (2644 m) passiert, un-mittelbar an die von einer schlanken Felsnadel flankierte Pizascharte (2489 m) heranführt und dann über die riesige Schräge der Steviaalm hinabzieht zur gleichnamigen kleinen Hütte. Einen felsigen Abbruch gleich unterhalb des Col de la Piéres meistert man problemlos am sichernden Drahtseil. Harmlose Felsen begleiten auch den Weg von der *Steviahütte* (2312 m) über die St.-Silvester-Scharte (2280 m) hinunter zu den Lärchenwiesen von La Pausa. Hier rechts weiter bergab zum Sträßchen am Cislesbach und zurück zur Talstation der Col-Rai-ser-Gondelbahn.

Grödner-Joch-Straße und Puez-berge vom Pisciadù-Plateau aus.

7 Klettersteig Cir V

Cirspitze V, 2520 m
Kurzer, rassiger Klettersteigspaß

ziemlich schwierig

2½ Std. km

400 m

Routencharakter: Kurzer, aber recht steiler Klettersteig, mit einer kleinen Leiter und (jüngst erneuerten) griffig-dicken Drahtseilen gesichert. Abstiegsweg ebenfalls mit Drahtseilsicherungen, hier Steinschlaggefahr durch Nachsteigende (Helm!).
Ausgangspunkt: Grödner Joch (2121 m). Im Sommer oft total verparkte Passhöhe. Gute Busverbindungen mit den Ortschaften beiderseits des Jochs! Man kann alternativ auch die Gondelbahn Dantercëpies (2298 m) benützen, um zum Einstieg zu kommen; sie ist ab 25. Juni bis Ende September von 8.30–12.30, 13.30–17.30 Uhr in Betrieb.

Gehzeiten: Gesamt 2½ Std.; Aufstieg 1½ Std., Abstieg 1 Std.
Markierung: Ab Dantercëpies rote Punkte zum Einstieg.
Landkarten: Tabacco 1:25 000, Blatt 05 »Gröden-Seiseralm«. Freytag&Berndt 1:50 000, Blatt WKS 5 »Gröden-Sella-Marmolada«.
Highlights: Steile Wandstufe in der Mitte der Ferrata, Gipfelaufschwung.
Einkehr/Unterkunft: Mehrere Gasthäuser am Grödner Joch.
Fototipps: Gute Motive am Klettersteig, letzter Aufschwung (am besten bei Vormittagslicht).

Im langgestreckten, felsigen Drachenrücken der Cirspitzen ist die »Fünfte« nur einer von mehreren Zacken und nicht einmal der höchste. Auch nicht der meistbesuchte; dieses Prädikat gebührt klar dem Gran Cir (2592 m), der direkt nördlich über dem Grödner Joch in den Himmel sticht. Ein hübsches Felssteiglein, an ein paar kurzen Stellen sogar drahtseilgesichert, führt hier zum Gipfelkreuz; gut eine Stunde vom Pass und sogar für »Gelegenheitsbergsteiger« leicht zu machen. Von anderem Kaliber ist die Ferrata auf die Cirspitze V, kurz zwar nur, aber doch steil genug, dass weniger Geübte leichtes Herzklopfen kriegen und lieber nicht nach unten schauen.

➡ **Anfahrt** Die Grödner-Joch-Straße verbindet das Grödner Tal mit der Hochabtei, 11 km von Wolkenstein, 10 km von Corvara.

➤ **Zustieg** Vom Pass entweder auf einem Sandsträß-

Tipp

Wie wär's nach der Tour mit einer guten Brotzeit, Langkofel- und Sellablick inklusive? Bei »Gérard« gibt's beides, das tolle Bergpanorama sogar umsonst. Und Klettersteiger, die in dem gastlichen Haus an der Grödner-Joch-Straße übernachten, steigen mit den ersten Sonnenstrahlen am hohen Gipfelgrat des Sasslong aus den Federn ... Abends kann man sich dann von Mamas Kochkünsten verwöhnen lassen: ladinische Gerichte, Wild und feine Schwammerl, dazu vielleicht das passende Gewächs aus dem Weinkeller. Die beiden Töchter besorgen den Service souverän und freundlich; im Winter sind sie auch öfter draußen unterwegs, auf den Skipisten Grödens. Das verwundert allerdings niemanden, der die Familie Mussner kennt; schließlich war Papa bei den Olympischen Spielen von Grenoble (1968) einer der allerschnellsten Abfahrer. Das Chalet »Gérard« steht an der Westrampe der Grödner-Joch-Straße, gut einen Kilometer oberhalb der Abzweigung zum Sellajoch. Großer Parkplatz. Plan de Gralba 37, I-39048 Wolkenstein; Tel. 0471/795274, Fax 794508.

7

*Am Gipfel-
felsen der
Cirspitze V.*

chen oder über den links davon verlaufenden Fußweg hinauf zur Liftstation *Dantercëpies* (2298 m). Eine Tafel weist hier zum Klettersteig
(»Kleine Cirspitze«).

↑ Klettersteig Cirspitze V

Die Spur führt an dem grasigen Rücken im Zickzack aufwärts, dann
über Schrofen zur Mündung einer steilen Rinne. Man durchsteigt sie (I)
und quert nach rechts auf eine kleine Kanzel, wo die Sicherungen beginnen. Eine kurze Leiter und Fixseile leiten über den Felsvorbau zur
Wand. Nun recht exponiert, aber mit guten Griffen am straff gespannten Drahtseil über die Steilstufe. Die anregende Kletterei mündet auf
den abgeflachten Südgrat der Cirspitze V. Auf ausgetretener Spur an ihren felsigen Kopf heran; ein Drahtseil und zwei Eisenstifte helfen von
rechts über den letzten, fast senkrechten Aufschwung, *1 Std.*

↘ Abstieg
Vom kleinräumigen Gipfel kurz zurück, dann mit Draht-
seilsicherung hinab in die Scharte zwischen der vierten und fünften
Cirspitze und durch die südseitige, mit reichlich Geröll garnierte
Schlucht abwärts. Oberhalb ihrer Mündung nach rechts um ein felsi-
ges Eck herum zum Anstiegsweg.

8 Oscar-Schuster-Steig

Plattkofel, 2958 m
Alter schützt vor Schönheit nicht ...

mittel

6 1/2 Std.
km

700 m

Routencharakter: Eine Gipfeltour alpinen Zuschnitts, nur wenig Sicherungen. Im Frühsommer am Einstieg und in manchen Rinnen harter Altschnee (Steigeisen!).
Ausgangspunkt: Langkofelscharte (2681 m). Die Langkofel-Gondelbahn ist von Mitte Juni bis Anfang Oktober von 8.15–16.30 Uhr in Betrieb.
Gehzeiten: Gesamt 6 1/2 Std., Langkofelscharte – Plattkofel 3 1/4 Std., Abstieg/Rückweg 3 1/4 Std.
Markierung: Rot-weiß-rot mit den Nummern 525, 594; am Plattkofel nur Farbmarkierungen.
Landkarten: Tabacco 1:25 000, Blatt 05 »Gröden-Seiseralm«. Freytag&Berndt 1:50 000, Blatt WKS 5 »Gröden-Sella-Marmolada«.

Highlights: Die bizarre Felskulisse des Plattkofelkars.
Einkehr: Mehrere Hütten im Bereich des »Friedrich-August-Weges«.
Einkehr/Unterkunft: Toni-Demetz-Hütte (2681 m) in der Langkofelscharte, ⏱ Mitte Juni bis Anfang Oktober; Tel. 0471/79 50 50. Langkofelhütte (2253 m), ⏱ 20. Juni bis Ende September; Tel. 0471/79 23 23. Plattkofelhütte (2300 m), ⏱ Mitte Juni bis Anfang Oktober; Tel. 0462/60 17 21.
Fototipps: Viel Schatten – wenig Licht. Das gilt fast das ganze Jahr über fürs Plattkofelkar. Nachmittags zeigen sich Zahnkofel, Innerkoflerturm und Langkofelkarspitze vom »Oscar-Schuster-Steig« aus in schönem Licht.

Sein Name sagt es: Platt ist er, und wer je vom Fassajoch über die riesige, mit reichlich Geröll garnierte Schräge aufgestiegen ist, die Sonne im Kreuz und das (Gipfel-)Kreuz weit vor sich, wird wohl eher mit gemischten Gefühlen an die Tour zurückdenken. Monoton ist der gut zweistündige Hatscher auf jeden Fall, versüßt nur durch die Rundschau oben am eisernen Gipfelkreuz, eine gelungene Mischung aus Nah-,

Fern- und Tiefblicken, hinein ins felsige Herz des Langkofelmassivs mit seinen prallen Schlerndolomitwänden, übers oberste Fassatal hinweg zur Marmolada und in die Pala, deren Zackenprofil am südöstlichen Horizont steht, über die sanftwelligen Wiesenböden der Seiser Alm bis zum fernen weißen Saum des Alpenhauptkamms. Im Westen Adamello-Presanella, Brentakalk und Ortlereis – ein tolles Panorama, wenn nur dieser Aufstieg nicht wäre ...

Geschafft! Am Gipfelkreuz des Plattkofels.

8

Er muss nicht sein! Es gibt einen zweiten Weg auf den Plattkofel, der durch seine überhaupt nicht »platten« Ostabstürze verläuft und der mindestens so spannend ist wie der Anstieg übers Platt langweilig: der »Oscar-Schuster-Steig«, 1895 von dem bergsteigenden Arzt aus dem Vogtland (dem viele Erstbesteigungen und Neurouten im Kaukasus und in den Alpen gelangen) entdeckt und um die Jahrhundertwende markiert. So schwärmte bereits der legendäre »Hochtourist« über einen »Felsensteig von kaum zu übertreffender Schönheit, der von jedem schwindelfreien und halbwegs Geübten unter entsprechender Führung unschwer begangen werden kann.« Und dieser Anstieg mit seinen vor ein paar Jahren erneuerten, teilweise auch ergänzten Sicherungen ist wirklich ein Traumpfad, ein Weg der Superlative, ohne super-schwierig zu sein.

➜ **Anfahrt** Das Sellajoch (2244 m) verbindet die Täler von Gröden und Fassa, 10 km ab Wolkenstein, 12 km ab Canazei. Vom Sellajochhaus schaukelt man mit der Gondelbahn hinauf in die *Langkofelscharte* (2681 m).

↗ **Zustieg** Zwischen scheinbar himmelhoch ragenden Felsen durch das Langkofelkar hinunter zur *Langkofelhütte* (2253 m).

↑ **Oscar-Schuster-Steig**
Beim Schutzhaus weist ein Schildchen ins Plattkofelkar, zum »Schustersteig«. Eine deutliche Spur mit rot-weißen Farbzeichen führt in den schattigen Winkel, über Schrofen und zuletzt einen steilen Geröllkegel zum Felsfuß. Darüber dräut eine düstere, zerklüftete Wand: wie weiter? Die Markierungen weisen nach rechts, auf ein breites, ansteigendes Band, dann über gestufte Felsen in einen kurzen, engen Kamin, wo man zupacken muss, schließlich über Schrofen und Schutt aufwärts zu einer schmalen Scharte (2853 m). Schwindelnder Tiefblick auf die Wiesenböden von Cunfin; nach links leitet das Drahtseil zurück in die Felsen. Es folgt eine längere Querung (keine Steine ablassen!) mit einigen hübschen Kraxelstellen, bestens gesichert. Über eine steile, aber griffige Wand gewinnt man den unteren Ansatzpunkt einer breiten Geröllrinne. Sie mündet direkt auf den Mittelgipfel des Plattkofels (2958 m), 2 ¹/₂ Std.

↘ **Abstieg** Über die Riesenschräge auf einer ausgetretenen Spur (Steinmänner, rote Markierungen) hinunter ins *Fassajoch* (2300 m). Hier links und über den »Friedrich-August-Weg« mit prächtiger Sicht auf die Berge über dem Fassatal zurück zum Sellajochhaus.

Tipp
Wenn der Langkofellift nicht in Betrieb ist, bietet sich alternativ der Monte Pana (1636 m) oberhalb von St. Christina (Zufahrt, 3 km) als Ausgangspunkt für die Plattkofeltour an. Gesamtgehzeit dann 8 ¹/₂ Std., Rückweg von der Plattkofelhütte über den Piza da Uridl (2107 m) zum Plan de Cunfin.

9 Maximiliansteig

Roterdspitze, 2655 m
Zwischen Seiser Alm und Rosengarten

 mittel

 8 Std.
km

1150 m

Routencharakter: Nur mäßig schwierige Gratroute mit langem, landschaftlich aber dankbarem Zustieg und Rückweg. Übernachtung in der Tierser-Alpl-Hütte ratsam, dann möglichst Kombination mit dem »Laurenzi-Klettersteig« (⇨ Tour 10).
Ausgangspunkt: Hotelsiedlung Compatsch (1844 m) auf der Seiser Alm; Zufahrt von Kastelruth bzw. Seis je etwa 10 km. Busverbindung, im Sommer auch direkt aus dem Grödner Tal. Großer Parkplatz.
Gehzeiten: Gesamt 8 Std.; zum Tierser Alpl 2 ¾ Std., »Maximiliansteig« – Roterdspitze 1 ¼ Std., Abstieg via Schlernhäuser 3 ½ Std.
Markierung: Rot-weiß-rote Markierung mit den Nummern 2, 4, 5, 10; am »Maximiliansteig« rote Farbtupfer.

Landkarten: Tabacco 1:25 000, Blatt 05 »Gröden-Seiseralm«. Freytag&Berndt 1:50 000, Blatt WKS 5 »Gröden-Sella-Marmolada«.
Highlights: Kontrast zwischen der grünen Hochalm und den zerklüfteten Felszacken der Roßzähne; im Frühsommer üppige Blumenpracht auf den weiten Bergwiesen der Seiser Alm.
Einkehr: Mehrere Gasthöfe und Hütten im Bereich der Seiser Alm.
Einkehr/Unterkunft: Tierser-Alpl-Hütte (2441 m), ⏰ Juni bis Mitte Oktober; Tel. 0471/72 79 58. Schlernhäuser (2457 m), ⏰ Mitte Juni bis Mitte Oktober; Tel. 0471/61 20 24.
Fototipps: Hübsche Actionmotive am Grat, Blumen.

Als Werbemotiv fürs Fernsehen eignet sich die ziemlich kariöse Zahnreihe über der Seiser Alm bestimmt nicht, und auch als Gipfelziele geben die Roßzähne nur wenig her. Dass sie dennoch regen Besuch erhalten, ist dem rührigen Hüttenwirt auf dem Tierser Alpl zu verdanken, der den Felsen mit der Bohrmaschine zu Leibe gerückt ist und am zerklüfteten Grat eine hübsche Ferrata installiert hat: den »Maximiliansteig«. Er läuft über zwei Gipfel, den *Großen Roßzahn* (2653 m) und die *Roterdspitze* (2655 m), und wartet mit ein paar recht originellen, gut gesicherten Passagen auf. Vor allem aber begeistern die herrlichen Ausblicke von dem unansehnlichen Kamm, nach Norden ins wellige Grün der Seiser Alm und weit bis zum weißen Firnsaum des Alpenhauptkamms, nach Süden zum Rosengarten, und im Osten tief in die Dolomiten.

 **Tipp**

Als Ausgangspunkt zur Klettersteigtour bietet sich alternativ *Weißlahnbad* (1173 m) an der Mündung des Tschamintals an. Gute Kondition ist bei dieser Tourenvariante allerdings unerlässlich, sind doch – Gegensteigungen eingerechnet – etwa 1700 Höhenmeter zu bewältigen. Aufstieg durch die faszinierende Dolomitenlandschaft des Tschamintals, dann über den »Maximiliansteig« zur Roterdspitze und weiter zur Schlernalm. Abstieg südwärts zum Schlernbach und in die Bärenfalle. Durch die wildromantische Klamm hinunter nach Weißlahnbad, insgesamt etwa 9 Std.

➔ **Anfahrt** Von Kastelruth bzw. Seis führt eine gut ausgebaute Straße in Kehren hinauf zur Seiser Alm, Endpunkt bei der Hotelsiedlung Compatsch (1844 m), je 11 km.

9

↗ **Zugang** Vor dem Klettersteigerlebnis steht eine ausgedehnte Alm-wanderung, von Compatsch auf vielbegangenen Wegen über das Ladinser Moos und den Grünser Bühel (2177 m), eines der vielen urzeitlichen Relikte der Region, hinauf in die *Roßzahnscharte* (2499 m). Dahinter quert man unter den Felsen zur Tierser-Alpl-Hütte (2441 m).

↑ **Maximiliansteig**
Beim Schutzhaus weist ein Schild zum Klettersteig. Das rot markierte Weglein zieht hinauf gegen die Felsen und führt dann in die zwischen Großem und Östlichem Roßzahn eingerissene Schlucht. Im Zickzack aufwärts zu einer Scharte, von der man einen hübschen Tiefblick auf die Seiser Alm genießt, und nach links, den Fixseilen folgend, zum *Großen Roßzahn* (2653 m).

Vom Gipfel in leichtem Felsgelände abwärts, dann am Drahtseil durch ein Felsentor und hinunter in eine Scharte. Nun in anregendem Auf und Ab am Grat entlang, mit gelegentlichen Sicherungen. Aus der Roterdscharte kann man südseitig über Geröll zur Tierser-Alpl-Hütte absteigen (Wegzeiger). Der »Maximiliansteig« führt weiter zur Roterdspitze. Ungesichert über Schutt und leichte Felsen aufwärts, dann um ein ziemlich luftiges Grateck herum und steil, zuletzt mit Seilhilfe, zum Ausstieg. Auf gutem Weglein zum nahen Gipfel, *1 ¾ Std.*

↘ **Abstiege** Auf dem breiten Westrücken der *Roterdspitze* (2655 m) hinab zum Schlernweg. Hier links zur Tierser-Alpl-Hütte oder geradeaus über das Schlernplateau mit kurzem Gegenanstieg zu den Schlernhäusern (2457 m). Kurz unterhalb zweigt rechts der »Touristensteig« ab. Er läuft in Serpentinen hinunter zum Frötschengraben. Jenseits des Bachs steht die Saltnerhütte (1825 m). Mit einer leichten Gegensteigung über die Seiser Alm zurück zum Ausgangspunkt Compatsch.

Der Anstieg zur Roterdspitze ist auf kürzeren Passagen gesichert.

ROSENGARTEN, SELLA UND MARMOLADA

Was für ein Dreiklang! Da atmen auch Klettersteigler erst einmal tief durch; immerhin gibt es zwischen Corvara und Predazzo mehr als zwei Dutzend gesicherte Routen. Darunter sind gemütliche Höhenwege wie der »Sentiero Pederiva« (⇨ Tour 31), einige Steilwandrouten, beispielsweise am Col Ombert (»Kaiserjägersteig«, ⇨ Tour 30) oder am Colàc (»Via dei Finanzieri«, ⇨ Tour 29), natürlich auch mehrere Klassiker wie der »Pößnecker« (⇨ Tour 19) und der Marmolada-Westgrat (⇨ Tour 25). Zigtausende versuchen sich jeden Sommer am »Pisciadù« (⇨ Tour 18); unter Insidern gilt die »Piazzetta« (⇨ Tour 20) als echter Prüfstein, und bei der Überschreitung der Punta Serauta be-

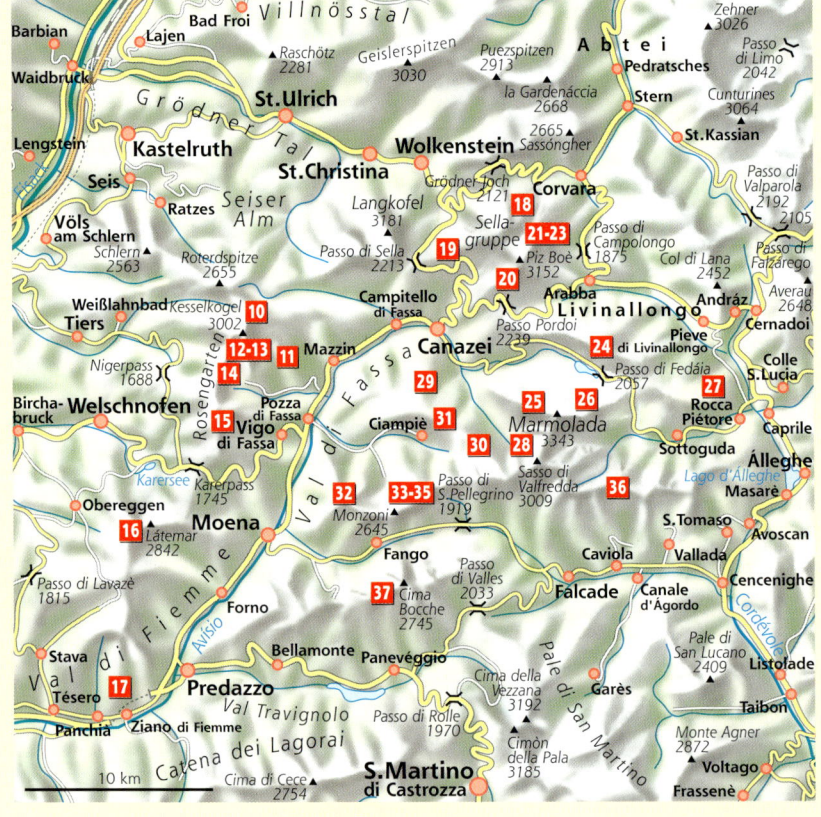

kommt der Begriff »Eterna« eine ganz reale Bedeutung (⇨ Tour 26). Genießer schätzen die »alte vie« über dem Val di San Nicolò, die »Gadotti« (⇨ Tour 32), die »Federspiel« (⇨ Tour 34) und die »Bepi Zac« (⇨ Tour 35).

Günstige Basis für die meisten Klettersteige der Region sind die Ortschaften im Fassatal: Vigo di Fassa, Pozza, Campitello und Canazei. Wer auf Hütten übernachtet, kann auch leicht mehrere Steige miteinander zu einer großen »Haute Route« verbinden, z. B. Karerpass – »Masarè-Rotwand-Klettersteig« – Rosengartenhütte – Santnerpass – Kesselkogel – Antermoia-Hütte – »Laurenzi-Klettersteig« – Tierser-Alpl-Hütte – »Maximiliansteig« – Schlern.

Dolomitarchitektur: am »Latemar-Klettersteig«.

10 Laurenzi-Klettersteig

Molignon, 2852 m
Einsamer Nachbar des Kesselkogels

schwierig

9¼ Std.
km

1600 m

Routencharakter: Anspruchsvolles Tagespensum, lange Wege, dazu an der Ferrata recht schwierige Passagen. Nur bei ganz sicherem Wetter gehen!
Ausgangspunkt: Parkplatz (ca. 1480 m) an der Mündung des Val Duron, etwa 1 km vom Ortszentrum von Campitello (1414 m). Im Sommer kann man sich per Jeep ins Tal kutschieren lassen; Infos durch das Tourismusbüro.
Gehzeiten: Gesamt 9 ¼ Std., Val Duron – Tierser Alpl 3 ½ Std., »Laurenzi-Klettersteig« 3 Std., Abstieg 2 ¾ Std.
Markierung: Rot-weiß-rot mit den Nummern 532, 4, 578, 580. Am Klettersteig rote Farbtupfer.
Landkarten: Tabacco 1:25 000, Blatt 06 »Val di Fassa e Dolomiti Fassane«. Frey-

tag&Berndt 1:50 000, Blatt WKS 5 »Gröden-Sella-Marmolada«.
Highlights: Knackige Klettersteigpassagen zwischen dem Äußeren und dem Mittleren Molignon, Aussicht über das Fassatal in die zentralen Dolomiten.
Einkehr: Baita Lino Brach (1856 m) im Val Duron.
Einkehr/Unterkunft: Rifugio Micheluzzi (1850 m), ☿ Juni bis Ende Oktober; Tel. 0462/60 14 ä43. Tierser-Alpl-Hütte (2441 m), ☿ Juni bis Mitte Oktober; Tel. 0471/72 79 58. Rifugio Antermoia (2497 m), ☿ 20. Juni bis Ende September Tel. 0462/60 22 72.
Fototipps: Gute Actionmotive am Grat, Tiefblick auf den Antermoiasee, Rosengartengipfel.

Man glaubt's nicht so ohne weiteres, doch auch im Rosengarten gibt es noch stille Winkel, einsame Gipfel. Zum Beispiel den Molignon. Der bekam früher fast gar keinen Besuch, und auch nach dem Bau des »Laurenzi-Klettersteigs« ist der massige Bergstock zwischen dem Tierser Alpl und dem Kesselkogel nicht zum Modeberg geworden: zu abgelegen, zu weite Wege. Wer nicht in einer Hütte nächtigt, wer also die Überschreitung an einem Tag machen will, muss gut zu Fuß sein, denn ein satter Zehn-Stunden-Tag wird mindestens daraus. Doch das stört wenig, wenn der Himmel blau und die Kondition okay ist.

Unter den Eisenwegen im Rosengarten ist die »Laurenzi« klar die anspruchsvollste Route: recht lang, aber nur sparsam gesichert, mit leichten (Frei-)Kletterpassagen. Steilfels und Gehgelände folgen einander bei der Überschreitung der drei Gipfel in stetem Wechsel, was ausreichend Gelegenheit gibt, die tolle Aussicht auch gebührend zu genießen.

➔ **Anfahrt** Campitello (1414 m) liegt an der »Großen Dolomitenstraße«, 8 km von Pozza di Fassa, 3 km von Canazei. Im Ort rechts vom Duronbach aufwärts zu einem Parkplatz (ca. 1480 m) am Eingang ins Val Duron.

↗ **Zustieg** Zunächst steil auf der Sandstraße, dann auf einem schönen Waldweg taleinwärts, vorbei am Rifugio Micheluzzi (1860 m), zu den Almhütten im inneren Val Duron und, die Straßenschleife abkürzend,

hinauf ins Mahlknecht-
joch (2168 m). Weiter auf
vielbegangenem Weg zur
Tierser-Alpl-Hütte (2441
m).

↑ Laurenzi-Klettersteig
Auf das erste Drahtseil
stößt man bereits am
Schrofenrücken gegen-
über der Tierser-Alpl-
Hütte, am Weg zum Mo-
lignonpass (2596 m).
Beim Anstieg von der
Scharte zum *Äußeren Mo-
lignon* (2779 m) ist eine
kurze Felsstufe gesichert;
richtig »eisenhaltig« wird's
aber erst hinter dem abge-

flachten Gipfel. Die Route folgt dem zerklüfteten, mit mehreren Zak-
ken besetzten Grat, teilweise sehr exponiert. Etwas knifflig ist ein
Zwischenabstieg, der erst am Fixseil über trittarme Felsen, dann durch
eine Rinne in ein enges Schartl führt. An plattigen Felsen (Griffe) quert
man hinüber zum Fuß des *Mittleren Molignon* (2845 m): fast 150 Meter Gegenanstieg mit viel Geröll, dann steht man auf dem breiten Gipfeldach und registriert etwas überrascht eine schmale Zone schwarzer
Tuffgesteine zwischen dem hellen Dolomit. Vom *Inneren Molignon*
(2852 m), zu dem Steigspuren hinüberleiten, bietet sich ein faszinierender Tiefblick in den Antermoiakessel mit seinem See und der Hütte.
Der »Laurenzisteig« führt über Schrofen ostseitig abwärts und hinüber
zu einer felsigen Gratkuppe. Hier rechts in die Südflanke und zunächst
nur mäßig steil, dann am fest gespannten Drahtseil nahe der Vertikale
hinunter zum Ausstieg (ca. 2600 m) am Ansatzpunkt einer langen Geröllreiße. Rechts von ihr an einer Rippe kurz hinab, dann ins Geschiebe
und stiebend hinunter in den flachen Boden des Antermoiakessels.
Links am See vorbei zum Rifugio Antermoia (2497 m), *3 Std.*

↘ Abstieg Von der Hütte auf gutem Weg in einem Bogen unter den
Felsen der Cima di Dona hindurch und leicht aufwärts zum Passo
Dona (2516 m). Über Schrofen und Geröll bergab in den Passo Ciaré-
gole (2282 m), dann nordseitig hinunter ins Val Duron. Auf dem Talsträßchen zurück zum Ausgangspunkt.

*Der »Lau-
renzi-Kletter-
steig« läuft in
der Karmulde
von Anter-
moia aus.*

11   Scalette-Steig
12   Kesselkogel-Ostanstieg
13   Kesselkogel-Westanstieg

Kesselkogel, 3002
Über den größten Berg des Rosengartens

leicht

9 Std.

1500 m

Routencharakter: Lange und anstrengende, technisch aber problemlose Runde im Rosengarten. Als Tagestour nur für ausdauernde Alpenläufer empfehlenswert. Das verzweigte Wegnetz im Rosengarten ermöglicht viele Routenvarianten; sehr dankbar sind Kombinationen mit dem anspruchsvollen »Laurenzi-Klettersteig« (⇨ Tour 10) oder mit dem populären »Santnerpass-Steig« (⇨ Tour 14). Bezeichnete Abstiege u. a. durch das Tschmintal oder ins Val Duron.
Ausgangspunkt: Bergstation der Rosengarten-Seilbahn (Ciampedìe, 1997 m). Die Funivia verkehrt von Mitte Juni bis Anfang Oktober täglich von 9–17 Uhr.
Gehzeiten: Gesamt etwa 9 Std.; Zugang 3/4 Std., »Scalette-Steig« 3 1/2 Std., Kesselgel-Überschreitung 2 3/4 Std., Abstieg 2 Std. Steigt man über den »Fassaner Höhenweg« ins Fassatal ab, erhöht sich die Gesamtgehzeit um gut 1 Std.
Markierung: Rot-weiß-rot mit den CAI-Nummern 540, 583, 584, 585, 546.

Landkarten: Tabacco 1:25 000, Blatt 06 »Val di Fassa e Dolomiti Fassane«. Freytag&Berndt 1:50 000, Blatt WKS 5 »Gröden-Sella-Marmolada«.
Higlights: Felskulisse am Aufstieg über den »Scalette-Steig«, Panorama vom Kesselkogel, Abstieg durchs Vajoletal.
Einkehr: Im Bereich von Ciampedìe und Gardeccia mehrere bewirtschaftete Hütten.
Einkehr/Unterkunft: Rifugio Antermoia (2497 m), ⏱ 20. Juni bis Ende September; Tel. 0462/60 22 72. Grasleitenpasshütte (2599 m), ⏱ 20. Juni bis Ende September; Tel. 0462/76 42 44. Vajolethütte (2243 m), ⏱ Mitte Juni bis Ende September; Tel. 0462/76 32 92. Preußhütte (2243 m), ⏱ 20. Juni bis Ende September; Tel. 0462/76 48 47.
Fototipps: Die Runde bietet geradezu einer Überfülle dankbarer Motive: die Larsechgruppe, Rosengartengipfel, unterwegs am Kesselkogel, Kulisse des Vajolettals, Hütten.

Der *Kesselkogel* hält den Höhenrekord im Rosengarten, er überragt all die schönen Felsgestalten in König Laurins versteinertem Garten; als einziger Gipfel hat er eine Drei an erster Stelle der Höhenangabe, doch einen Schönheitspreis wird er nie gewinnen: massig, einem umgedrehten alten Kessel mit arg zerbeultem Boden nicht unähnlich – so hockt er zwischen all der Dolomitenpracht.

Das ändert nichts daran, dass die Überschreitung des Kesselkogels zu den lohnendsten Touren überhaupt im Rosengarten zählt, vor allem, wenn man sie mit einer Durchquerung des Larsech verbindet. So wird sie zu einer Tour faszinierender Kontraste: Wandern im Vajolettal, Stille, fast zum Greifen im Larsech, nur gelegentlich unterbrochen durch den schrillen Warnpfiff eines Murmeltiers; feinste Felsarchitektur rund um die Gardeccia; vom Gletschereis abgehobelte Buckel, Geröllströme

beiderseits des Lausapasses. Und dann das Panorama vom Kesselkogel: tolle Dolomitenschau auf der einen, grenzenlose Weite auf der anderen Seite bis zum Ortler und den Graubündner Bergen – vor allem am späteren Nachmittag, wenn die hintereinander stehenden Bergketten im Gegenlicht wie Theaterkulissen aus dem Dunst der Täler aufsteigen, ein unvergessliches Bild!

11 / 12 13

Die »Vajolethütte« liegt am Weg zum Kesselkogel.

Neben all diesen Eindrücken verblasst das »Eisen« in dieser Runde etwas: ein paar Drahtseile am »Scalette-Steig«, Leitern und Fixseile dann auf beiden Steigen des Kesselkogels – nicht gerade viel für eine so große Runde. Das stört aber höchstens unverbesserliche »Eisenfresser«.

➜ **Anfahrt** Vigo di Fassa (1393 m) liegt an der »Großen Dolomitenstraße«, 38 km von Bozen, 13 km von Canazei. Im Ort befindet sich die Talstation der Rosengarten-Seilbahn (Funivia del Catinaccio), mit der man in ein paar Minuten bequem zum Aussichtsbalkon von Ciampedìe (1997 m) hinaufschwebt.

↗ **Zugang** Ein viel begangener Höhenweg, Markierung 540, führt von Ciampedìe flach taleinwärts nach Gardeccia (1950 m).

↑ **Sentiero delle Scalette**

An der gegenüberliegenden Talflanke läuft ein weiterer markierter Weg talauswärts: der »Leiterchensteig«. Am Felsfuß der Socordatürme biegt er nach Norden um in eine von den bizarren Felszacken der Dirupi di Larsech umstellte Karmulde. Über eine stark gegliederte Felsrampe (scalette) steigt man am sichernden Drahtseil steil hinauf in den Passo delle Scalette (2348 m). Knapp jenseits liegt der winzige, im Spätsommer meistens ausgetrocknete Lac Sech (secco = trocken). Weiter durch das Val de Lausa über steinige Wiesen und Geröll bergan zum *Passo di Lausa* (2700 m). Dahinter leitet die markierte Spur in einem Rechtsbo-

Kesselkogel-Ostanstieg

11 / 12

13

gen hinunter zum Rifugio Antermoia (2497 m), *3 ¹/₂ Std.* Wer zum Kesselkogel will, kann hier direkt in den inneren Boden des Antermoiatals absteigen.

↑ Kesselkogel-Ostanstieg

Aus dem Antermoiakessel (Hinweis an Felsblock) auf deutlicher Spur über den schrofigen Vorbau zum Einstieg (ca. 2750 m) der Ferrata. Eine Leiter und drahtseilgesicherte Felsstufen leiten auf das große Geröllband, das die Ostflanke diagonal durchzieht. Über den harmlosen Südgrat gewinnt man rasch den Gipfel, *1 ¹/₂ Std.*

↑ Kesselkogel-Weststeig

Einem markanten Band – dem Weg der Erstbesteiger – folgt auch der westseitige Steig. Vom Gipfel zunächst kurz über Geschröf und Felsstufen nach Norden hinunter in eine kleine Scharte, dann links auf die »Geröllstraße«. Sie leitet schräg abwärts durch die Westflanke. Achtung: Steinschlag hier unbedingt vermeiden, um Aufsteigende nicht zu gefährden! Die sind möglicherweise eine Etage tiefer unterwegs, auf dem Weg zum großen Band. Hier quert man etwas ausgesetzt zu einer Leiter, die auf ein winziges Schartl führt. Dahinter durch eine Rinne hinab auf ein Felsband und zum Ausstieg wenig oberhalb des Grasleitenpasses (2599 m), *1 ¹/₄ Std. im Abstieg.*

↘ **Abstieg** Der Abstieg vom Grasleitenpass nach Gardeccia ist ein gemütliches »Schaulaufen« vor großer Kulisse mit der Möglichkeit zur (wohlverdienten) Rast in einer der bewirtschafteten Hütten. Zuletzt auf dem »Fassaner Höhenweg« hinüber nach Ciampedìe (Seilbahn) oder hinab ins Fassatal.

Ein großes Eisenkreuz schmückt den Gipfel des Kesselkogels.

Santnerpass-Klettersteig

Santnerpass, 2745 m
Ein »Klassiker« mit Aussicht

14

 mittel

 5 1/4 Std.

 850 m

Routencharakter: Recht alpiner Aufstieg, darf nicht unterschätzt werden. Kurze, leichte Kletterstellen (I-II) sind ungesichert, für die Querung des »Eiscouloirs« können im Frühsommer Steigeisen nützlich sein.
Ausgangspunkt: Rosengartenhütte (2339 m), Bergstation der Sessellifts Laurin II. Die Bahn ist Ende Juni bis Mitte Oktober in Betrieb, täglich von 8.30–17.30 Uhr.
Gehzeiten: Gesamt 5 1/4 Std., »Santnerpass-Klettersteig« 2 Std., Abstieg/Rückweg 3 1/4 Std.
Markierung: Rot-weiß-rot mit den Nummern 542, 541, 550.
Landkarten: Tabacco 1:25 000, Blatt 06 »Val di Fassa e Dolomiti Fassane«. Freytag&Berndt 1:50 000, Blatt WKS 5 »Gröden-Sella-Marmolada«.
Highlights: Felspassagen am Aufstieg zum

Santnerpass, Vajolettürme aus dem Gartl, Felskulisse der Gardeccia.
Einkehr/Unterkunft: Rosengartenhütte (2339 m), ⏱ Ende Juni bis Mitte Oktober; Tel. 0471/61 20 33. Santnerpass-Hütte (2734 m), ⏱ Anfang Juli bis Ende September; Tel. 0471/76 40 93. Gartlhütte (2621 m), ⏱ Ende Juni bis Ende September; Tel. 0462/76 34 28. Vajolethütte (2243 m), ⏱ Mitte Juni bis Ende September; Tel. 0462/76 32 92. Preußhütte (2243 m), ⏱ 20. Juni bis Ende September; Tel. 0462/76 48 47.
Fototipps: Der Klettersteig bietet zahlreiche Landschafts- und Actionmotive, beim Abstieg ins Gartl kommen die Vajolettürme dann richtig vor die Linse. Blumen am Weg zum Tschagerjoch, Fernsicht zur Marmolada.

Etwas betagt, aber sehr solide: die Leiter am »Santnerpass-Klettersteig«.

Wer vom Nigerpass hinaufschaut gegen die Rosengartenspitze (2981 m), wird nicht unbedingt annehmen, dass es hier einen vergleichsweise leichten Durchstieg ins ostseitige Gartl gibt. Zu kompakt wirkt die Felsmauer, fast wie aus einem Guss. Das mag manche eher abschrecken; gewiefte Klettersteigler kriegen glänzende Augen und können's kaum noch erwarten. Doch den im Umgang mit alpinem Eisen weniger Vertrauten sei verraten: Die Tour zum Santnerpass dürfen sie sich durchaus zutrauen. Voraussetzung sind ein sicherer Tritt und etwas Bergerfahrung. Denn der schon fast historische Steig – nach dem Bozner Bergsteiger Johann Santner benannt, der ihn 1878

14

»entdeckte« – bietet keine größeren Schwierigkeiten. Etwas unangenehm sind die von zahllosen Schuhsohlen glatt polierten Felsen, vor allem bei Nässe, dazu ist die Route, die sich durch mehrere Steilrinnen schlängelt, eher sparsam gesichert. Schlicht grandios die Kulisse, Steilfels mit Tiefblick, und oben am Pass dann – eine Enttäuschung, zunächst: Den legendären »Kaiserblick« auf die *Vajolettürme* gibt's erst am Abstieg ins Gartl; da wachsen die drei Riesenskulpturen dann immer höher, immer fantastischer in den blauen Himmel.

Die Santnerpass-Tour wird in der Regel als Runde gemacht, mit dem Aufstieg über den Klettersteig, Zwischenabstieg zur Vajolethütte und Rückweg via Tschagerjoch – Rosengarten total!

→ **Anfahrt** Zur Rosengartenhütte (2339 m) kommt man ganz bequem mit dem Laurin-Sessellift, der seine Talstation bei Welschnofen und die Mittelstation direkt an der »Rosengarten-Straße« (Frommeralm, 1743 m) hat.

Traumlandschaft Dolomiten: der Rosengarten mit Vajolettürmen und Rosengartenspitze.

14

↑ **Santnerpass-Klettersteig**

Unmittelbar hinter der Rosengartenhütte führt der Steig über den felsigen, etwa fünfzig Meter hohen Wandvorbau auf die mächtige Schutterrasse. Drahtseile entschärfen zwei heiklere Passagen. An der markierten Verzweigung hält man sich links. Die deutliche Spur läuft ohne Höhengewinn auf die Westabstürze der Rosengartenspitze zu. Die zeigt sich nun weit stärker gegliedert als aus der Ferne; nicht zu übersehen sind auch jene abgespalteten Zacken und Platten, hinter denen sich enge Rinnen verbergen. Zunächst steigt die Route über gutmütige Felsen und Bänder an, teilweise mit Sicherungen, dann beginnt das »Schartenkraxeln«. Die Auf- und (kurzen) Abstiege sind nur teilweise gesichert; über einen senkrechten Aufschwung hilft eine stabile Eisenleiter hinweg. An Drahtseilen steigt man in das früher berüchtigte, mittlerweile ausgeaperte »Eiscouloir« ab, wo ein Seil zwischen die Felsen gespannt ist. Gut gesichert schräg über ein Wandl aufwärts,

dann links um ein Eck herum und durch einen steilen Riss zum Ausstieg am *Santnerpass* (2745 m), *2 Std.*

↘ **Rückweg/Abstieg** Von der abgeflachten Schulter unter der Rosengartenspitze auf markierter Geröllspur, vorbei an der Santnerpass-Hütte (2734 m), bergab ins *Gartl* mit dem gleichnamigen Schutzhaus. Weiter über leichte Felsen und Schrofen (einige Drahtseile) durch das Steilkar hinunter zur *Vajolethütte* (2243 m). Hier rechts auf dem Fahrweg über zwei Schleifen weiter abwärts bis zur Abzweigung des Weges zum Tschagerjoch (Tafel). Er führt unter der Rosengartenspitze über felsdurchsetzte Wiesen hinauf zu einer Verzweigung (2416 m). Steil bergan in das Geröllkar unterhalb des *Tschagerjochs* (2630 m) und an seinem rechten Rand über leichte Felsen in die enge Scharte. Jenseits in steilem Zickzack durch eine Schuttrinne hinab, am Felsfuß rechts und schräg abwärts zu der Weggabelung oberhalb der *Rosengartenhütte.* Über die eingangs erwähnte Felsstufe hinunter zum Schutzhaus bzw. zum Sessellift.

15

Masarè-Rotwand-Klettersteig

Rotwand, 2806 m
Kraxelspaß im Süden des Rosengartens

ziemlich
schwierig

6 Std.
km

850 m

Routencharakter: Einer der schönsten Klettersteige der Dolomiten! Abwechslungsreicher Routenverlauf, tolle Felsszenerien, keine extremen Schwierigkeiten. Anfänger begnügen sich mit einer Überschreitung der Rotwand; möglich ist auch ein Zwischenabstieg am Fensterlturm.
Ausgangspunkt: Bergstation des Rosengarten-Sessellifts beim Rifugio Paolina (2125 m). Seine Talstation liegt an der »Großen Dolomitenstraße«, westlich unterhalb des Karerpasses. Die Bahn ist von Juni bis Oktober von 8–12.15 und von 13.30–18 Uhr in Betrieb.
Gehzeiten: Gesamt 6 Std.; Zustieg 1 3/4 Std., Klettersteig bis Vajolonpass 3 Std., Abstieg 1 1/4 Std.
Markierung: Wanderwege rot-weiß-rot mit den Nummern 539, 549, 551, 552; am

Klettersteig rote Farbmarkierungen.
Landkarten: Tabacco 1:25 000, Blatt 06 »Val di Fassa e Dolomiti Fassane«. Freytag&Berndt 1:50 000, Blatt WKS 5 »Gröden-Sella-Marmolada«.
Highlights: Das Auf und Ab am Klettersteig, von der Punta Masarè bis zum Fensterlturm, prächtiges Panorama an der Rotwand.
Einkehr/Unterkunft: Rifugio Paolina (2125 m), ☺ Juni bis Ende Oktober; Tel. 0471/61 20 08. Rotwandhütte (Rifugio Roda de Vael, 2280 m), ☺ 20. Juni bis Ende September; Tel. 0462/76 44 50. Rifugio Pederiva (2275 m), ☺ Anfang Juni bis Ende Oktober; Tel. 0339/678 20 18.
Fototipps: Der südliche Klettersteigabschnitt bietet eine Fülle schönster Actionmotive: Mensch, Fels und Drahtseil.

Rosengarten. Ein Name mit fast magischem Klang in der großen Bergsteigergemeinde, manchen bestimmt auch bekannt als Schauplatz der Laurinsage, jener Geschichte vom Kampf des Zwergkönigs mit Dietrich von Bern, seiner Niederlage und dem Fluch, der den blühenden Garten zu Stein werden ließ. Eine uralte, vielleicht aber ganz moderne Parabel. Angesichts der Massen, die alljährlich diese westliche Dolomitengruppe aufsuchen, liegt der Gedanke gar nicht so fern: der (Freizeit-) Mensch, der zerstört, was er eigentlich liebt – die Natur, seine Berge.

Ein Eingriff in die so oft beschworene »Unberührtheit« der Berge sind natürlich auch die Klammern und Drahtseile des Rotwand-Masarè-Klettersteigs, und am dicken Drahtseil lassen sich die meisten Ferratisti hinauftragen zum Ausgangspunkt ihrer »eisernen« Runde – mit dem Rosengarten-Sessellift. Das spart immerhin 400 Steigungsmeter; hinüber zur Rotwandhütte ist es dann mehr Aussichts- und Höhenwanderung als Anstieg. Dabei kommt man am Christomannos-Denkmal vorbei, das an einen verdienten Förderer des Südtiroler Tourismus erinnert: Dr. Theodor Christomannos, Spross einer Wiener Familie mit griechischen Vorfahren. Er war Initiant beim Bau der »Großen Dolomitenstraße« und des Karersee-Hotels. Kaum anzunehmen, dass ihn die paar Drahtseile zwischen der Punta Masarè, der Rotwand und dem Vajolonpass gestört hätten ... Zumal die Via ferrata, in den achtziger Jahren angelegt, ein Klettersteigvergnügen der Spitzenklasse bietet – eine richtige Genießerroute ohne Höchstschwierigkeiten und bestens gesichert.

→ **Anfahrt** Auf der »Großen Dolomitenstraße« zur Talstation der Rosengarten-Sesselbahn westlich unterhalb des Karerpasses, 25 km von Bozen. Mit dem Lift in wenigen Minuten hinauf zum *Rifugio Paolina* (2125 m).

↗ **Zustieg** Auf vielbegangenem Weg hinauf zum Cristomannos-Denkmal, dann fast eben durch die Südhänge der Punta Masarè zur *Rotwandhütte* (2280 m). Auf der ebenen Wiese hinter dem Schutzhaus doppelte Verzweigung. Man nimmt den links abgehenden Weg, der zunächst eine Blockmulde quert und dann über den steinigen Osthang in Kehren zur *Punta Masarè* (2585 m) ansteigt.

15

Ausgesetzte Querung am »Masarè-Klettersteig«.

15

↑ **Masarè-Rotwand-Klettersteig**

Die ersten Drahtseile leiten vom Gipfel auf der Westseite des Grates leicht abwärts, um den ersten Turm herum und dann wieder aufwärts gegen eine Scharte. Sie wird aber nicht betreten; die Ferrata führt links zu einer Felsrinnle. In ihr nur kurz aufwärts, dann mit Spreizschritt nach rechts und am Drahtseil sehr steil auf eine luftige Felsschulter. Anschließend leicht auf den Torre II. Nun am Grat durch einen Felsspalt und an soliden Eisenstiften durch einen senkrechten Kamin hinunter in eine schmale Gratscharte. Sicherungen helfen auch über den schroffen Felsvorbau des Tor de le Stries (2607 m) hinweg; anschließend leiten Drahtseile schräg auf den Turm. Dahinter gleich wieder abwärts auf ein schmales Band und in die nächste Scharte. Eine sehr luftige Querung führt aus dem schattigen Winkel auf ein felsiges Eck; dann leiten die Drahtseile über die gestufte Wand hinab zu einer Geröllrinne. Man quert sie und folgt der Wegspur über einen Grashang zur Verzweigung unter dem Fensterlturm. Rechts Zwischenabstieg durch einen knapp meterbreiten Spalt im Rücken eines Turms (Drahtseile, Leiter) zur Rotwandhütte.

Fantastisch: die Felskulisse am »Masarè-Klettersteig«.

Wer weiter zur Rotwand will, folgt dem Weg hinter dem Fensterlturm aufwärts zur Gratkante, wo man unvermittelt an einem senkrechten Abbruch steht. Luftig, aber mit guten Sicherungen (Drahtseil, Eisenstifte) schräg abwärts in eine Rinne. Rechts kommt ein markierter Zustieg von der Rotwandhütte herauf. Nun links ins Blötzerjoch (ca. 2650 m) und, teilweise gesichert, über Felsstufen auf die Südabdachung der *Rotwand* (2806 m) zum großen Gipfelkreuz.

Auch der Abstieg über den harmlosen Nordgrat in den *Vajolonpass* (2560 m) ist, obwohl mit Drahtseilen versehen, mehr Schau- als Klettersteigerlebnis. Packend der Blick in den felsumstandenen Vajolonkessel *3 ¼ Std*.

↘ **Abstieg** Aus der Scharte im Geröll auf markierter Spur westwärts hinunter zum »Hirzelweg« und links zurück zum *Rifugio Paolina* (2125 m) und zum Sessellift.

Sentiero attrezzato »Campanili del Latemar«

Rotlahnscharte – Große Latemarscharte, 2650 m
Innenansicht eines Gebirges

16

 leicht

 7½ Std.

 900 m

Routencharakter: Mäßig anspruchsvoller, landschaftlich ungewöhnlich attraktiver Klettersteig. Selbstsicherung für Anfänger ratsam.

Ausgangspunkt: Bergstation des Oberholz-Sesselliftes (2101 m). Seine Talstation befindet sich in Obereggen (1552 m), 8 km von Birchabruck. Großer Parkplatz, Busverbindung mit Bozen.
Die Bahn ist von Anfang Juli bis Mitte Oktober täglich von 8.30–11.45 und von 14–18 Uhr in Betrieb.

Gehzeiten: Gesamt 7½ Std.; Zustieg 3½ Std., Klettersteig 1 Std., Abstieg 2½ Std.

Markierung: Rot-weiß-rot mit den Nummern 22, 516 und 18; an der Ferrata rote Punkte.

Landkarten: Tabacco 1:25 000, Blatt 014 »Val di Fiemme-Lagorai-Latemar«. Freytag&Berndt 1:50 000, Blatt WKS 7 »Überetsch-Südtiroler Unterland-Latemar«.

Highlights: Faszinierende Felskulisse, Tiefblicke zum Karersee.

Einkehr/Unterkunft: Rifugio Torre di Pisa (2671 m), ☉ Ende Juni bis Anfang Oktober; Tel. 0462/50 15 64.

Fototipps: Bei schönem Wetter ist eine reiche »Ernte« garantiert: Landschaftsmotive, bizarre Felsarchitektur, dazu Action am Klettersteig.

Stehender Verkehr, »italienisch« verparkte Straße, Menschentrauben, Souvenirstände, an denen der alpenweit verbreitete Kitsch angeboten wird; irgendwo plärrt ein Radio, überquellende Abfalleimer und auch sonst wenig Ästhetisches: Sommeralltag am *Karersee* (1519 m).

Ganz anders wirkt das bedauernswert berühmte Gewässer aus Gipfelhöhen: ein winziges, dunkles Auge, still ins Tannengrün gebettet. Die bizarren Latemarzacken wiederum gehören zwar auf jedes Erinnerungsfoto vom See, fristen aber ansonsten eher ein Mauerblümchendasein. Dabei gibt es an dem zerklüfteten Grat einen gesicherten Steig, der sozusagen das Filetstück einer großen Achterschleife durchs Latemar bildet, einer Runde, die Hütten- und Höhenwanderung, Via ferrata und – wenn man die Latemarspitze mit einbezieht – Gipfeltour in einem ist. Eine lange, anstrengende Unternehmung, zu der es neben einer ordentlichen Kondition noch eines braucht: gut Wetter!

Im Frühsommer liegt in den schmalen Scharten am Latemar-Klettersteig oft noch Schnee.

16

→ **Anfahrt** Obereggen (1522 m) erreicht man von Bozen über die »Große Dolomitenstraße«, 21 km (via Birchabruck). Mit der Sesselbahn hinauf nach Oberholz (2101 m).

↗ **Zustieg** Von der Liftstation auf dem »Latemar-Höhenweg« südwärts zur Eggentaler Alm und weiter zu den steinigen Wiesen über dem Reiterjoch. An der (unsichtbaren) Grenze zwischen Südtirol und Trentino stößt man auf den vom Passo Feudo heraufkommenden Steig. Er wendet sich in das oberste Valbona und steigt in Kehren über den Geröllwinkel hinauf zum kleinen *Rifugio Torre di Pisa* (Latemarhütte, 2671 m). Von dem felsigen Rücken gleich hinter der Hütte bietet sich ein herrlich freier Blick auf die Fassaner Dolomiten. Gut einzusehen ist auch der Weiterweg: kurz abwärts in das Schuttkar unter der Cima Valsorda, dann über eine winzige Scharte an ihrem Ostgrat in den riesigen Valsordakessel. Der wirkt, verglichen mit der attraktiven Fotokulisse des Karersees, wie ein Potemkinsches Dorf: Geröll, Schrofen, Schneeflecken, kaum vertikaler Fels. Die *Gamsstallscharte* (Tafel; 2560 m) bleibt links abseits. An der Erzlahnscharte, die ebenfalls nur tangiert wird, verlässt man den zur Großen Latemarscharte weiter führenden Weg und steuert über Geröll die *Rotlahnscharte* (Forcella dei Campanili, 2620 m) an.

↑ **Sentiero attrezzato »Campanili del Latemar«**

Der schmale Einschnitt bietet nicht nur einen packenden Blick auf den Zackenwald um die Kirchtagweidspitze (2646 m), er ist auch Ausgangspunkt des gesicherten Höhenweges. Der müsste eigentlich »Sentiero delle Forcelle« heißen, quert er doch nach drahtseilgesichertem Anstieg über gestufte Felsen mehrere teilweise unwahrscheinlich enge Scharten. Dabei genießt man packende Tiefblicke ins Geplänk und zum Karersee; nicht zu übersehen sind auch die Einschübe dunklen Gesteins an jedem dieser Einschnitte. Es handelt sich um augitisches Eruptivgestein, das wesentlich weicher ist als der Latemarkalk und deshalb leichter verwittert: das Geheimnis des bizarren Profils dieser Dolomitengruppe!

Tipp

Bei guter Fernsicht sollte man keinesfalls auf die Besteigung der *Latemarspitze* (2842 m) verzichten, vom Klettersteig über den schrofigen Südhang etwa 20 Minuten auf einer Geröllspur (Steinmänner). Klasse das Panorama – ganz klar die Krönung der großen Latemarrunde!

Auf komfortabel breiten Schuttbändern verläuft der Klettersteig durch die Südflanke der

16

*Im Haupt-
kamm des La-
temar stehen
bizarre Fels-
zacken en
masse.*

Latemarspitze (2842 m); schließlich gelangt man an einen senkrechten Abbruch. Eine solide Eisenleiter leitet hinab in eine letzte Grat-
kerbe; wenig weiter endet die gesicherten Route an der *Großen Latemarscharte* (2650 m), *1 Std.*

↘ **Abstieg** Aus der Scharte durch eine
seichte, gerölllige Rinne abwärts, dann auf
dem »unteren Weg« über Bänder zurück in
den inneren Valsordakessel. Vorbei an der
Erzlahnscharte auf dem Hinweg bis zur
Gamsstallscharte (2560 m), wo man das
riesige Halbrund verlässt und ein verwir-
rend-verwinkeltes Felslabyrinth, den
»Gamsstall«, betritt. Das markierte Weglein
entlässt einen bald in die offene Westflanke
des Bergmassivs; über Serpentinen steigt
man ab zur Liftstation *Oberholz*.

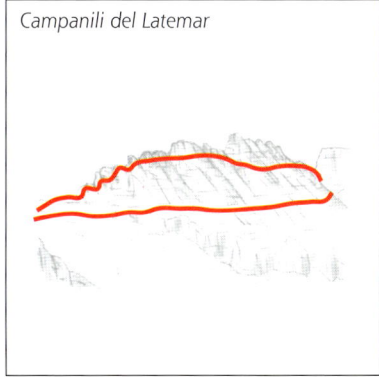

Campanili del Latemar

17 Sentiero attrezzato Attilio Sieff

Punta Polse, 1450 m
Ausguck über dem Fleimstal

ziemlich schwierig

2½ Std.

500 m

Routencharakter: Kurzer, aber nicht leichter Klettersteig mit originellen Passagen.
Ausgangspunkt: Ziano di Fiemme (954 m), Dorf im Fleimstal. Busverbindungen mit Cavalese und Predazzo, Parkplatz bei der Kirche.
Gehzeiten: Gesamt 2½ Std.; Aufstieg 1½ Std., Abstieg 1 Std.

Markierung: Wegzeiger, gelegentlich ein paar Farbtupfer.
Landkarte: Tabacco 1:25 000, Blatt 014 »Val di Fiemme-Lagorai-Latemar«.
Highlights: Finale der Ferrata.
Einkehr/Unterkunft: —
Fototipps: Actionbilder im oberen Teil des Klettersteigs, gut Licht am Vormittag.

Viel mehr als ein Trainingssteig ist der »Sentiero Sieff« nicht, so etwas wie ein »Amusegueule«, Apettithäppchen vor dem großen Diner. Und das findet natürlich in den Dolomiten statt, zwischen Geislerspitzen und Pala, zwischen Rosengarten und Sextenern.

➔ **Anfahrt** Ziano di Fiemme (954 m) liegt im Fleimstal, 33 km von Auer im Etschtal, 4 km von Predazzo.

↗ **Zugang** An dem Sträßchen, das gleich gegenüber der Pfarrkirche abgeht, findet sich ein erster Hinweis auf den Klettersteig. Auf der Asphaltstraße in einem Rechtsbogen zum Bergfuß, wo man links (Tafel) in einen schönen Serpentinenweg einbiegt. Er steigt im Wald an zu einer Forstpiste; auf ihr kurz nach links, bis ein weiterer Wegzeiger rechts aufwärts weist. Im Zickzack zunehmend steiler bergan, dann links flach zum Einstieg. Die vielen, teilweise recht seltsam anmutenden Zeichen, mit denen die Felsen hier übersät sind, stammen von Hirten.

↑ **Sentiero attrezzato Attilio Sieff**

Der Verlauf der Via ferrata ist durch eine kleine Schlucht vorgezeichnet. Zunächst an ihrem rechten Rand gut gesichert aufwärts, dann nach links hinüber zum Ansatzpunkt einer steilen, sandigen Rinne. Mühsam am Drahtseil durch sie hinauf, unter einem Klemmblock hindurch, dann im Übderstieg – originelle Passage! – zurück in die Rinne und aufwärts in eine winzige Scharte im Rücken der *Punta Polse*. Hier auf Eisenstiften kurz nach links in einen seichten Kamin und durch ihn mit etwas Armzug auf den überraschend geräumigen Gipfel. Vom großen Kreuz genießt man einen hübschen Tiefblick auf die Täler von Ziano; den südlichen Horizont bildet die vielgipflige Kette des Lagorai.

↘ Abstieg nur über den Klettersteig!

Ziano di Fiemme vom »Sentiero Sieff«.

Pisciadù-Klettersteig

Rifugio Pisciadù, 2585 m
Die Nummer eins der Dolomiten-Klettersteige

18

Routencharakter: Ziemlich lange, aber bestens gesicherte Route. Nach oben hin zunehmende Schwierigkeiten mit »Fluchtweg« für Überforderte. Im Sommer bei Schönwetter stets viel Verkehr, an den Wochenenden nimmt man sich mit Vorteil andere Ziele vor.
Ausgangspunkt: Parkplatz (1956 m) an der Ostrampe der Grödner-Joch-Str., 8 km von Corvara, 2 km von der Passhöhe. Bushalt.
Gehzeiten: Gesamt 4 1/4 Std.; Klettersteig 2 1/2 Std., Abstieg/Rückweg durch das Val de Mesdì 1 3/4 Std.
Markierung: Zustieg bezeichnet, dann immer den Eisenteilen (oder den Voraussteigenden) nach. Abstieg rot-weiß-rot mit den Nummern 664 und 651, Rückweg ohne Nummer.

Landkarten: Tabacco 1:25 000, Blatt 07 »Hochabtei-Livinallongo«. Freytag&Berndt 1:50 000, Blatt WKS 5 »Gröden-Sella-Marmolada«.
Highlights: Die nahezu senkrechten Passagen im oberen Teil der Ferrata, die Hängebrücke, die imposante Felskulisse des Mittagstals.
Einkehr/Unterkunft: Rifugio Pisciadù (2585 m), Anfang Juli bis Ende September; Tel. 0471/83 62 92.
Fototipps: Der Pisciadù-Wasserfall, Blick hinaus ins Hochabtei mit Klettersteiglern im Vordergrund. Action am Klettersteig, besonders natürlich im steileren oberen Abschnitt, Hängebrücke. Wichtig: die Ostflanke des Exner Turms liegt am Nachmittag bald im Schatten!

ziemlich schwierig

4 1/4 Std.

700 m

Man nehme: einen besonders attraktiven Winkel der Dolomiten, möglichst mit Straßenanschluss (unten) und bewirtschafteter Hütte (oben), lege eine spektakuläre Route zwischen die beiden Punkte, baue einen finalen Gag ein – und fertig ist die Idealferrata.

Das Publikum weiß es zu schätzen, Zigtausende sind jeden Sommer auf der »Pisciadù« unterwegs, den Hüttenwirt auf dem gleichnamigen Rifugio freut's natürlich auch. In den sechziger Jahren angelegt, ist der Klettersteig am Nordabsturz des Sellamassivs ohne Zweifel die meistbegangene gesicherte Route zwischen Eisack und Piave. Wen wundert's: keine fünf Minuten bis zum ersten Eisenbügel, satte 500 gesicherte Höhenmeter, im oberen Teil höchst luftig, und als Schmankerl zum Schluss die (solide) Eisenbrücke. Die ist übrigens von der Grödner-Joch-Straße aus gut zu sehen, und wer da einmal in den siebten (Klettersteig-)Himmel hinauf geguckt hat, wird den Gedanken wohl nur schwer los: Sollten wir vielleicht auch einmal ...?

→ **Anfahrt** Sie erfolgt über die Grödner-Joch-Straße, aus dem Grödner Tal über den Pass oder von Corvara herauf, 8 km bis zum Parkplatz bei einer Schottergrube (1956 m); ab Wolkenstein 12 km.

↑ **Pisciadù-Klettersteig**

Vom Parkplatz (Tafeln) auf schmalem Weg in wenigen Minuten zum Fuß einer geneigten, meist feuchten 40-Meter-Wand. Drahtseile und

Blick vom »Pisciadù-Klettersteig« auf zwei Dreitausender der Fanesregion: Lavarela und Conturines.

Eisenklammern leiten über den Aufschwung, anschließend führt eine Spur zwischen Bergsturztrümmern unter dem Brunecker Turm nach links und mit kurzem Zwischenabstieg zum eigentlichen Beginn der »Pisciadù«: klick! Über gestuften, zunehmend steileren Fels arbeitet man sich nach oben, immer am sichernden Drahtseil. Wo Tritte und Griffe spärlich werden, sind einzelne Eisenstifte gesetzt. Wer hier Probleme hat, nimmt im Kar unter dem *Exnerturm* (2586 m) mit Vorteil den links abgehenden Weg, der in ein paar Serpentinen über einen Schrofenhang zur Pisciadùhütte ansteigt. Der

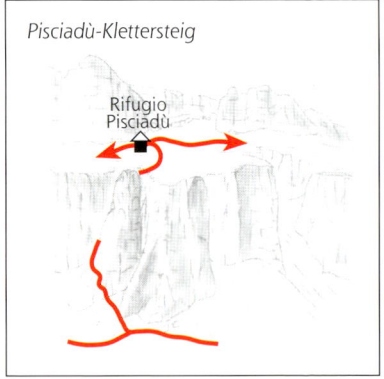

Pisciadù-Klettersteig

Rifugio Pisciadù

18

zweite Abschnitt des Klettersteigs ist wesentlich schwieriger. Nahe der Vertikale zieht die Route nach oben; Eisenbügel und eine kurze Leiter sichern neben Drahtseilen den luftigen Gang über dem Abgrund. Eine Linksquerung führt dann zum Schlussgag des Klettersteigs: die berühmte Hängebrücke. Sie ist über den tiefen Spalt im Rücken des Exnerturms gespannt – ein Blick nach unten, einer zu den Serpentinen der Grödner-Joch-Straße. Die letzten Fixseile leiten über Felsstufen auf das große Terrassenband der Sella. In weitem Linksbogen zum bereits sichtbaren *Rifugio Pisciadù*, 2 1/2 Std.

◥ **Abstieg** Der meistbenützte Rückweg verläuft durch das steil-steinige *Val Setùs*, gut 1 Std. bis zum Parkplatz. Weiter, aber entschieden reizvoller ist der Abstieg ins *Val de Mesdì* (Mittagstal). Über gestufte Felsen (einige Drahtseile) steigt man durch das Gamsrevier des Val de Bosli hinunter in den »vermauerten« Graben. Auf gutem Weg talauswärts, bis links ein schmaler Pfad abzweigt (Tafel). Er führt am Felsfuß entlang in leichtem Auf und Ab zur Mündung des Val Setùs, quert dabei die Ferrata oberhalb ihrer Einstiegswand. Zuletzt auf rauem Pfad hinunter zum Parkplatz.

Im oberen Abschnitt wartet die »Ferrata Pisciadù« mit ein paar senkrechten Passagen auf.

19 Pößnecker Klettersteig

Piz Selva, 2941 m
Alter schützt vor Schönheit nicht!

sehr schwierig

6¹/₂ Std.

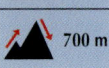
700 m

Routencharakter: Ausgeprägt alpine, teilweise sehr luftige Ferrata mit neuem Zustieg. Nicht zu früh einsteigen; die Route liegt vormittags im Schatten (Vereisung!). Bei Nebel kann die Orientierung auf dem Sella-Hochplateau Probleme machen; Abstieg wahlweise durch das Val Lastiès oder zum Grödner Joch.
Ausgangspunkt: Sellajoch (2244 m), Straßenpass zwischen dem Grödner und dem Fassatal, 10 km von Wolkenstein, 12 km von Canazei. Parkplätze am Pass, Buslinie.
Gehzeiten: Aufstieg 3 ¹/₂ Std., Abstieg nach Pian Schiavaneis bzw. Grödner Joch je 3 Std.
Markierung: Rot-weiß-rot mit den Nummern 649, 647, 676, 666.

Landkarten: Tabacco 1:25 000, Blatt 05 »Gröden-Seiseralm«. Freytag&Berndt 1:50 000, Blatt WKS 5 »Gröden-Sella-Marmolada«.
Highlights: Kletterei in der Steilwand, Panoramawandern am Sellaplateau, der eindrucksvolle Canyon des Val Lastiès.
Einkehr/Unterkunft: Rifugio Pisciadù (2585 m; nur bei einem Abstieg zum Grödner Joch), ⏱ Anfang Juli bis Ende September; Tel. 0471/83 62 92.
Fototipps: Das Sonnenlicht fällt in die nordwestseitige Wand erst ab Mittag: aufhellen mit Blitzgerät oder Schattenrisse vor Bergkulisse fotografieren. Je nach Wetter sind am Plateau tolle Stimmungsbilder möglich.

Ganz so beliebt wie der »Pisciadù« ist der »Pößnecker Klettersteig« nicht, und das hat schon seine Gründe. Am Zustieg ist man zwar nicht viel länger unterwegs, die altehrwürdige, bereits 1912 gesicherte Route ist aber anspruchsvoller, auch alpiner. Grandios dann die Überschreitung des Altipiano delle Mëisules, ein Bilderbuch mit der Überschrift: Sella. Was vielen Ferratisti entschieden weniger gefällt, ist der (weite) Rückweg: hinunter ins Val Lasties und zuletzt auf der Straße zum Sellajoch oder über die Pisciadùhütte durchs Val Setùs gleich zum Grödner Joch? Wer vorab die Busfahrpläne studiert, tut sich leichter; von Pian Schiavaneis (wo es eine gute Brotzeit gibt) bringt der Linienbus den ermatteten Bergsteiger in wenigen Minuten wieder hinauf zum Ausgangspunkt seiner Tour. Und die ist (meine persönliche Meinung) einfach Klasse, zeigt die einzigartige Felslandschaft der Sella in ihrer ganzen Vielfalt: in der abweisend-steilen Felsmauer unter dem Piz Ciavaces, am hohen Gipfelsaum über dem großen Plateau, im Riesencanyon des Val Lasties.

➡ **Anfahrt** Das Sellajoch (2244 m) verbindet Gröden mit dem Fassatal, 10 km von Wolkenstein, 12 km von Canazei.

↗ **Zustieg** Vom Kiosk am Straßenpass (2244 m) über steinige Wiesen und – in etwa die Höhe haltend – auf markiertem Steig quer durch die Geröllhänge unter den Sellatürmen. Der Einstieg (ca. 2280 m, Tafel) befindet sich knapp unterhalb eines kleinen Felszackens, 20 Minuten.

19

↑ Pößnecker Steig

Der neue, 1992 angelegte Zustieg setzt gleich den Tarif: steil und ausgesetzt leitet er über die unterste Wandstufe; das in kurzen Abständen
verankerte Drahtseil und einige solide Eisenstifte bieten Sicherung und
Steighilfe. Weiter auf der Originalroute über leichte Felsen in einen
engen Kamin, durch den man sich an beiderseits gesetzten Haken hinaufarbeitet. Eine kleine Mutprobe bedeutet der Überstieg auf ein Lei-
terchen, hinaus in die Wand – »molto esposto«! Sehr luftig geht's auch
weiter; in kühner Routenführung überwindet die bald hundertjährige
Ferrata, ein System von Rinnen und kurzen Kaminen nutzend, die
Wand bis zu einer schrofigen Mulde. Eine Geröllspur leitet in die
Scharte im Rücken des Piz Ciavaces (2831 m). Hier links und nochmals mit Sicherungen durch eine Schlucht zum *Piz Selva* (2941 m) am
Rand des Sellaplateaus, *3 Std.*

↘ Abstiege Vor dem Abstieg steht eine genussvolle Höhenwanderung,
knapp unter dem Rand des Hochplateaus oder – das wird Gipfelsamm-
ler interessieren – auf dünner Spur über mehrere »Fast-Dreitausender«.
In der Gamsscharte (Forcela dei Ciamorces, 2923 m) treffen die beiden
Varianten wieder zusammen; an der *Sella di Pisciadù* (2908 m) muss
man sich dann entscheiden: Grödner Joch oder Sellajoch. Links leiten
Spuren durch den Geröllkanal des Valon dl Pisciadù hinunter zur
gleichnamigen Hütte (⇨ Tour 18), während man rechts bald auf den

»Dolomiten-
Höhenweg Nr.
2« stößt. Unter
dem Zwischen-
kofel (2907 m)
beginnt der Ab-
stieg in den Ca-
nyon des Val
Lastiès. An sei-
nem Ausgang
gabelt sich der
Steig: rechts
geht's zur Sella-
Passstraße,
links hinunter
zum *Pian Schi-
avaneis* (1875
m).

*Der Einstieg
zum »Pöß-
necker«
wurde vor ein
paar Jahren
neu trassiert.*

20 Via ferrata Cesare Piazzetta

Piz Boè, 3152 m
Kraftakt an der Sellamauer

extrem
schwierig

5³/₄ Std.

920 m

Routencharakter: Extremroute, verhältnismäßig kurz, aber sehr anstrengend. Sparsam gesichert, nur wenige künstliche Tritte und Griffe; zuletzt kurze Kletterstellen im I. und II. Grad.

Ausgangspunkt: Ossario del Pordoi (2229 m), deutsches Kriegerdenkmal östlich des Passes; Zufahrt vom Joch 2 km, Parkmöglichkeit. Gute Busverbindungen über das Pordoijoch.

Gehzeiten: Gesamt 5 ³/₄ Std.; Aufstieg 4 Std., Abstieg 1 ¹/₄ Std.

Markierung: Spärliche rote Punkte am Zustieg, ebenso im oberen Teil des Klettersteigs; weiter rot-weiß-rot mit den Nummern 638, 627.

Landkarten: Tabacco 1:25 000, Blatt 06 »Val di Fassa e Dolomiti Fassane«. Freytag&Berndt 1:50 000, Blatt WKS 5 »Gröden-Sella-Marmolada«.

Highlights: Die extrem ausgesetzten Kletterpassagen im Steilfels, Panorama vom Piz Boè.

Einkehr/Unterkunft: Capanna Piz Fassa (3152 m) am Piz Boè, ☉ Anfang Juli bis Ende September; Tel. 0462/60 17 23. Rifugio Forcella Pordoi (2829 m), ☉ Anfang Juli bis Ende September; Tel.; 0462/76 75 00.

Fototipps: Actionmotive an der Ferrata, Hängebrücke; das Gewusel am Gipfel ermöglicht originelle Schnappschüsse.

Burgen haben Mauern, zum Schutz vor ungebetenen Gästen. Diese benützten früher gern lange Leitern, um sich trotzdem Zugang zu verschaffen, mit wechselndem Erfolg, wie man in den Geschichtsbüchern nachlesen kann. Auch die Sella, oft als »Gralsburg Ladiniens« apostrophiert, hat ihre Mauern, und die sind höher als der mächtigste Festungswall. Entsprechend lang sind auch die (modernen) »Leitern«, über die man sie ersteigt. Und im Fall der »Piazzetta« besonders steil: ein 150-Meter-Kraftakt, Seiltanz über dem Abgrund. Auf Leitern haben die Erbauer ganz verzichtet; nur ein straff gespanntes Fixseil weist den

Via ferrata Piazzetta

Weg durch die senkrechte Wand, ein paar künstliche Tritte und Griffe entschärfen dabei die heikelsten Passagen, und über einen tiefen Felsspalt hilft eine Hängebrücke. Leichte (ungesicherte) Kletterstellen beschließen das steile Abenteuer, und auf einem Wanderweg steuert man den höchsten Gipfel der »Sellaburg« und das große Panorama an. Das genießen auch jene, die an einem anderen, dickeren Drahtseil heraufgekommen sind, jenem der Sas-Pordoi-Seilbahn...

➔ **Anfahrt** Auf der »Großen Dolomitenstraße« kommt man zum Pordoijoch (2239

20

m), 12 km von Canazei, 10 km von Arabba. Von der Passhöhe führt ein asphaltiertes Sträßchen über die Pordoiwiesen zum Rundbau des Ossario (2229 m).

↗ **Zustieg** Auf rot markiertem Weglein über die Edelweißwiesen steil hinauf zum großen Terrassenband, wo man auf den querführenden Höhenweg stößt. Kurz rechts zum Einstieg (ca. 2650 m).

↑ Via ferrata Piazzetta

Die ersten zehn Meter trennen gleich die Spreu vom Weizen; wer den senkrechten, fast trittlosen Aufschwung am straff gespannten Drahtseil problemlos meistert, kann dem Weiteren einigermaßen gelassen entgegenschauen. Für alle anderen gilt: Rückzug! Denn die »Piazzetta« wartet noch mit mehreren extremen Passagen auf, die Bizeps und Nervenkostüm gleichermaßen strapazieren! Die Fixseile leiten schräg links auf ein erstes Band; man quert es und gewinnt im weiter sehr kraftraubenden Anstieg (einige künstliche Tritte) schließlich ein markantes Geröllband. Auf ihm nach links, dann weniger schwierig rechts zu einem tiefen Spalt, den man auf einer soliden, etwa sechs Meter langen Hängebrücke überquert. Dahinter in gestuftem Gelände weiter schräg aufwärts, wobei Bänder und kurze Wandstufen abwechseln. Nach einer extrem ausgesetzten Querung kurz aufwärts, dann links zu einem senkrechten Aufschwung. Mit viel Armeinsatz darüber hinweg und schließlich über ein paar Stufen ins Schrofengelände, wo die Ferrata ausläuft (ca. 2810 m). Nun gut markiert, aber nicht mehr gesichert in leichter Kletterei (I-II) an der geröllbeladenen Südostabdachung des Piz Boè aufwärts. Hier trifft man auf den rot-weiß-rot markierten Wanderweg, der von Vallon bzw. der Kostnerhütte heraufkommt. Auf ihm zum nahen Gipfel, *2 ¹/₂ bis 3 Std.*

↘ **Abstieg** Mit dem Wander-Tatzelwurm südwestwärts über Geschröf und Schutt bergab, dann unter dem runden Buckel der Punta de Joel (2945 m) hindurch und in die *Pordoischarte* (2829 m). Entweder rechts hinauf zur Seilbahn am Sas Pordoi (2950 m) oder durch das südseitige Kar hinunter (Drahtseile). Hinter dem grünen Rücken des Monte Forcia (2356 m) weglos links über Wiesen hinab zur Straße und auf ihr zurück zum *Ossario del Pordoi.*

Luftig: die Seilbrücke an der »Ferrata Piazzetta«.

21   Lichtenfelser Steig
22   Vallon-Klettersteig

Piz Boè, 3152 m
Der schönste Weg auf den höchsten Sellagipfel?

leicht/mittel

4 1/4 Std.

650 m

Routencharakter: Der »Lichtenfelser Steig« ist, obwohl an einigen Stellen gesichert, eher Wanderweg als Ferrata; er gilt aber als einer der schönsten Anstiege zum Piz Boè. Beim »Vallon-Klettersteig« handelt es sich um eine kurze, mäßig schwierige Route. Gipfeltour nur bei sicherem Wetter unternehmen (Gewitter); im Frühsommer können Steigeisen nützlich sein. Hinweis: Der Vallon-Klettersteig war im Sommer 2000 gesperrt; nach Instandsetzung soll er wieder eröffnet werden.
Ausgangspunkt: Liftstation Vallon (2537 m); ab Corvara Gondelbahn Crep de Mont und Sessellift. Die Anlagen verkehren von Ende Juni bis Ende September von 8.30–17.10 Uhr; außer im August jeweils dienstags kein Betrieb!
Gehzeiten: Gesamt 4 1/4 Std.; »Lichtenfelser Steig« 2 3/4 Std., Abstieg 1 1/2 Std.

Markierung: Rot-weiß-rot mit den Nummern 672 und 638; am »Vallon-Klettersteig« rote Punkte.
Landkarten: Tabacco 1:25 000, Blatt 07 »Hochabtei-Livinallongo«. Freytag&Berndt 1:50 000, Blatt WKS 5 »Gröden-Sella-Marmolada«.
Highlights: Einblicke in die unvergleichliche Architektur des Sellamassivs, Gipfelpanorama.
Einkehr/Unterkunft: Franz-Kostner-Hütte (2510 m), ⏱ Ende Juni bis Anfang Oktober; Tel. 0368/27 79 54. Capanna Piz Fassa (3152 m) am Piz Boè, ⏱ Anfang Juli bis Ende September; Tel. 0462/60 17 23.
Fototipps: Die Sella mit ihren wilden Talschluchten, bizarren Türmen und Felsmauern bietet zu jeder Tageszeit gute Motive. Das Gewusel auf dem Piz Boè ist für ein paar Schnappschüsse gut.

Viele Wege führen nach Rom – und ein paar auf den Piz Boè. Der gilt gemeinhin als leichtester Dreitausender der Dolomiten; vom Sas Pordoi (2950 m) kommt man dank der Seilbahn fast ohne Anstrengung zum Gipfel. Ungleich länger sind die Anstiege durch die wilden Talgräben von Lastiès und Mesdì, eine echte »Gänsehautroute« ist die »Ferrata Piazzetta« an der Südflanke des Sellamassivs (⇨ Tour 20). Etwas Eisen, aber keine vergleichbaren Schwierigkeiten bietet der »Lichtenfelser Steig«; bei der vor bald einem Jahrhundert durch die Sektion Lichtenfels des DuÖAV angelegten Route handelt es sich um einen landschaftlich sehr reizvollen Anstieg zum Piz Boè. Im untersten Abschnitt bietet sich als Alternative der mäßig schwierige »Vallon-Klettersteig« an. Oben am Gipfel gibt's dann bei schönem Wetter das altberühmte Panorama, nebst viel Gesellschaft. Bei jedem Wetter gleich hässlich ist der riesige Reflektor …

➜ **Anfahrt** Corvara (1555 m), Ausgangspunkt der beiden Passstraßen zum Grödner Joch und zum Campolongo, ist touristisches Zentrum des Hochabtei (Alta Badia), 33 km vom Pustertal. Mit Gondelbahn und Sessellift via Crep de Munt (2198 m) bis Vallon (2537 m).

↑ **Lichtenfelser Steig**

21/22

Von der Liftstation bietet sich ein erster faszinierender Blick in den »vermauerten« Vallonkessel mit dem Boèseekofel (⇨ Tour 23) rechts und dem Zustieg zur »Vallon-Ferrata«. Nicht zu übersehen ist auch die prächtig gelegene *Kostnerhütte* (2510 m) am abgeflachten Schrofenbuckel des Col de Stagn. In seinem Rücken zweigt der »Lichtenfelser Steig« ab (Tafel); nur wenig weiter wendet er sich in ein felsumschlossenes Kar. An seiner rechten Flanke gewinnt man über gestufte Felsen (Seile) rasch die Höhe der Ponte (2781 m). Unter den Pizes dl Valun (2905 m) hindurch und über die schrofige Ostflanke aufwärts gegen die *Eisseespitze* (Piz Lech Dlace, 3009 m). Knapp unter dem Gipfel mündet der »Vallon-Klettersteig«. Weiter mit Drahtseilsicherungen über den »schmalen Grat« (Cresta Strenta) in die Jägerscharte (3110 m), wo man auf den von der Boèhütte heraufkommenden Weg stößt. Über Geröll und leichte Felsen zum nahen Gipfel des Piz Boè, *2 ³/₄ Std.*

↑ **Vallon-Klettersteig**

Von der Liftstation zunächst etwas abwärts, dann auf deutlicher Geröllspur (Tafel) unter den Südwänden von Boèseekofel und Zehner (2916 m) ins Vallonkar zum Beginn der Ferrata. Drahtseile leiten über Schuttbänder und gestufte Felsen aufwärts zu einer tiefen Rinne, durch die auch spät im Sommer noch Wasser herabstiebt. Auf solider Brücke über den Einschnitt, dann luftig mit Drahtseilhilfe an steilen Felsen hinauf in leichteres Gelände. An einem winzigen Seeauge vorbei weiter bergan zu der namenlosen Scharte im Rücken des Neuners mit atemberaubendem Tiefblick ins Val de Mesdì. Weiter links des Kamms über Schrofen, den roten Markierungen folgend, in die Nordostflanke der Eisseespitze, wo man auf den »Lichtenfelser Steig« stößt, *2 Std.*

Felsmauern über dem Vallonkessel.

↘ **Abstieg** Ein mit reichlich Geröll garnierter Steig, Markierung 638, läuft über die Ostflanke des Piz Boè hinunter zum Ringbandweg. Über ihn zurück zur Kostnerhütte und weiter zum Sessellift. Man kann natürlich auch zu Fuß zum Crep de Munt absteigen, was viel Aussicht, aber auch Einblick in die Verwüstungen des modernen Alpinskilaufs beschert. In einer kleinen Mulde liegt etwas abseits des Weges der kreisrunde, scheinbar abflusslose Boèsee (2250 m).

23 Boèseekofel-Klettersteig

Boèseekofel, 2908 m
Steile Südwandroute

 schwierig

 3½ Std.

 400 m

Routencharakter: Verhältnismäßig kurzer, aber ziemlich anspruchsvoller Klettersteig, der jedoch sparsam gesichert ist (Eisenbügel, die wohl ursprünglich montiert werden sollten, liegen heute noch am Einstieg). Finale mit den beiden Leitern sehr luftig!

Ausgangspunkt: Liftstation Vallon (2537 m); Gondelbahn Corvara – Crep de Munt, dann Sessellift. Die Anlagen verkehren von Ende Juni bis 24. September von 8.30–17.10 Uhr; außer im August jeweils dienstags kein Betrieb!

Gehzeiten: Gesamt 3½ Std., Aufstieg 2¼ Std., Abstieg 1¼ Std. (bis Crep de Munt).

Markierung: Am Zustieg Wegzeiger, im Gipfelbereich ein paar Steinmänner, Abstieg rot-weiß-rot.

Landkarte: Tabacco 1:25000, Blatt 07 »Hochabtei-Livinallongo«. Freytag&Berndt 1:50000, Blatt WKS 5 »Gröden-Sella-Marmolada«.

Highlights: Steiler Kletterspaß mit extrem luftigem Finale; schwindelnder Tiefblick ins Val de Mesdì, große Dolomitenschau vom Gipfel.

Einkehr: Bei der Seilbahnstation Crep de Munt (2198 m).

Einkehr/Unterkunft: Franz-Kostner-Hütte (2510 m), ◷ Ende Juni bis Anfang Oktober; Tel. 0462/60 17 23 (eine Viertelstunde von der Liftstation Vallon).

Fototipps: Gute Actionmotive an der Ferrata, vor allem die beiden steilen Leitern. Ein- und Tiefblicke in die Sella, Panorama vom Gipfel.

Seit bald zwanzig Jahren hat auch der *Piz da Lech de Boè* (Boèseekofel, 2908 m) eine Ferrata: gut fürs Sommergeschäft der Seilbahn. Wer dann am dicken Drahtseil hinaufschaukelt in den Vallon und dabei den autobahnbreiten Geröllteppich der Skipiste zu Gesicht bekommt, wird sich wohl so seine – kritischen – Gedanken zum Thema »Naturnutz-Naturschutz« machen. Neben diesen Verwüstungen wirken die Eingriffe an der Südflanke des Boèseekofels geradezu mickrig: ein paar Seile und zwei Leitern zum Ausstieg aufs »Dach« des Berges. Gut 200 Meter hoch ist die gesicherte Route, und der Abstieg zum Crep de Munt bietet dann neben viel Aussicht nochmals ein paar (leichte) gesicherte Passagen.

➜ **Anfahrt** Corvara (1555 m), am Fuß der beiden Passstraßen zum Grödner Joch und zum Campolongo gelegen, ist touristisches Zentrum des Hochabtei (Alta Badia), 33 km vom Pustertal. Mit Gondelbahn und Sessellift via *Crep de Munt* (2198 m) zum Rand der felsumstandenen Karmulde von *Vallon* (2537 m).

➚ **Zustieg** Von der Liftstation auf ausgetretener Spur leicht abwärts, an der Weggabelung (Tafel) links und über Geröll hinauf zum Felsfuß.

↑ **Boèseekofel-Klettersteig**

Der Einstieg (ca. 2570 m) befindet sich links des markanten Wandvorbaus; Drahtseile leiten steil durch die gestufte Felsschlucht in seinem

Rücken aufwärts. Gutmütige Passagen wechseln dabei ab mit ziemlich trittarmen, aber nur kurzen Aufschwüngen, die man mit guter Technik oder kräftigem Armzug meistert. Sind hier mehrere Partien unterwegs, besteht erhebliche Steinschlaggefahr. Oberhalb des Vorbaus gelangt man kurz in leichteres Gelände. Nach rechts über Schrofen, dann am Drahtseil steiler hinauf zu einem

23

Fast senkrecht und sehr ausgesetzt: die Leitern am »Boèseekofel-Klettersteig«.

kleinen Absatz. Fast senkrecht über ein Wandl und links ziemlich luftig, aber gut gesichert um ein felsiges Eck herum auf einen abgerundeten Rücken. An ihm zur letzten, senkrechten Wandstufe der Ferrata. Zwei stabile Eisenleitern helfen über die 25-Meter-Vertikale hinweg; maximal ausgesetzt ist dabei der leicht überhängende Ausstieg (Eisenstifte). Dann kann man aufatmen: geschafft! Es folgen zwar noch einige drahtseilgesicherte Passagen, allesamt harmlos, dann lehnt sich der Berg endgültig zurück. Eine deutliche Spur leitet über das flache Gipfeldach zum großen Kreuz am höchsten Punkt, *2 Std.*

↘ **Abstieg** Auf markierter Spur am breiten, geröllbedeckten Ostrücken abwärts, zuletzt mit Hilfe solider Eisenbügel über einen fast senkrechten Zehn-Meter-Abbruch. Hier scharf rechts (Wegzeiger) unter den Felsen steil bergab und zurück zur Liftstation Vallon. Bei gutem Wetter empfiehlt es sich allerdings, zu Fuß bis *Crep de Munt* abzusteigen, gut markiert und mit einigen leichten gesicherten Passagen (kurze Leitern, Drahtseile). An einer kleinen Scharte öffnet sich überraschend ein hübscher Blick auf den fast kreisrunden Boèsee (2250 m); wenig weiter leiten die deutlichen Markierungen über gestufte Felsen links abwärts. Unter den Felsen eines namenlosen Gratbuckels wandert man zurück zur Seilbahnstation.

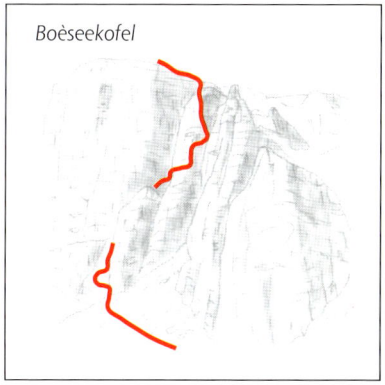

Boèseekofel

24 Via ferrata delle Trincee

Sas de Mezdì, 2727 m
Dunkler Fels und gleißender Firn

sehr
schwierig/
mittel

4³/₄ Std.
bzw.
6 Std.

300 m
bzw.
740 m

Routencharakter: Erster Abschnitt sehr anspruchsvoll, teilweise auch ausgesetzt, Weiterweg zum Passo Padòn viel leichter, nur mehr abschnittweise gesichert. Bei Nässe unangenehm.
Hinweis: Taschenlampe in den finsteren Stollen wichtig!
Ausgangspunkte: Fedaia-Stausee (2053 m) bzw. Seilbahnstation an der Porta Vescovo (2478 m). Die Seilbahn ist von Anfang Juli bis Ende September 8.30–12.30 und von 14–17.30 Uhr in Betrieb. Busverbindung zwischen Canazei und dem Fedaiasee; Parkplatz bei der Staumauer.
Gehzeiten: Gesamt ab Porta Vescovo 4 ³/₄ Std.; Porta Vescovo – Passo Padòn 3 ¹/₄ Std., Rückweg 1 ¹/₂ Std. Startet man am Fedaiasee, ergibt sich eine Gesamtgehzeit von gut 6 Std.
Markierung: Rote Farbmarkierungen am Klettersteig und am Rückweg; Zustieg vom Fedaiasee rot-weiß-rot mit der Nummer 698, Abstieg nach Arabba Nummern 699 und 698.
Landkarten: Tabacco 1:25 000, Blatt 06 »Val di Fassa e Dolomiti Fassane«. Freytag&Berndt 1:50 000, Blatt WKS 5 »Gröden-Sella-Marmolada«.
Highlights: Kletterei an dem dunklen Vulkangestein, Hängebrücke, Stollen – und dann natürlich der Blick auf die Marmolada.
Einkehr: Rifugio Porta Vescovo (2478 m), ⏱ nur während der Betriebszeit der Seilbahn.
Unterkunft: Rifugio Passo Padòn (2369 m), ⏱ Mitte Juni bis Ende September; Tel. 0437/722002.
Fototipps: Actionmotive an der Ferrata, Kriegsrelikte, Stollen; Marmolada mit Gletscher. Blumen, u.a. der sehr seltene Himmelsherold.

Ein Bild von fast klassischem Zuschnitt: schroffer, tiefdunkler, verschatteter Fels, der splittrig in gleißendes Weiß sticht. So zeigt sich der Sas de Mezdì von Norden, etwa vom Campolongopass aus, vor dem Firnschild der Marmolada. Ein packendes Bild – für die Dolomiten aber ziemlich untypisch: vulkanisches Gestein und Gletschereis, kein grauer Kalk. Der türmt sich drüben in der Sella, die während der Seilbahnfahrt hinauf zur *Porta Vescovo* Blickfang ist, unten Schlern- und darüber geschichteter Hauptdolomit. Erst an der Scharte mit dem »sakralen« Namen (vescovo = Bischof) kommt dann die Marmolada ins Blickfeld. Sie bleibt – glänzende! – Kulisse an der »Ferrata delle Trincee«, die über den dunklen, schartigen Kamm des »Mittagszeigers« von Arabba hinüber zur Mesolina (2642 m) läuft. Weshalb die Ferrata »delle Trincee« heißt, wird spätestens hinter dem Sas de Mezdì klar: Relikte des Ersten Weltkrieges allenthalben, Schützengräben (= Trincee), Unterstände, Stollen. Die Route wird hier fast zum historischen Lehrpfad; lediglich auf kürzeren Abschnitten gesichert, verläuft sie in ehemaligen k.u.k. Stellungen. Ganz anders der Auftakt: steil und ausgesetzt, nur mit einem fest verankerten Drahtseil gesichert. Und für manche Dolomiten-Klettersteiger bildet die erste Begegnung mit einer ganz ungewohnten Unter-

24

lage eine Überraschung: blockig-rauer, aber trittarmer Fels mit »einge-backenen« Kieseln statt griffigem Kalk.

➜ **Anfahrt** Von Arabba (1601 m), das an der »Großen Dolomiten-straße« liegt, erreicht man die Porta Vescovo (2478 m) bequem mit der Seilschwebebahn. – Der Fedaiasee liegt westlich des gleichnamigen Straßenpasses, 12 km von Canazei bis zur Staumauer.

↗ **Zustiege** Vom Fedaia-Stausee auf ordentlichem Weg über Grashänge hinauf zur *Porta Vescovo* (2478 m) mit der Seilbahnstation. Hier rechts unter dem Kamm zum Beginn der Ferrata.

↑ **Via ferrata delle Trincee**

Die Einstiegswand, etwa dreißig Meter hoch, fast senkrecht und trittarm, setzt gleich den Tarif. Da muss man kräftig zupacken; wer die richtige Technik (Reibung!) drauf hat, tut sich leichter. Die Fortsetzung der Route ist weniger steil, führt über Schrofen und plattigen, rauen Fels erst zum schmalen Grat, dann in anregendem Auf und Ab luftig zu einer Hänge-brücke. Sie überspannt einen tiefen Felsspalt; wenig später ist der Gip-fel des *Sas de Mezdì* (La Mésola, 2727 m) gewonnen. Dahinter weiter um und über ein paar Gratzacken. Ein Band leitet zu einer Klammer-reihe auf der Nordseite, über die man abklettert. Auf markierter Spur durch die abschüssige Grasflanke in eine namenlose Scharte.

Hier kann man über die sonnseitige Grasflanke auf markiertem Weg zur Porta Vescovo zurückwandern (Gesamtgehzeit dann etwa 2 ½ Std.). Die Fortsetzung der Ferrata folgt ehemaligen Frontsteigen an dem mit bizarren Türmen besetzten Kamm bis zur *Mesolina* (2612 m). Land-schaftlich sehr interessant, weist die nur mehr auf kürzeren Abschnitten gesicherte Route keine schwierigen Passagen auf. Dafür verschwindet der Weg mehr als einmal im Bergesinnern; der letzte Stollen ist gut 300 Meter lang! Knapp unterhalb der Mesolina, die man auf einem kleinen Abstecher besteigen kann, steht das stets zugängliche *Bivacco Bonta-dini* (2520 m). Über Grashänge absteigend, erreicht man den *Passo Pa-dòn* (2369 m) mit der gleichnamigen Hütte.

Steil und luf-tig: der erste Abschnitt der »Ferrata delle Trincee«.

↘ **Abstiege** Auf markierten Wegen nordseitig – teilweise über Skigelände – hinunter nach Arabba (1601 m) oder südseitig unter dem Padònkamm über Wiesenhänge zurück zur Porta Vescovo. Wer am Lago di Fedaia (2053 m) gestartet ist, kann sich den Umweg über die Porta Vescovo sparen und von den Pa-dònwiesen über (unmarkierte) Wegspuren schräg zur Uferstraße absteigen.

25 Marmolada-Westgratsteig

Marmolada di Penia, 3343 m
Aufs »Dach der Dolomiten«

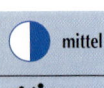 mittel

 6¹/₄ Std.

1000 m

Routencharakter: Hochalpine Tour, bei guten äußeren Bedingungen mäßig schwierig. Klettersteig technisch anspruchslos, für einen Abstieg über den Gletscher ist die entsprechende Ausrüstung (Steigeisen, Pickel, Seil) unerlässlich! Auch am Anstieg über den Vernel-Gletscher können im Spätsommer Steigeisen (Grödel) angenehm sein. Nur bei sicherem Wetter gehen, bei Gewitterneigung verwandelt sich die Ferrata in einen großen Blitzableiter!

Ausgangspunkt: Bergstation des Marmoladaliftes (2625 m). Ihre Talstation befindet sich am Südufer des Fedaia-Stausees; in Betrieb ist die Anlage von Mitte Juni bis Ende September 8–17 Uhr.

Gehzeiten: Gesamt 6 ¹/₄ Std.; Aufstieg 3 ³/₄ Std.; Abstieg über den Klettersteig 2 ¹/₂ Std.

Markierung: Bis zur Marmoladascharte rot-weiße Markierung mit der Nummer 606, dann rote Punkte.

Landkarten: Tabacco 1:25 000, Blatt 06 »Val di Fassa e Dolomiti Fassane«. Freytag&Berndt 1:50 000, Blatt WKS 5 »Gröden-Sella-Marmolada«.

Highlights: Vor allem die hochalpine Kulisse am Klettersteig mit Wand- und Gletschereindrücken, dann das Panorama am »Dach der Dolomiten«. Beim Abstieg über den Gletscher die beeindruckenden Eisbrüche.

Einkehr/Unterkunft: Rifugio Pian dei Fiacconi (2625 m), ☾ Mitte Juni bis Ende September; Tel. 0462/60 14 12. Capanna Punta Penia (3343 m), ☾ Mitte Juni bis Ende September; Tel. 0462/76 42 07.

Fototipps: Eine dankbare Tour auch für die Kamera! Tolle Motive bieten sich am Klettersteig (evtl. mit Schattenrissen), dazu der zerklüftete Gletscher und die Südwand. »Bergsteigertreff« bei der Capanna Punta Penia.

Marmolada. Der Berg schlechthin zwischen Eisack und Piave, der höchste, der einzige mit einem richtigen Gletscher, immerhin fast fünf Quadratkilometer groß, da hätte der Englische Garten von München bequem Platz; ein Berg mit unverwechselbarem Profil, sanft abdachend nach Norden, eine senkrechte Mauer im Süden; der Berg mit der längsten und höchsten Seilbahn – und dem ältesten Klettersteig der Dolomiten, Jahrgang 1903. Die Marmolada: Traumziel für Bergsteiger aller Couleur, für Gemäßigte wie für Extremkletterer, Anlaufstation auch für jene, die sogar im Sommer nicht aufs Skilaufen verzichten können, und natürlich für eine bunte Schar von Touristen aus aller Herren Länder, die halt einmal oben gewesen sein wollen, am Seilbahngipfel wenigstens, der *Punta di Rocca* (3309 m).

 Tipp

Warum nicht gleich unten starten zur Marmolada-Tour, bei Alba (1517 m), auf die bequeme Anfahrt bis fast zum Gletscher verzichten? Das gibt dem Berg etwas von seiner wirklichen Größe zurück, macht die Besteigung zum Erlebnis – ein simples Rezept für viele unvergessliche Tage im Gebirge, ich weiß es. Denn sind es nicht die großen, mit mancherlei Mühen verbundenen Unternehmungen, an die wir uns immer wieder gerne erinnern? Für den Aufstieg von Alba via Contrinhütte (2017 m), Marmoladascharte und Westgrat-Klettersteig muss man mit einer Gehzeit von etwa 6 ¹/₂ Std. rechnen; Abstieg dann vorteilhaft zum Fedaiasee.

Marmolèda, Berg der Ladiner. Erstbesteiger waren aber keine Einheimischen, Männer aus den Tälern des Cordévole oder Avisio, sondern ein Engländer und ein Wiener: John Ball mit Birkbeck und V. Tairraz 1860 am »Wintergipfel« (Punta di Rocca) und – wieder einmal er – Paul Grohmann am 28. September 1864 zusammen mit seinen beiden Cortineser Führern Dimai am »Sommergipfel« (*Punta di Penia*, 3343 m) – das »Dach der Dolomiten« war erobert. Arme Marmolada. Nach den Pionieren erschienen die Soldaten, bauten Unterstände, gruben sich in Fels und Eis; Gefechtslärm übertönte den Lawinendonner – der Tod hielt reiche Ernte. Und ein paar Jahrzehnte später kamen andere, friedliche Invasoren. Auch sie sprengten, bauten um; eine riesige Seilbahn entstand, von Malga Ciapela herauf bis ans flache Firndach der Punta di Rocca. Sie sollte dem Tal Wohlstand und dem Berg viele Besucher bringen; »Sommerskilauf« hieß das Zauberwort, »piu alto delle dolomiti« dazu, und so wedeln sie am Gletscher, die Chemie hilft etwas nach, störende Spalten wurden auch mal mit Schaumstoffabfällen aufgefüllt, der Müll des Gipfelrestaurants über die Südwand »entsorgt« .

Wer nicht mit der Seilbahn der Gipfelregion entgegenschwebt, nimmt in der Regel einen der beiden Normalwege, jenen über den nordseitigen Gletscher oder die Westgrat-Ferrata. Beide waren ursprünglich sehr lang und entsprechend anstrengend, doch haben auch hier die Segnungen der Moderne für Erleichterung gesorgt. Heute starten die mei-

Über den Wolken: am Weg zum »Dach« der Dolomiten.

25

sten nicht mehr drunten in Alba, sondern weit oben, im Vorfeld des Gletschers. Mit dem Lift schwebt man vom Fedaia-Stausee hinauf zum Pian dei Fiacconi (2625 m). Die restlichen 850 Höhenmeter sind zwar immer noch nichts für Schwächlinge (= fiacconi), für den viel zitierten Durchschnittsbergsteiger – entsprechende Ausrüstung vorausgesetzt – aber ohne Probleme zu bewältigen.

Unterschätzen sollte man sie aber dennoch nicht; der Weg über den Gletscher ist durch dessen Rückgang (Spalten!) kaum leichter geworden, und auch der Westgrat-Klettersteig (er interessiert hier natürlich besonders) ist bloß bei idealen äußeren Bedingungen als wenig schwierig einzustufen. Neuschnee, Eis, schlechte Sicht oder ein anrückendes Gewitter machen aus der Genusstour rasch ein objektiv gefährliches Unterfangen.

➜ **Anfahrt** Auf der Fedaia-Passstraße zum Stausee (2053 m) und zur Talstation des Marmoladaliftes, 12 km von Canazei, 16 km von Caprile.

➚ **Zustieg** Er beginnt absteigend, führt von der Liftstation im Vorfeld des Gletschers durch Geröll und Moränenschutt abwärts, umgeht einen Gratausläufer und steigt dann durch das Kar Sot Vernel an, zuletzt über den kleinen, spaltenfreien Vernel-Gletscher (Drahtseile) in die *Forcella della Marmolada* (2896 m).

↑ **Westgrat-Klettersteig**

Aus der engen Scharte leiten die Sicherungen zunächst in die schattige Nordflanke. Über lange Bügelreihen, unterbrochen von mäßig ausge-

Gut gesichert: der Westgrat der Marmolada.

25

Während des Anstiegs bieten sich packende Einblicke in die Marmolada-Südwand.

setzten Querungen (Drahtseile) an den plattigen Felsen, gewinnt man schließlich den Westgrat, wo sich ein erster Einblick in den rund 800 Meter hohen Südabsturz bietet. Weiter ansteigend am Kamm über ein paar harmlose Gratköpfe hinweg, dann nach links auf den Firn und mit allmählich abnehmender Steilheit zum weiträumigen Gipfel mit der *Capanna Punta Penia* (3343 m), *2Std.*

↘ **Abstiege** Auf dem Anstiegsweg oder über den Ghiacciaio della Marmolada. Eine ausgetretene Spur führt nordwärts über den gutmütigen, inzwischen teilweise ausgeaperten »Schenal del Mul« (Maultierrücken) abwärts. Rote Markierungen leiten anschließend rechts durch eine brüchige Schrofenrinne (I-II, keine Seile, nur Haken zur Partnersicherung) steil hinunter auf den Gletscher. Ein Drahtseil erleichtert den Überstieg aufs Eis. Spuren leiten über den zerschrundenen, nicht ungefährlichen Gletscher (Spaltenzonen) bergab zur Liftstation Pian dei Fiaccóni.

26

Via Eterna – Brigata Cadore

Punta Serauta, 2962 m
Über die große Schräge zum scharfen Grat

sehr schwierig

6 Std.

1100 m

Routencharakter: Sehr lange, außergewöhnlich anstrengende Ferrata, im Sommer 2000 saniert. Ganz wichtig: gute Kondition (!), Klettersteigerfahrung – und sicheres Wetter. Bei Gewittern verwandelt sich der »Eisenweg« in einen einzigen Blitzableiter ohne jede Fluchtmöglichkeit unterwegs! Steinschlaggefahr auf den Lastie: Helm!

Abstieg nur mit der Marmolada-Seilbahn; der in manchen Karten eingezeichnete ostseitige Weg durch das Tälchen von Antermoia existiert nicht. Vor einem Abstieg über den Marmoladagletscher (nur mit kompletter Eisausrüstung!) ist eher abzuraten: jede Menge Zivilisations(?)abfälle auf dem Firn, dann Pistenschotter ...

Weniger anstrengend ist das Ganze, wenn man mit der Seilbahn morgens hinauffährt zur Station Serauta (2950 m) und die »Ferrata« im Abstieg macht; knapp 5 Std. bis zum Passo Fedaia.

Ausgangspunkt: Passo di Fedaia (2056 m), Straßenpass zwischen den Tälern des Avisio und des Cordévole, 13 km von Canazei, 15 km ab Caprile. Keine durchgehende Busverbindung! Großer Parkplatz beim Rifugio Passo Fedaia.

Die große Marmolada-Seilbahn (Malga Ciapela – Forcella Serauta – Marmolada di Rocca) verkehrt Juli bis Mitte September von 9–17 Uhr; Auskunft Tel. 0437/52 29 84.

Gehzeiten: Gesamt 6 Std., Aufstieg 4 Std., Grat 2 Std.

Markierung: Einstieg mit großen F am Felsen (von der Straße aus sichtbar) bezeichnet, dann immer den Drahtseilen nach.

Landkarten: Tabacco 1:25 000, Blatt 015 »Marmolada-Pelmo-Civetta-Moiazza«. Freytag&Berndt 1:50 000, Blatt WKS 5 »Gröden-Sella-Marmolada«.

Highlights: Aus- und Tiefblicke an der Route, exponierte Passagen am Grat.

Einkehr: SB-Restaurant an der Seilbahnstation Serauta (2950 m), ☐ während der Betriebszeit der »Funivia della Marmolada«.

Fototipps: Tiefblicke über die Riesenschräge der Lastie auf die Fedaia-Passstraße, Bergsteiger am Grat, Marmoladagletscher.

Eine Ferrata der Superlative sollte die Route am Serautastock werden, ihr Name – »Eterna« – lässt es schon anklingen, und beim Aufstieg über die gigantische Felsschräge der Lastie bekommt die Bezeichnung »endlos« durchaus ihren Sinn. Rund 800 Höhenmeter am Drahtseil, und immer nur aufwärts, aufwärts ... Da geht manchem vorzeitig der Schnauf aus, und der Berg hat sich deswegen wohl auch wenig schmeichelhafte Bezeichnungen eingehandelt. Etwas monoton ist der lange Kraftakt schon, trotz

Via Eterna-Brigata Cadore

grandioser Kulisse und faszinierender Ausblicke, vor allem natürlich zur Marmolada mit ihrer Gletscherflanke. Mehr Abwechslung bietet die Gratüberschreitung von der Punta Serauta hinüber zur Marmolada-Seilbahn, ein prikkelndes Vergnügen für Könner, mit atemberaubend luftigen Passagen und

26

Wie eine Fliege an der Wand: Tiefblick von den Lastie auf die Fedaia-Straße.

ziemlich viel Auf und Ab. An der Seilbahn reiht man sich dann ein in das bunte Völkchen der Ausflügler, das sich zur großen Aussicht hinauftragen lässt, ganz ohne Anstrengung. Der Klettersteigler nimmt die Funivia für den Abstieg ins Tal, dankbar vielleicht, dass ihm ein langer Rückweg erspart bleibt. Der führt über den Gletscher, was die Mitnahme von Steigeisen bedingt, und ist nur jenen anzuraten, die gerade an einer Dissertation zum Thema »Freizeit- und Wegwerfgesellschaft« arbeiten.

→ **Anfahrt** Über die Fedaia-Passstraße, 13 km von Canazei, 15 km von Caprile.

↗ **Zustieg** Vom Rifugio Passo Fedaia ostwärts über eine Skipiste kurz abwärts, bis man auf die ersten roten Markierungen stößt. Sie leiten bergan in die Karmulde unter dem Sas de Mul. Ein großes, an den Fels gepinseltes F bezeichnet den Einstieg (ca. 2160 m, Bronzetafel).

↑ **Via ferrata Eterna**

Anseilen, Helm auf – und los! Die Drahtseile führen über gestufte Felsen auf den zernarbten, durchschnittlich 45 Grad steilen Rücken der Lastie: 800 steil-schräge Höhenmeter. Vergleichbares, allerdings ungesichert, bieten die Dolomiten bloß noch am Antelao, und auch hier wird das Ganze bald zu einer Konditionsfrage. Im gleichen Maß, wie sich der Horizont mit mehr und mehr Gipfeln füllt, dürfte bei so manchem die Kraft schwinden. Wer zu schnell startet, muss weiter oben leiden! Einen ersten Gratzacken umgeht die Ferrata rechts; dann leiten die Drahtseile in eine enge Scharte, aus der man einen tollen Durchblick auf den

26 Monte Pelmo hat. Die Route quert in gestuftem Fels zur *Punta Serauta* (2962 m), läuft aber knapp unter dem Gipfel durch. Den kleinen Abstecher wird sich niemand entgehen lassen, bietet er doch Gelegenheit zu einer Rast vor großem Panorama – nach dem vierstündigen Anstieg wohl verdient. Denn der Weiterweg hat es durchaus noch in sich, auch wenn die Seilbahnstation Serauta (2950 m) nicht mehr allzu weit entfernt scheint. Knapp einen Kilometer lang ist der Grat, teilweise messerscharf und ziemlich schartig. Die »Ferrata Eterna« folgt ihm, stellenweise in die Steilflanken ausweichend, in anregendem Auf und Ab. Dabei wird jede Menge Luft unter den Sohlen geboten; wer nicht absolut schwindelfrei ist, guckt lieber aufs Vertrauen erweckende Seil als hinunter aufs Eis des Marmoladagletschers. Mit einem steilen Kamin, in dem noch ein paar eiserne Antiquitäten stecken, läuft die Ferrata aus; über den Historischen Rundweg, der die Serauta-Stellungen des Ersten Weltkriegs erschließt, erreicht man rasch die Seilbahnstation mit einem kleinen »Museo della Grande Guerra«. Wer noch einen Dreitausender draufpacken möchte, unternimmt vor der Talfahrt den Abstecher zum Pizzo Serauta (3069 m; Drahtseile).

↘ **Abstieg** Mit der Seilbahn nach Malga Ciapela (1450 m) – und dann: Daumen raus!

Knapp unter der Punta Serauta, am Horizont der Pelmo.

Ferrata Sass da Rocia

Sass da Rocia, 1614 m
Der kleinste Klettersteig der Dolomiten

Routencharakter: Kurze, aber pfiffig ange-legte und gut gesicherte Route.
Ausgangspunkt: Ronc (1508 m), Weiler hoch über dem Zusammenfluss von Cor-dévole und Pettorina. Kleiner Parkplatz am Straßenende.
Gehzeiten: Gesamt ¹/₂ bis ³/₄ Std.
Markierung: Hinweistafeln an den Aus-gangspunkten.

Landkarte: Tabacco 1:25 000, Blatt 015 »Marmolada-Pelmo-Civetta-Moiazza«.
Highlights: Originelle Routenführung, Aussicht auf die Civetta.
Einkehr/Unterkunft: Keine, aber Unter-standhütte auf dem Gipfel.
Fototipps: Die Routenführung ermöglicht witzige Schnappschüsse; Blitzgerät von Vorteil.

 mittel

 ³/₄ Std.

 110 m

Es könnte ja sein, dass die Knie von der letzten Tour noch ein wenig weh tun oder ein Tief dicke Wolken über die Dolomiten schiebt; viel-leicht ist auch ganz einfach etwas Erholung angesagt. Da passt dann die Mini-Ferrata über dem Cordévoletal bestens: eine kleine Bewe-gungsübung, aber durchaus reizvoll. Denn die Route auf den isolier-ten Felsklotz oberhalb von Laste hält ein paar hübsche Überraschun-gen bereit. Und auf der großen Gipfelwiese steht sogar ein Hüttchen mit dem romantischen Namen »Pian delle Stelle«.

➜ **Anfahrt** Wer von Norden über die »Große Dolomitenstraße« kommt, zweigt zwischen Pieve und Andraz ab und fährt über Pian di Salesei mit seinem Soldatenfriedhof hinunter nach Digonera. Gleich dahinter über ein paar Kehren rechts hinauf und via Laste di sopra (1405 m) zum Weiler *Ronc* (1508 m).

↑ **Via ferrata Sass da Rocia**
Beim Parkplatz am Straßenende weist eine Schild zum Sass da Rocia, der über den Häusern aus den Baumwipfeln ragt und auf allen Seiten in bis zu fünfzig Meter hohen, senkrechten Wänden abbricht. Die Wegspur führt rasch zum Felsfuß, dann – ein erster Gag – durch einen knapp meterbreiten Spalt über Stufen und eine Leiter ins Innere des doppelt gespaltenen Turms. Hier mündet ein zwei-ter, mit Drahtseilen gesicherter Zustieg von der Straße herauf. Nun links an Eisenbügeln senkrecht über ein Wandl, dann auf einer »ponte di legno« zum Vorgipfel. Eine zweite Holzbrücke leitet zum abgeflachten, licht bewaldeten Hauptgipfel des *Sass da Rocia* mit schönem Blick über das Cordé-voletal auf die Civetta. – Abstieg nur über den Klet-tersteig!

Etwas über-zeichnet: der Sass da Ro-cia.

28 Ferrata Ombretta

Cime Ombretta, 3011 m
Südwandschauen!

 leicht

 8 Std.
km

1500 m

Routencharakter: Große Runde mit Mini-Ferrata, aber grandiosen Landschaftsbildern. Höhepunkt ist der Blick von der Cima d'Ombretta auf die Südfront der Marmolada. Selbstsicherung für weniger Geübte ratsam!
Ausgangspunkt: Parkplatz der Ciampac-Seilbahn (1487 m) bei Alba-Palúa. Busverbindung mit Canazei, großer Parkplatz.
Gehzeiten: Gesamt 8 Std.; Aufstieg 5 Std., Abstieg 3 Std.
Markierung: Rot-weiß-rot mit den Nummern 602, 607, 650, 610.
Landkarten: Tabacco 1:25 000, Blatt 06

»Val di Fassa e Dolomiti Fassane«. Freytag&Berndt 1:50 000, Blatt WKS »Gröden-Sella-Marmolada«.
Highlights: Der einmalige Blick auf die gewaltige Marmolada-Südwand, die das Ziel vieler Kletterer ist.
Einkehr: Baita Locia Contrin (1736 m), ⏱ Mitte Juni bis Ende September.
Einkehr/Unterkunft: Rifugio Contrin (2016 m), ⏱ Mitte Juni bis Ende September; Tel. 0462/60 11 01.
Fototipps: Felskulisse des Contrintals, Steinböcke im Bereich des Klettersteigs, Südwand-Einblicke.

Wegen des bisschen Eisens wird bestimmt niemand die Cime Ombretta ansteuern und schon gar nicht wird er sich über rund 1500 Steigungsmeter schwitzen. Da gibt's in der Region gewiss lohnendere Ziele. Sieht man das Ganze allerdings als Bergtour mit kurzer Klettersteigeinlage, wird ein interessanter Tag zwischen Tal und Gipfel daraus. Das *Val Contrin* ist immer einen Besuch wert; und dann der Blick vom langgestreckten Ombretta-Grat in die gigantische Südwand der Marmolada! Natürlich verkommen daneben die gut fünfzig gesicherten Höhenmeter zur Marginalie. Wenigstens sind die Sicherungen erst jüngst erneuert worden, sodass man sich hier nicht mehr an lottrigem »Alteisen« festhalten muss. Rostigen Seilen begegnet man dafür am Abstieg in den Ombrettapass – wie der teilweise verfallene Steig Relikte des Ersten Weltkriegs. Die Front ging damals vom Marmoladamassiv quer übers Contrintal zum Col Ombert und weiter zur Costabela (⇨ Touren 30 und 35).

➜ **Anfahrt** Alba (1517 m), Nachbardorf von Canazei, liegt an der Straße zum Fedaiapass. Im Ortsteil Palúa befindet sich die Talstation der Ciampac-Seilbahn.

↗ **Zustieg** Die Tour startet hinter Palúa auf einem breiten Schotterweg (keine Aussicht). Nach etwa einer Dreiviertelstunde hat man die bewaldete Steilstufe an der Mündung des Val de Contrin hinter sich gebracht, bei der *Baita Locia Contrin* (1736 m) wird der Blick ins Talinnere und auf die großartige Dolomitenkulisse frei: links das Marmolada-Massiv, dann die Cime Ombretta (3011 m), von denen ein hoher Grat zum

Sasso Vernale (3058 m) zieht, weiter die Cime Cadine (2885 m) und der hohe, zersplitterte Felsdom der Cima dell'Uomo (3010 m). Vergleichsweise filigran wirkt daneben das Felsdreieck des Col Ombert (2670 m).

Unterhalb der Malga Contrin (1828 m) führt der Weg über den Bach und am licht bewaldeten Hang in angenehmer Steigung zu dem bereits sichtbaren *Rifugio Contrin* (2016 m). Hinter der Hütte auf gutem Weg durch das wenig

ausgeprägte Tälchen von Cirele bergan; links ragt die zerfurchte Westflanke des Ombretta-Stocks in den Himmel. An der Verzweigung (ca. 2470 m) nimmt man den links abgehenden, zum Passo Ombrettola ansteigenden Steig.

Von den Cime Ombretta genießt man einen packenden Blick auf die Marmolada-Südwand.

↑ **Ferrata Ombretta**

Wenig oberhalb der Weggabelung führt eine deutliche Spur links zum Felsfuß. Der Einstieg zur Ferrata befindet sich neben einer Höhle; neue Sicherungen leiten steil, aber nur wenig schwierig durch eine Verschneidung aufwärts. Man entsteigt ihr gut 50 Meter höher in einen riesigen Geröllkessel. Unter dem langgestreckten Felsgrat, der sich vom Sasso Vernale (3058 m) zur östlichen Cima Ombretta zieht, fristet der kümmerliche Rest des Vernalegletschers ein Dasein auf Abruf. Eine dünne Spur leitet über Schutt und Schneereste hinauf zum Ombretta-Grat. Rechts (leicht) zum Ostgipfel (3011 m), *1 ¹/₂ Std.*

↘ **Abstieg** Viel Geröll garniert auch den Abstieg, der zunächst mehr »Abfahrt« ist und der durch die Nordostflanke des Bergstocks hinunterleitet gegen den Nordgrat des Mittelgipfels. Auf einem ehemaligen Kriegssteig über Felsen (leicht) bergab in den *Passo Ombretta* (2702 m). Hier links auf markiertem Weg mit freier Sicht zum Colàc (⇨ Tour 29) abwärts, unter einem Felsriegel hindurch und weiter im Val Rosalia hinunter zum *Rifugio Contrin* (2016 m), wo man auf den Anstiegsweg stößt. Auf ihm zurück nach Alba-Palúa.

29 Via ferrata dei Finanzieri

Colàc, 2715 m
Steile Route zum großen Panorama

 schwierig

 3³/₄ Std.

 570 m

Routencharakter: Anspruchsvoller Klettersteig, ziemlich lang, mit gut gesicherter Schlüsselstelle oberhalb der großen Rampe. Im unteren Abschnitt erhebliche Steinschlaggefahr durch Voraussteigende!
Ausgangspunkt: Seilbahnstation Ciampac (2147 m); die Funivia verkehrt von Anfang Juli bis Mitte September von 8.30–16.30 Uhr.
Gehzeiten: Gesamt 3 ³/₄ Std., Aufstieg 2 ¹/₂ Std., Abstieg 1 ¹/₄ Std.
Markierung: Farbmarkierungen, Wegzeiger.

Landkarten: Tabacco 1:25 000, Blatt 06 »Val di Fassa e Dolomiti Fassane«. Freytag&Berndt 1:50 000, Blatt WKS 5 »Gröden-Sella-Marmolada«.
Highlights: Klammerreihe oberhalb der Rampe, Panorama vom Gipfel, toller Blick zur Marmolada.
Einkehr: Restaurant bei der Bergstation der Seilbahn.
Fototipps: Gute Actionmotive an der Ferrata; die große Rampe (nordwestseitig) liegt allerdings bis in den Nachmittag hinein im Schatten.

In den siebziger Jahren noch sah sich der Colàc in der guten Gesellschaft von Gipfeln wie dem Gran Vernel (3210 m) oder der Cima dell'Umo (3010 m): öfter mal ihrer markanten Gestalt wegen abgelichtet, aber kaum besucht. Das hat sich inzwischen gründlich geändert; von Alba herauf führt eine Seilbahn ins nordseitige (und deshalb schneesichere) Skigebiet von Ciampac, und Drahtseile entdeckt man auch in der Westflanke des Colàc. Dem haben die »Finanzieri«, die italienischen Zöllner, 1980 eine Ferrata verpasst. Die wurde in der Folge mehrfach nachgebessert, im Verlauf auch etwas sicherer gemacht. Auf der großen Diagonalrampe, dem Kernstück der Route, besteht allerdings nach wie vor erhebliche Steinschlaggefahr durch Voraussteigende!

Ferrata dei Finanzieri

Gut kombinieren lässt sich die »Finanzieri« mit dem neuen, sehr anspruchsvollen Klettersteig am Col Ombert (⇨ Tour 30) und mit dem hübschen Höhenweg »Pederiva« (⇨ Tour 31). Wer im Rifugio Contrin übernachtet, kann sich anderntags jenen Gipfel vornehmen, der hier alles überstrahlt: die Marmolada (⇨ Tour 25).

➜ **Anfahrt** Alba (1517 m), Nachbarort von Canazei, liegt an der Straße zum Fedaiasee. Im Ortsteil Palúa befindet sich die Talstation der Großkabinen-Seilbahn nach Ciampac (2147 m).

↑ Via ferrata dei Finanzieri

Von der Seilbahnstation leicht abwärts zu einem Wasserspeicher (2090 m), dann über Geröll hinauf zum Einstieg. Die ersten Sicherungen leiten auf die Riesenrampe, die unter Überhängen steil nach links ansteigt. Am fest verankerten Drahtseil gewinnt man zügig an Höhe. Vorsicht: keine Steine ablassen! Oberhalb der Schräge folgt die Schlüsselstelle, senkrecht und sehr luftig, aber mit einer Reihe neuer Eisenbügel bestens gesichert. Sie leitet in den stärker gestuften oberen Wandteil. Über plattige Absätze und gestuften Fels, über Schrofen und durch Rinnen leiten die Sicherungen aufwärts zum Nordgrat. Hier rechts und in einer Viertelstunde leicht zum Gipfel, *2 ¹/₂ Std.*

↘ **Abstieg** Auch der Abstieg vermittelt noch etwas »Ferrata-Feeling«; die Schwierigkeiten halten sich allerdings in Grenzen, die Sicherungen sind erst jüngst ergänzt worden. Aus der Scharte zwischen Haupt- und Nebengipfel leiten Eisenklammern durch eine Steilrinne abwärts. Eine Querung führt in die große Ostschlucht, durch die man an Drahtseilen absteigt. Am Felsfuß über Grasbänder rechts aus dem Geröll heraus, um den Felsfuß herum und ansteigend in die Forcia Neigra (2509 m). Jenseits der Scharte hinab zur Seilbahnstation Ciampac; wer weiter zum Col Ombert oder auf den »Sentiero Pederiva« will, nimmt den links abgehenden Steig, der die felsige Ostflanke der Crepa Neigra quert.

29

Blick vom Gipfelgrat des Colàc zur Sella.

30

Kaiserjägersteig

Col Ombert, 2670 m
Kleiner Gipfel mit supersteiler Ferrata

sehr
schwierig

5³/₄ Std.

1070 m

Routencharakter: Anspruchsvolle, allerdings nicht sehr lange Route, die einem Steig aus dem Ersten Weltkrieg folgt. Neben ein paar Antiquitäten (alte Eisenstäbe, Seilreste) nur dickes, in kurzen Abständen verankertes Drahtseil. Erste 25 Meter reine Bizeps- und Stemmarbeit, dann leichter. Die Einstiegsrinne ist extrem durch Steinschlag gefährdet; am besten nur starten, wenn niemand im oberen Wandteil unterwegs ist!

Ausgangspunkte: Parkplatz Sauch (1738 m) im Val di San Nicolò, 6 km von Pozza di Fassa. Im Sommer verkehren Kleinbusse; Infos im Tourismusbüro Pozza. Parkplatz der Ciampac-Seilbahn (1487 m) bei Alba-Palúa. Busverbindung mit Canazei, großer Parkplatz.

Gehzeiten: Gesamt ab Val di San Nicolò 5 ³/₄ Std.; Aufstieg 3 ¹/₂ Std., Abstieg 2 ¹/₄ Std. Geht man von Alba aus, ergibt sich eine Gesamtgehzeit von 6 ¹/₂ Std.

Markierung: Zu- und Abstiege rot-weiß-rot mit den Nummern 608, 609 bzw. 602, 648, 608.

Landkarten: Tabacco 1:25 000, Blatt 06 »Val di Fassa e Dolomiti Fassane«. Freytag&Berndt 1:50 000, Blatt WKS 5 »Gröden-Sella-Marmolada«.

Highlights: Kletterpassagen, Rundschau vom Gipfel.

Einkehr: Baita Ciampiè (1826 m) und Baita alle Cascate (2011 m),⊕ beide im Sommer. Baita Locia Contrin (1736 m), ⊕ Mitte Juni bis Ende September.

Unterkunft: Rifugio Passo di San Nicolò (2430 m), ⊕ Mitte Juni bis Ende September; Tel. 0462/76 32 69. Rifugio Contrin (2016 m), ⊕ Mitte Juni bis Ende September; Tel. 0462/60 11 01.

Fototipps: Gute Actionmotive am Klettersteig, allerdings erst am Nachmittag mit Sonne. Im Val di San Nicolò üppige Alpenflora, u.a. Feuerlilien und Türkenbund.

Im Konzert der großen Gipfel rund um das Contrintal ist er sozusagen der »Piccolo«. Doch was ihm an Masse und Höhe fehlt, macht der *Col Ombert* (2670 m) durch seine elegante Erscheinung wieder wett. Und seit kurzem kann er mit einer besonderen Attraktion aufwarten, einem knackigen Klettersteig, der extrem viel Luft unter den Füßen (aber auch erhebliche Gefahren von oben – Steinschlag) bietet. Die Route folgt einer historischen Steiganlage; im Gegensatz zu den Kaiserjägern von anno dazumal finden die Ferratisti unserer Zeit aber keine Leitern mehr vor, sondern bloß ein straff gespanntes, dickes Drahtseil. Das hilft zwar über die senkrechten bis leicht überhängenden Passagen, schützt aber nicht bei dem von oben drohenden Beschuss – ein arger Schönheitsfehler der Route.

Günstige Ausgangspunkte für die Col-Ombert-Überschreitung sind Alba-Palúa und das San-Nicolò-Tal; wer die »Ferrata dei Finanzieri« (⇨ Tour 29) und den »Kaiserjägersteig« zusammen machen will, fährt morgens mit der Seilbahn hinauf nach Ciampac.

➜ **Anfahrt** Von Pozza di Fassa (1313 m) über Meida ins Val di San Nicolò, 6 km bis zum großen (gebührenpflichtigen) Parkplatz von Sauch

30

(1738 m). – Alba, Nachbardorf von Canazei, liegt an der Straße zum Fedaiasee. Im Ortsteil Palúa (1487 m) befindet sich die Talstation der Ciampac-Seilbahn.

↗ **Zustiege** Vom Parkplatz im Val di San Nicolò entweder auf dem Sträßchen oder (schattiger) auf Waldwegen erst rechts, dann links des Bachs taleinwärts zur Baita alle Cascate (2011 m). Nun zunehmend steiler auf gutem Pfad in einer nach links ausholenden Schleife bergan, zuletzt über einen Steilhang (Seilgeländer) in den *Passo di San Nicolò* (2340 m). Rechts etwas abseits steht das Rifugio Passo di San Nicolò; darüber erhebt sich der Col Ombert mit seiner Nordwand. Hinter der Hütte kurz links, dann über den begrünten, nach oben hin schrofigen Vorbau hinauf zum Einstieg (ca. 2480 m).

Von Alba-Palúa zunächst auf breitem Schotterweg im Zickzack an der bewaldeten Talmündung bergan, dann flach ins Val de Contrin. An der Verzweigung nicht über den Bach, sondern noch ein Stück geradeaus und dann rechts im Wald steil hinauf zu den Contrinwiesen und flacher zum *Passo di San Nicolò* (2340 m).

↑ **Kaiserjägersteig**

Am dicken, straff gespannten Drahtseil rechts auf einen Felsvorsprung, dann in die tiefe, schon von weitem sichtbare Rinne. Anstrengend und mit viel Armzug am senkrechten, gelegentlich auch leicht überhängenden Fels aufwärts, dann rechts aus dem Kamin heraus und über weniger steile, gestufte Felsen weiter bergan. Vorsicht: keine Steine ablassen! Eine senkrechte Wandstufe mit guten Tritten leitet auf ein schmales, extrem ausgesetztes Band, etwa 130 Meter über dem Einstieg. Nach einer weiteren, kurzen Querung gelangt man über eine letzte Steilstufe in leichteres Felsgelände. Zuletzt auf Steigspuren in wenigen Minuten zum Gipfelkreuz, *1 ¹/₄ Std.*

↘ **Abstiege** Nur kurz am Grat entlang in eine winzige Scharte, dann auf einem ehemaligen Kriegssteig in Serpentinen hinunter durch das ostseitige Kar zum CAI-Weg 609. Wer zurück ins Nikolaustal will, hat hier einen Gegenanstieg von gut 100 Metern zum *Passo Paschè* (2498 m) vor sich. Aus der Scharte mit freier Sicht zum Uomo-Costabella-Kamm auf gutem, rot-weiß markiertem Weg westlich ins Vorgelände des Col Ombert, dann unter Felsabbrüchen hinab ins innerste Val di San Nicolò. Bei der *Baita delle Cascate* (2011 m) stößt man auf den Anstiegsweg. Auf ihm zurück zum Parkplatz.

Der Weg 609 führt über offene Wiesenböden hinunter zum *Rifugio Contrin* (2016 m). Auf dem vielbegangenen Hüttenweg abwärts in den flachen Talboden, dann hinaus und hinab nach Palúa.

31

Sentiero attrezzato Lino Pederiva

Passo di San Nicolò – Sela Brunech
Höhenweg über dem Nikolaustal

 leicht

 4 ¾ Std.

750 m

Routencharakter: Leichter, an einigen Stellen gesicherter Steig. Bei Nässe ist besondere Vorsicht auf den abschüssigen Grashängen geboten! Lässt sich gut mit den Klettersteigen am Colàc (⇨ Tour 29) und am Col Ombert (⇨ Tour 30) kombinieren.
Ausgangspunkt: Wanderparkplatz Sauch (1738 m) im Val di San Nicolò, 6 km von Pozza di Fassa. Im Sommer verkehren Kleinbusse; Infos durch das Tourismusbüro in Fassa.
Gehzeiten: Gesamt 4 ¾ Std.; Zustieg – »Sentiero Pederiva« 3 ¼ Std., Abstieg 1 ½ Std.
Markierung: Zustieg Rot-weiß-rot mit den Nummern 608 und 613, am »Sentiero Pe

deriva« rote Punkte, Abstieg ohne Markierung.
Landkarten: Tabacco 1:25 000, Blatt 06 »Valle di Fassa e Dolomiti Fassane«. Freytag&Berndt 1:50 000, Blatt WKS 5 »Gröden-Sella-Marmolada«.
Highlights: Blumenzauber im Sommer, Ausblicke auf die großen Gipfel der westlichen Dolomiten.
Einkehr: Baita Ciampediè (1826 m) und Baita alle Cascate (2011 m), ⊕ beide im Sommer.
Einkehr/Unterkunft: Rifugio Passo di San Nicolò (2340 m), ⊕ Mitte Juni bis Ende September; Tel. 0462/76 32 69.
Fototipps: Blumen, Heuhütten im Nikolaustal, Gesteinsformationen (Farbkontraste!), Marmoladablick.

Der »Sentiero Pederiva« ist viel mehr Höhenweg als Ferrata, also kaum ein Ziel für »Eisenfresser«. Wer aber nicht nur aufs Metall guckt, sondern auch Landschaft erleben möchte, wird an dem gesicherten Steiglein seine Freude haben. Man tut allerdings gut daran, die Rundtour nicht von Norden, sondern aus dem Val di San Nicolò anzugehen; das ist zwar etwas weiter, beschert einem dafür aber weniger (unschöne) Ansichten der vom Wintersport arg malträtierten Ciampac-Talmulde: Felszacken statt Liftmasten, Blumenwiesen statt Skipisten. Das Niko-

Über dem Passo di San Nicolò erhebt sich der Col Ombert.

laustal ist berühmt für seine Flora, so üppig wie artenreich; der Grund dafür findet sich in der Gesteinsvielfalt: Kalkfelsen neben vulkanischem Gestein, Dolomit über Werfener Schichten.

➜ **Anfahrt** Von Pozza di Fassa (1313 m) führt ein schmales Asphaltsträßchen via Meida ins Val di San Nicolò, 6 km bis zum großen (gebührenpflichtigen) Parkplatz von Sauch (1738 m). Weiterfahrt nicht erlaubt!

➚ **Zugang** Vom Parkplatz entweder auf dem Sträßchen oder (schattiger) auf Waldwegen erst rechts, dann links des

Kontraste, geologisch und optisch: Crepa Neigra und Colàc.

Bachs taleinwärts zur Baita alle Cascate (2011 m). Nun zunehmend steiler auf gutem Weg in einer nach links ausholenden Schleife bergan, zuletzt über einen Steilhang (Seilgeländer) in den Passo di San Nicolò (2340 m). Fantastischer Blick auf das Marmolada-Massiv; rechts etwas abseits steht das Rifugio Passo di San Nicolò.

↑ Sentiero attrezzato Lino Pederiva

Links steigt der Weg 613 knapp unter dem schrofigen Kamm an zum Varos-Rücken. Dahinter geht's kurz abwärts und hinüber zur Abzweigung des »Sentiero Pederiva« (Hinweis). Er führt unter dem Sass Bianch in die steilen, bei Nässe gefährlich rutschigen Grashänge des Sas de Roces (2618 m). Einige Drahtseile sichern ausgesetzte Passagen; dann steigt die Spur hinauf zum Kamm (rechts Abstecher zum Vorgipfel möglich, 20 Min.). Nun am teilweise felsigen, aber gut begehbaren Grat entlang in leichtem Auf und Ab in die Sela Brunech (2428 m), *2 Std.* Abstiegsmöglichkeiten nach Ciampac (Seilbahn, 2147 m) und Buffaure (2035 m).

↘ Abstieg Der unmarkierte Südabstieg zweigt bereits vorher ab, nach nur etwa viertelstündigem Kammbummel. An einem markanten Grateinschnitt folgt man der links spitzwinklig abzweigenden Spur, die über die längst verlassenen Almen von Foscac (2175 m) mit Aussicht auf die Costabela und den hohen, vernarbten Felsdom der Cima dell'Uomo (3010 m) hinableitet ins Val di San Nicolò. Auf dem Talsträßchen hinaus zum Parkplatz.

32

Via ferrata Franco Gadotti

Valacia, 2637 m
Eine Überschreitung mit Pfiff!

mittel

7¼ Std.

1250 m

Routencharakter: Recht lange, landschaftlich sehr abwechslungsreiche Tour. Klettersteigpassagen nur mäßig schwierig.
Ausgangspunkt: Bar Crocifisso (1526 m) im Val di San Nicolò, 3,5 km von Pozza di Fassa. Parkplatz; Weiterfahrt ins Monzonital noch knapp einen Kilometer weit möglich, aber nicht empfehlenswert (»wildes« Parken vor der Schranke). Im Sommer verkehren Kleinbusse zwischen Pozza di Fassa und dem Valle dei Monzoni; Infos beim Tourismusbüro.
Gehzeiten: Gesamt 7 ¼ Std.; Valle dei Monzoni – Bivacco Zeni 2 Std., »Ferrata Gadotti« – Valacia 3 ½ Std., Abstieg 1 ¾ Std.
Markierung: Rot-weiß-rot mit CAI-Nummern 603, 635, 624; am Klettersteig rote Farbtupfer.
Landkarten: Tabacco 1:25 000, Blatt 06 »Val di Fassa e Dolomiti Fassane«. Freytag&Berndt 1:50 000, Blatt WKS 5 »Gröden-Sella-Marmolada«.
Highlights: Felskulisse des Valaciakessels, »Teufelsloch« am Sas Aut, Panorama vom Valacia-Gipfel.
Einkehr: Bar Crocifisso (1526 m), Baita Monzoni (1792 m), ☺ beide im Sommer.
Einkehr/Unterkunft: Rifugio Vallaccia (2275 m), ☺ Anfang Juli bis 20. September; Tel. 0462/76 49 22.
Fototipps: Gute Action- und Felsmotive am Klettersteig, Tiefblicke ins Fassatal, Aussicht. Im Frühsommer herrliche Flora!

Mittagszeiger gibt es in den Alpen viele, eine ganze Anzahl auch in den Dolomiten. Wer kennt nicht den Zwölfer in den Sextenern oder den Becco di Mezzodì, der den Cortinesern sagt, wann's zwölf geschlagen hat? Markante Zacken, für die Ewigkeit gebaute Uhren, wie auch der Sas da le Doudesc im unteren Fassatal. Ihm fehlt es keineswegs an Statur, aber an Renommee: zu viele berühmte Gipfel rundum. So steht der Fassaner Mittagszeiger ganz im Schatten von Rosengarten, Langkofel&Co. Ein Geheimtipp also, bloß für Insider? Keineswegs, immerhin bekam die Valacia-Gruppe bereits in den achtziger Jahren ihren Klettersteig, was ja bekanntlich (fast) jeden alpinen Dornröschenschlaf beendet. Ein Modegebiet ist das felsige Eck zwischen Avisio-, San-Pellegrino- und San-Nicolò-Tal aber nicht geworden, trotz guter Klettermöglichkeiten und eines immensen Panoramas von der Valacia. Diese Aussicht konnte man schon früher bewundern, doch erst die »Ferrata Gadotti« ermöglicht eine Überschreitung vom Sas da le Doudesc bis zur Valacia: kein extremer Klettersteig, aber insgesamt eine sehr dankbare Tour, lang, doch nie langweilig.

→ **Anfahrt** Von Pozza di Fassa (1313 m) an der »Großen Dolomitenstraße« via Meida ins Val di San Nicolò, bis zur Bar Crocifisso 3,5 km.

↗ **Zustieg** Von Crocifisso führt ein teilweise asphaltiertes Sträßchen ins Valle dei Monzoni. Man folgt ihm bis zur originellen Baita Monzoni (1792 m). Hier rechts (Hinweis) auf einer Forstpiste in die Nordflanke des Elferstocks (2514 m). An einer Lichtung links ab und der Markierung 635 folgend im Wald leicht aufwärts gegen die Sockelfelsen des Torre Valacia. Dahinter in den Pian de Valacia, wo man auf den direkten (sehr steilen) Zustieg aus dem Val di San Nicolò stößt. Durch das felsumstandene Valacia aufwärts zum *Bivacco Zeni* (2090 m); eine Felsstufe ist gesichert.

↑ Via ferrata Franco Gadotti

Das »eiserne« Vergnügen beginnt fünf Minuten oberhalb des Biwaks. Gleich zum Auftakt sind mit einer luftigen Querung und einer kurzen Steilpassage in festem Fels die schwierigsten Stellen der Ferrata zu meistern. In der Folge steigt die Route durch die Nordostflanke des Sas Aut an, auf kurze gesicherte Passagen folgen dabei längere Wanderabschnitte. Eine winzige Scharte (ca. 2360 m) vermittelt den Überstieg in das Kar unter dem Zwölferstein; auf guter Spur quert man hinüber zum Grat (2405 m), wo ein von Vigo di Fassa heraufkommender Steig mündet. Recht am Grat in wenigen Minuten zum *Sas da le Doudesc* (2446 m) mit faszinierendem Tiefblick ins Fassatal.

Der Sas Aut mit seiner großen Gipfelwiese vor dem Rosengarten.

32

Die Fortsetzung der Ferrata führt mit Drahtseilsicherung über leichte Felsen auf die fußballfeldgroße Gipfelwiese des *Sas Aut* (2555 m). An ihrem Südrand weist ein Schildchen hinunter in eine Steilrinne. An fest verankerten Drahtseilen steigt man zwischen den Felsen ab; ein riesiger, sperrender Klemmblock wird mit einem überraschenden Schlenker umgangen. Aus dem »Teufelsloch« weiter abwärts bis zur Mündung der Schlucht (ca. 2390 m). Nun auf guter Spur rechts des felsigen Grats über Geröll und steinige Wiesen mit freier Sicht ins Avisiotal bergan in die winzige Scharte der Forcella Baranchie und zur *Valacia* (2637 m), *3 1/2 Std.*

↘ **Abstieg** Vom Gipfel über einen Schrofenhang Richtung Südost abwärts zu einer doppelten Verzweigung. Hier auf sandiger Unterlage steil und etwas heikel (Teleskopstöcke angenehm) hinab zum Fuß der Valacia-Ostwand. Weiter durch die Gardecia zum *Rifugio Vallaccia* (2275 m) und auf breiter Fahrspur bergab ins innerste Valle dei Monzoni. Das Talsträßchen führt, vorbei an der Malga Monzoni (1862 m), zurück ins Val di San Nicolò.

Luftig-lustige Querung am Beginn der »Ferrata Gadotti«.

Sentiero Gino Badia   33
Alta via Bruno Federspiel   34

Forcela del'Ort – Spiz di Tariciogn, 2647 m – Costela
Höhenwandern in den Monzoni

Routencharakter: Lange, sehr aussichtsreiche Gratüberschreitung mit ein paar gesicherten Passagen. Gute Kondition erforderlich; bei Nässe sind die abschüssigen Grashänge unter den Pale Rabbiose gefährlich!

Ausgangspunkt: Bar Crocifisso (1526 m) im Val di San Nicolò, 3,5 km von Pozza di Fassa. Parkplatz; Weiterfahrt ins Monzonital noch knapp einen Kilometer weit möglich, aber nicht empfehlenswert (»wildes« Parken vor der Schranke). Im Sommer verkehren Kleinbusse zwischen Pozza di Fassa und dem Valle dei Monzoni; Infos beim Tourismusbüro.

Gehzeiten: Gesamt 8 ¹/₂ Std.; Aufstieg 3 ¹/₄ Std., »Alta via Federspiel« 3 ¹/₄ Std., Abstieg 2 Std.

Markierung: Rot-weiß-rot mit den CAI-Nummern 603, 641, 624; »Alta via Federspiel« roter Stern mit 616, an der Forcela del'Ort

(spärliche) Farbtupfer ohne Nummer.

Landkarten: Tabacco 1:25 000, Blatt 06 »Val di Fassa e Dolomiti Fassane«. Freytag&Berndt 1:50 000, Blatt WKS 5 »Gröden-Sella-Marmolada«.

Higlights: Bei schönem Wetter die gesamte Wegstrecke von der Forcela del'Ort bis zur Costela.

Einkehr: Bar Crocifisso (1528 m), Baita Monzoni (1792 m), ☾ beide im Sommer.

Einkehr/Unterkunft: Rifugio Passo le Selle (2350 m), ☾ Mitte Juni bis Anfang Oktober; Tel. 0462/57 30 88. Rifugio Vallaccia (2275 m), ☾ Anfang Juli bis Ende September; Tel. 0462/76 49 22.

Fototipps: Im Frühsommer Vorsatzlinse und Blitz nicht vergessen: Blumen, Blumen ... Gute Actionmotive an der Forcela del'Ort und dann immer wieder am Höhenweg, mit der großen Dolomitenkulisse im Hintergrund.

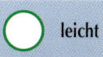 leicht

 8¹/₂ Std.

 1500 m

Dolomiten einmal anders: heller Kalkfels nur im Panorama, dafür vielerlei bunte Steine und saftige Wiesen am Weg. So etwas zieht Kletterer nicht unbedingt an; auch Bergwanderer verirren sich nur wenige in die Gegend. Klopfgeräusche, wie sie hier mitunter zu hören sind, gelten keinem Kletterhaken, der zu fixieren ist: da sucht jemand nach Mineralien. Von ihnen gibt es in den *Monzoni* viele und besonders schöne Exemplare. Das wusste schon der berühmte deutsche Naturforscher Alexander von Humboldt, der diese unscheinbare Dolomitenregion als »Schauplatz der großartigsten geologischen Revolution« bezeichnete. Dem Laien fallen vor allem die unge-

Ein richtiger Durchschlupf: die Forcela del'Ort.

33/34   wöhnlichen Farben und Strukturen des Gesteins auf – ein starker Kontrast zum plattigen, hellen Schlerndolomit etwa an der Valacia.

Der langgestreckte, schrofig-brüchige Monzoni-Kamm gehört nicht zu den Schaustücken des Fassatals; neben den Renommierbergen der Region fristet er geradezu ein Mauerblümchendasein. Doch wen stört es schon, dass man die herrliche Rundschau vom *Spiz di Tariciogn* bloß mit ein paar Dohlen teilen muss, man an den Pale Rabbiose fast immer allein ist, während es drüben im Rosengarten und rund um die Vajolethütte fast zugeht wie am Stachus in München?

Die »Alta via Federspiel« bietet viel Natur, aber nur wenig Eisen; für Klettersteigler empfiehlt sich deshalb der kleine Umweg über die Forcela del'Ort, wo es eine originelle kleine Ferrata gibt.

→ **Anfahrt** Von Pozza di Fassa (1313 m) an der »Großen Dolomitenstraße« über Meida ins Val di San Nicolò, bis zur Bar Crocifisso (1526 m).

↗ **Zustieg** Die große Runde führt zunächst auf dem Sandsträßchen ins Valle dei Monzoni. Am Pont de Ciamp (1737 m) über den Bach und in

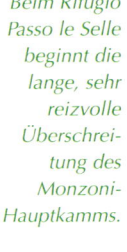

Beim Rifugio Passo le Selle beginnt die lange, sehr reizvolle Überschreitung des Monzoni-Hauptkamms.

Kehren auf einem Weglein an der ostseitigen Talflanke bergan, teilweise im Wald, zur *Forcela dal Pieif* (2186 m). Etwa 50 Meter weiter kommt man zu einem Wegzeiger; hier aufwärts zu einem Rücken und im Geröll (Spur) querend in das zwischen der Pala di Carpella und der Punta del'Ort eingelagerte Kar, wo man mit etwas Glück ein paar Gämsen zu Gesicht bekommt. Mühsam in »lebendigem« Geröll zum Felsfuß.

↑ Ferrata Gino Badia

Mit Drahtseilsicherung und durch Rinnen steil in die unwahrscheinlich schmale Forcela del'Ort (2480 m), dann im Geröll kurz abwärts und auf deutlicher Spur hinüber zum Pas de le Sele (2528 m) mit dem Rifugio Passo le Selle.

↑ Alta via Bruno Federspiel

Der Höhenweg steigt zunächst an zur Punta de le Sele (2593 m) und führt dann mehr oder weniger am Grat entlang ohne größere Höhenunterschiede zur Punta d'Allochèt (2582 m). Dahinter leicht abwärts und in die blockige Nordflanke des Tariciogn. Drahtseile sichern bei der Querung alle etwas heiklen Passagen; über eine kurze, trittlose Felsstufe hilft kräftiger Armzug. Wenig weiter links hinauf zum Kamm und knapp südseitig unter dem *Spiz di Tariciogn* (2647 m) hindurch zu einem hübschen Aussichts- und Rastplatz. Gut einzusehen ist der Weiterweg bis zum *Spiz del Malinvern* (2630 m): am schrofigen Grat abwärts in die Forcela Ricoleta (2431 m), anschließend auf dünner Spur am steilen Grashang zum Gipfel. Bei einer Wetterverschlechterung (= malinvern) kann man aus der Scharte nordseitig absteigen; nur für Notfälle, der Hang ist sehr instabil!

Vom Spiz del Malinvern leiten die Markierungen hinunter gegen den ersten Turm der Pale Rabbiose. Am Felsfuß links abwärts in die Grasflanke (Vorsicht bei Nässe!), unter dem Zacken hindurch und steil zurück zum Kamm. Über ein paar Mugel in leichtem Auf und Ab in die *Costela* (2491 m), wo die »Alta via« endet, *3 ½ Std.*

↘ Abstieg

Aus der Senke kurz aufwärts zu einer doppelten Weggabelung: der links abgehende Weg führt ins Valle di San Pellegrino, geradeaus geht's zur Valacia ($\frac{1}{2}$ Std. hin und zurück), deren Gipfel ein tolles Panorama bietet, rechts steigt man auf sandiger Unterlage (Teleskopstöcke angenehm) ab zum Fuß der Valacia-Ostwand (Schopfige Teufelskralle in den Felsen!). Nun auf ordentlichem Weg durch die Gardecia zum *Rifugio Vallaccia* (2275 m) und auf einer Fahrspur bergab ins innerste Valle dei Monzoni. Auf dem Talsträßchen, an der Malga Monzoni (1862 m) vorbei, zurück ins Val di San Nicolò.

35 Alta via Bepi Zac

Pas de le Sele – Costabela, 2762 m – Forcela del Ciadin
Aussicht mit Rückblick: über den Costabela-Kamm

 leicht

 6 Std.

 1000 m

Routencharakter: Wenig anspruchsvolle Kammroute, abschnittweise gesichert. Taschen- oder Stirnlampe in den alten Kriegsstollen angenehm, auch ein Helm kann nicht schaden (verhindert schmerzhafte »Anstöße«!). Selbstsicherung für Geübte nicht erforderlich.
Gehzeiten: Gesamt 6 Std.; Aufstieg 1 ³/₄ Std., »Alta via Bepi Zac« 3 Std., Abstieg 1 ¹/₄ Std. Benützt man den Paradiso-Sessellift, verkürzt sich der Anstieg um eine Dreiviertelstunde.
Markierung: Rot-weiß-rot mit den Nummern 604, 637.

Landkarten: Tabacco 1:25 000, Blatt 06 »Val di Fassa e Dolomiti Fassane«. Freytag&Berndt 1:50 000, Blatt WKS 5 »Gröden-Sella-Marmolada«.
Highlights: Die Ausblicke auf viele berühmte Dolomitengipfel.
Einkehr: Im Bereich des San-Pellegrino-Passes (1919 m).
Einkehr/Unterkunft: Rifugio Passo le Selle (2530 m), ☺ Mitte Juni bis Anfang Oktober; Tel. 0462/57 30 88.
Fototipps: Relikte aus dem Ersten Weltkrieg vor der Felskulisse – was für Kontraste!

Armer »Bepi Zac«! Aus der großen Kammroute mit steilem Finale zur Cima dell'Uomo (3010 m) ist ein ziemlich harmloser Höhenweg geworden. Der anspruchsvollere Ostabschnitt der Ferrata samt südseitigem Zustieg wurde wieder abgebaut, nachdem sich an der extrem steinschlaggefährdeten Nordflanke des Uomo mehrere Unfälle ereignet hatten. Geblieben ist die Felskulisse am Costabela-Kamm, die schöne Fernsicht vom Weg aus, nicht zu übersehen sind auch die Spuren des Ersten Weltkrieges. Die »Alta via Bepi Zac« folgt weitgehend alten Frontsteigen, wiederholt verschwindet der Pfad dabei in einem düsteren Felsloch – fast schon symbolträchtig mit (Rück-)Blick auf dieses dunkle Kapitel europäischer Geschichte ...

➜ **Anfahrt** Auf der gut ausgebauten Strada Statale No. 346 hinauf zum (arg verbauten) Passo di San Pellegrino (1919 m), 12 km von Moena, 8 km von Falcade.

↗ **Zustieg** Auf gutem Weg steigt man über die weiten Almböden von Campagnacia hinauf zum Pas de le Sele (2528 m).

↑ **Alta via Bepi Zac**
Die Längsüberschreitung des Costabela-Kamms beginnt mit dem halbstündigen Aufstieg zum Lastè Picol (2697 m). Anschließend auf teilweise verfallenen Frontsteigen in leichtem Auf und Ab am Grat hinüber zum *Lastè Gran* (2713 m). Der Wegverlauf ist recht verwinkelt, aber sehr abwechslungsreich und auf kürzeren Abschnitten gesichert. Das gilt auch für den Übergang zur Cima de la Campagnacia (2737 m), deren Gipfel man zuletzt durch eine harmlose Rinne gewinnt. Die

Holzleitern und –brücken am Weg sind teilweise erneuert worden; zusätzlich sichern Fixseile alle etwas heiklen Passagen. Ostseitig steigt man weglos über Geröll ab in eine Senke, den Banc de la Campagnacia; hier kann die Kammüberschreitung abgebrochen werden (markierter Notabstieg nach Süden). An der *Cima de la Costabela* (2762 m) ist der höchste Punkt der »Alta via« gewonnen. Der Weiterweg führt am Sas de la Costabela (2726 m) vorbei. Links um den eigenwillig gebauten Felszacken herum, durch eine enge Rinne abwärts und hinüber zur *Forcela del Ciadin* (2664 m), wo die »Bepi Zac« ausläuft, 3 Std.

Die »Alta via Bepi Zac« folgt den alten Kriegssteigen am Costabela-Kamm.

↘ **Abstieg** Auf markiertem Weg über die weiten Almböden der Campagnacia hinunter zum Straßenpass von San Pellegrino.

36 Via ferrata Paolin-Piccolin

Cima dell'Auta Orientale, 2624 m
Im Schatten der Marmolada

zeimlich
schwierig

7¹/₄ Std.

1400 m

Routencharakter: Abwechslungsreiche Gipfelüberschreitung mit fantastischem Ausblick auf die Südfront der Marmolada. Schlüsselstelle ist der senkrechte Aufschwung gleich zu Beginn der Ferrata.
Ausgangspunkt: Colmean (1274 m), Häusergruppe oberhalb von Caviola im Valle del Biois. Parkplatz am Waldrand.
Gehzeiten: Gesamt 7¹/₄ Std.; Aufstieg 4³/₄ Std., Abstieg 2¹/₂ Std.
Markierung: Insgesamt eher sparsam bezeichnete Wege, Aufstieg bis zur Baita Giovanni Paolo I. mit der Nummer 689, im Bereich der Cime dell'Auta rote Punkte.

Landkarten: Tabacco 1:25 000, Blatt 015 »Marmolada-Pelmo-Civetta«. Freytag&Berndt 1:50 000, Blatt WKS 5 »Gröden-Sella-Marmolada«.
Highlights: Auftakt zur Ferrata, Südwand der Marmolada; im Frühsommer Blumen ...
Einkehr/Unterkunft: Rifugio dei Cacciatori (1751 m), ☉ 20. Juni bis Ende September; Tel. 0437/59 21 45.
Fototipps: Insgesamt eine sehr »fotogene« Tour, viele dankbare Motive bieten sich entlang der gesamten Ferrata. Marmolada-Südwand mit Tele, frühsommerliche Blumenwiesen.

Wer öfter auf Berge steigt, weiß um die »Unsichtbaren«, jene Gipfel, die in jedem Panorama stehen, die man aber nur selten richtig wahrnimmt. Spektakuläreres zieht den Blick auf sich, da guckt man leicht vorbei, darüber hinweg. Wer kennt schon die Cime dell'Auta? Von vielen hohen Punkten der zentralen und südlichen Dolomiten aus sind sie zu sehen, zwei ebenmäßig gebaute, nicht sonderlich hohe felsige Pyramiden irgendwo im »Niemandsland« zwischen Marmolada und Pala. Bestiegen werden sie aber nur recht selten, trotz des einmaligen Blicks in die monumentale Südwand des höchsten Dolomitenberges, der packenden Schau auf Pala-Nordkette – und einer interessanten Ferrata. Die ist zwar »nur« solider Durchschnitt, keine Spitzenroute, doch ergibt die Überschreitung der östlichen »Hohen Zinne« allemal einen sehr abwechslungsreichen Tag zwischen Tal und Gipfel.

➜ **Anfahrt** Von Caviola (1121 m) im Valle del Biois nördlich aufwärts, durch den Flecken Tegosa, an der Straßengabelung unterhalb von Feder links und zu den wenigen Häusern von Colmean (1274 m).

↗ **Zustieg** Zunächst auf einem Fahrweg, dann mit (seltenen) rot-weißen Markierungen im Wald zunehmend steiler bergan. Über den Caiada-Bach und links zum nahen *Rifugio dei Cacciatori* (1751 m). Weiter gemeinsam mit der blau markierten »Alta via dei Pastori« zur winzigen Baita Giovanni Paolo I. (1854 m), deren Name an den aus Canale d'Ágordo stammenden Vorgänger von Papst Johannes Paul II. erinnert. Oberhalb des Hüttchens verlässt man den »Hirtenweg« und

36

steigt über den steilen, von Bergstürzen gezeichneten Hang an. Die Abzweigung der »Via normale« bleibt rechts (Tafel); mühsam hinauf zur Mündung der Schlucht, die zwischen den Cime dell'Auta herabzieht, und links zum Einstieg (ca. 2280 m).

↑ Via ferrata Paolin-Piccolin

Ein senkrechter Aufschwung, gut zwanzig Meter hoch, mit viel Eisen (Klammern, Leiter) gangbar gemacht, aber ziemlich luftig, bildet den Auftakt zum eisernen Vergnügen. Anschließend nicht in der Geröllrinne (was Nachsteigende zu schätzen wissen), sondern an ihrem linken Rand gut gesichert bergan in die *Forcella de Medîl* (ca. 2440 m). Hier rechts über Schutt und Schrofen in die Westflanke der »Hohen Zinne«. Klammern, eine kurze Leiter und Fixseile sichern die Route über Felsstufen, Bänder und Plattenschüsse. Ein bequemes Band leitet schließlich knapp unter dem Gipfel links in eine winzige Scharte. Rechts zum Kreuz und zur großartigen Aussicht, *1 ¹/₂ Std.*

↘ **Abstieg** Kurz zurück in das Schärtchen, dann mit Drahtseilhilfe auf den Nordgipfel. Ein deutlicher Weg, rot markiert, leitet im Zickzack über den schrofigen Ostrücken hinunter in den grünen Busòn dell'-Auta (ca. 2400 m), wo sich nochmals ein Prachtblick auf die Südwand

Auftakt und gleichzeitig Schlüsselstelle an der »Ferrata Paolin-Piccolin«.

der Marmolada bietet. Nun leicht ansteigend in die Südflanke des Corn Négher (2490 m), der – sein Name verrät es – aus dunklem vulkanischem Gestein besteht, und zu einer Verzweigung: geradeaus führt eine Spur in die Forcella dei Neghér (2286 m; Abstiegsvariante, ¹/₂ Std. weiter), rechts geht's zunächst unter senkrechten Felsen steil abwärts (Drahtseile), dann über Grashänge schräg hinunter zum Anstiegsweg. Auf ihm zurück nach Colmean.

37 Via attrezzata del Grontòn

Grontòn, 2622 m
Ausguck vor den Dolomiten

leicht

5 ¾ Std.

650 m

Routencharakter: Ehemaliger Kriegssteig, mit Drahtseilen gesichert. Auch für weniger Geübte geeignet.
Ausgangspunkt: Bergstation der Lúsia-Seilbahn (Le Cune, 2272 m). Zur Talstation kommt man von Moena (1184 m) über die San-Pellegrino-Passstraße, 4 km. Großer Parkplatz, Bushalt.
Gehzeiten: Gesamt 5 ¾ Std.; Aufstieg 3 Std., Abstieg 2 ¾ Std.
Markierung: Rot-weiß mit den CAI-Nummern 614, 633, 634, 625. »Kaiserjägersteig« ohne Nummer.

Landkarten: Tabacco 1:25 000, Blätter 014 »Val di Fiemme-Lagorai-Latemar« und 022 »Pale di San Martino«. Freytag&Berndt 1:50 000, Blatt WKS 5 »Gröden-Sella-Marmolada«.
Highlights: Aussicht auf die Pala-Dolomiten, Abstieg zum kleinen Grontònsee.
Einkehr/Unterkunft: Rifugio Passo di Lúsia (2055 m), ℗ 20. Juni bis 20. September; Tel. 0462/57 31 01.
Fototipps: Motive rund um die Lúsiaseen, Wanderer am Grontòn-Kamm, Fernsicht zur Pala.

Ob die langgestreckte, in der Cima Bocche (2745 m) kulminierende Bergkette zwischen dem San-Pellegrino- und dem Travignolo-Tal noch zu den Dolomiten gehört oder nicht, darüber lässt sich trefflich streiten. Geographen werden vermutlich eher zustimmen, Geologen verweisen auf das Gestein: Porphyr, vulkanischen Ursprungs, blockig und von rötlicher Farbe. Er verwittert zu wenig markanten Gipfeln – kein Vergleich etwa mit den Pala-Dolomiten, deren Türme und Zinnen Blickfang von allen Höhen des Bocche-Kamms sind. Das ergibt bei Wanderungen zwischen dem Lúsiapass und dem Col Margherita auf jeden Fall schöne Kontraste. Und ein wenig Dolomiten-Feeling beschert auch das gesicherte Steiglein am Grontòn – für Erfahrene ein gemütlicher Felsspaziergang, aber ideal für Anfänger. Die können unterwegs Ausschau halten nach jenen echten Dolomitzinnen mit großen »Eisenwegen«: Latemarspitze, Masarè-Rotwand, Kesselkogel, Valacia, Costabela, Marmolada, Cimòn della Pala.

Neben Aussicht vermittelt die Runde auch Einblick in ein blutiges Kapitel der europäischen Geschichte. Überall am Kamm stößt man auf Spuren, Überreste des Gebirgskrieges 1915–17; die gesicherte Route folgt einem alten Militärsteig, ebenso der Abstieg ins Ciadinon-Kar.

➜ **Anfahrt** Von Moena (1184 m) im Fassatal auf der San-Pellegrino-Straße zur Talstation der Lúsia-Seilbahn und bequem hinauf zur Bergstation Le Cune (2272 m) oberhalb des Passo di Lúsia (2055 m).

➚ **Zustieg** Auf gutem Weg hinunter in die weite Wiesensenke mit dem *Rifugio Passo di Lúsia*, dann über die steinigen Wiesen der Lastè di Lúsia bergan gegen den Südgrat (2425 m) der Cima di Lastè. Dahinter

37

Am Grontòn begegnen einem Überreste des Gebirgskrieges 1915-17 buchstäblich auf Schritt und Tritt.

mit Sichtverbindung zum Grontòn abwärts zum mittleren der drei Lúsiaseen und links in die *Forcella di Caserìn* (2363 m).

↑ Via attrezzata del Grontòn

Vorgezeichnet wird der Wegverlauf durch den langgestreckten Südwestgrat des Grontòn; die Route folgt in leichtem Auf und Ab einem alten, aber recht gut erhaltenen Kriegssteig. Drahtseile sichern alle etwas ausgesetzten Passagen; von einer Scharte, die der Weg tangiert, bietet sich ein zauberhafter Tiefblick auf die beiden oberen Lúsiaseen. Schließlich mündet der Steig auf den wenig ausgeprägten Gipfel des *Grontòn* (2622 m), *1 ¼ Std.*

↘ Abstiege

Der kürzeste Abstieg führt vom Gipfel hinunter in die *Forcella Bocche* (2543 m) und am oberen Lúsiasee vorbei über Almwiesen sanft hinunter zur Forcella di Caserìn, wo man wieder auf den Anstiegsweg stößt. Abwechslungsreicher ist der »Kaiserjägerweg«, ein kunstvoll angelegter Pfad, vor ein paar Jahren rot-weiß markiert. Er führt vom Nordgipfel (2617 m) des Grontòn in vielen Kehren bergab zum winzigen Lago del Grontòn (2287 m) und hinunter in die Talmulde von Ciadinon, wo man auf Weg 621 stößt. Auf ihm hinunter ins San-Pellegrino-Tal und links des Bachs auf einer Forstpiste zurück zur Talstation der Lúsia-Seilbahn.

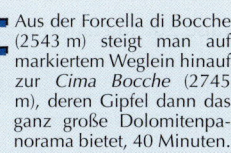

Tipp Aus der Forcella di Bocche (2543 m) steigt man auf markiertem Weglein hinauf zur *Cima Bocche* (2745 m), deren Gipfel dann das ganz große Dolomitenpanorama bietet, 40 Minuten.

PRAGSER DOLOMITEN, FANES UND AMPEZZANER DOLOMITEN

Cortina d'Ampezzo, der Nobelort mit olympischen Weihen (und den höchsten Hotelpreisen), ist für Klettersteigler der Nabel der Dolomiten. Und wer sich umschaut, etwa vom Turm der Pfarrkirche aus (den kann man wirklich besteigen), versteht auch weshalb: Eine beeindruckende Kulisse großer Berggestalten, und kaum ein Bergstock in der Conca d'Ampezzo, der nicht mit Eisen bestückt wäre. Gleich mehrere Klettersteige gibt's an den Tofane (⇨ Touren 46-51), auch das kecke Hörnchen des Col Rosà hat eine Via ferrata; die beiden Routen am Pomagagnon (⇨ Touren 54, 55) lassen sich gut kombinieren. Das

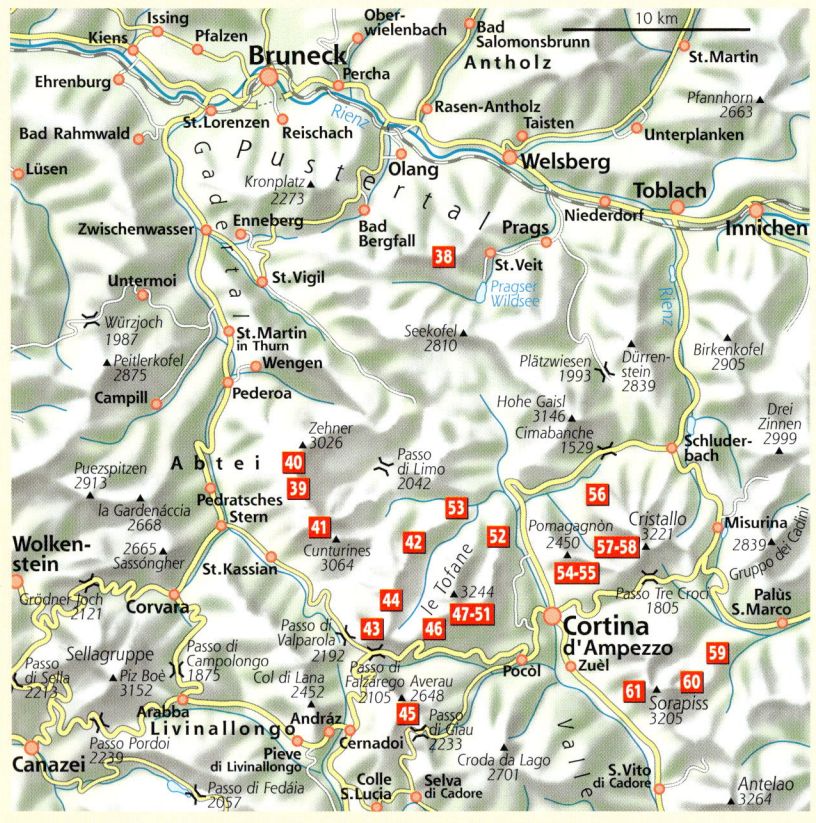

gilt auch für die Steige am Cristallomassiv, die »Ferrata Bianchi« (⇨ Tour 58), den »Sentiero Dibona« (⇨ Tour 57) und die »Ferrata De Pol« (⇨ Tour 56). Eine große Unternehmung hochalpinen Zuschnitts ist die Umrundung des Sorapìsmassivs auf gesicherten Steigen (⇨ Touren 59-61), eher für einen halben Ruhetag geeignet sind die beiden Mini-Ferrate am Averau und am Nuvolau (⇨ Tour 45). Von ganz anderem Kaliber ist die »Ferrata Tomaselli« (⇨ Tour 44), einer der großen Klassiker der Dolomiten-Klettersteige.

Vom Hochabtei aus lassen sich mehrere Gipfel im Fanesgebiet auf gesicherten, nur mäßig schwierigen Wegen besteigen: Heiligkreuzkofel und Zehner (⇨ Touren 39, 40), Conturines (⇨ Tour 41) und Furcia Rossa (⇨ Tour 42).

Steile Felsen über dem Gadertal: am Weg zum Heiligkreuzkofel.

38 Olanger Klettersteig

Hochalpenkopf, 2542 m
Kleine Ferrata über dem Pustertal

 mittel

 5¹/₂ Std.
km

 1060 m

Routencharakter: Viel Landschaft, jede Menge Aussicht, dazu ein kleiner Klettersteig – eine dankbare Bergtour in den Pragser Dolomiten.
Ausgangspunkt: Pragser Wildsee (1489 m); vor dem See großer Parkplatz. Busverbindung mit Welsberg und Niederdorf.
Gehzeiten: Gesamt 5 ¹/₂ Std., Aufstieg 3 ¹/₂ Std., Abstieg 2 Std.
Markierung: Rot-weiß-rot mit den Nummern 20 und 61; am Klettersteig rote Markierung.

Landkarten: Tabacco 1:25 000, Blatt 034 »Pragser Dolomiten-Enneberg«. Freytag&Berndt 1:50 000, Blatt WKS 3 »Pustertal-Bruneck-Drei Zinnen«.
Highlights: Panorama vom Hochalpenkopf, üppige frühsommerliche Blumenwiesen.
Einkehr/Unterkunft: —
Fototipps: Murmeltiere und Pferde auf der Hochalpe, Blick übers Grünwaldtal in die Dolomiten.

Ein hoher, langgestreckter Kamm bildet die Dolomitenkulisse von Olang. Westlicher Eckpfeiler zur Furkel hin ist der Piz da Peres (2507 m), ein viel frequentiertes Gipfelziel, höchster Punkt der Maurerkopf (2567 m). Nach Osten, zum Pragser Tal, fällt der felsige Grat vom Hochalpenkopf (2542 m) allmählich ab. In diesem Bereich verläuft der »Olanger Klettersteig«, eine nur kurze, mäßig anspruchsvolle gesicherte Route; sie führt vom Kühwiesenkopf über brüchige Felsen hinauf zum Ostgrat des Hochalpenkopfs. Oben gibt's dann ein bemerkenswertes Panorama in den Farben Grün, Weiß, Grau und Blau: hinunter ins waldreiche Pustertal, zum Zillertaler Hauptkamm und weit hinein in die Dolomiten.

➔ **Anfahrt** Aus dem Pustertal führt eine gute Straße zum Pragser Wildsee, je 11 km von Welsberg bzw. Niederdorf.

➚ **Zugang** Vom Nordufer des Pragser Wildsees zunächst auf einem Waldsträßchen zum Gehöft Riedl (1563 m), dann der Markierung 20 folgend bergan zur Kühwiesenalm (1950 m) und schräg über einen Wiesenhang gegen den *Kühwiesenkopf* (2122 m).

Tipp Man kann die Gipfelbesteigung natürlich mit der Überschreitung des Maurerkopfs (2567 m) zur Flatschkofelscharte verbinden – sehr lohnend! Abstieg auf markierten Wegen via Hochalpenhütten ins Grünwaldtal und zurück zum Pragser Wildsee; Gesamtgehzeit etwa 7 ¹/₂ Std.

↑ **Olanger Klettersteig**

Eine dünne Spur führt an dem grasigen Kamm aufwärts gegen die ersten Felsen. Links mündet ein alternativer Zustieg vom Pragser Kaser (1937 m); wenig weiter leiten die Markierungen in die Nordflanke. Über Geröll und Schrofen quert man zum Beginn der Ferrata. Sie steigt, mit Drahtseilen gesichert, durch Rinnen und über Felsstufen an; einige kürzere Passagen verdienen dabei durchaus das Prädikat »luftig«. Am Kaserkopf (2414 m) mündet der »Olanger Klettersteig« auf den Grat. Nun rechts über die südseitigen Grashänge zum Gipfelkreuz am *Hochalpenkopf* (2542 m), *1 ¹/₂ Std.*

↘ **Abstieg** Ein Weglein führt über steinige Wiesen südostwärts hinunter in die *Pragser Furkel* (2225 m). Dahinter durch eine steile Rinne etwas heikel abwärts zum Pragser Kaser und anschließend im Wald zurück zum Riedlhof und zum Parkplatz am Wildsee.

Der »Olanger Klettersteig« führt oberhalb des Kühwiesenkopfs in die Felsen.

39   Heiligkreuzkofelsteig
40   Zehner-Klettersteig

Heiligkreuzkofel, 2907 m, und Zehner, 3026 m
Starke Kontraste am Kreuzkofelmassiv

leicht/mittel

8 ½ Std.
km

1300 m

Routencharakter: Landschaftlich besonders lohnende Gipfeltour mit einigen gesicherten Passagen; am Zehner kurze Ferrata, etwas anspruchsvoller. Die Heiligkreuzkofel-Tour ist auch für trittsichere Bergwanderer mit guter Kondition geeignet.
Ausgangspunkt: Bergstation (1840 m) des Heiligkreuz-Sessellifts. Die Talstation bei Pedratsches erreicht man über die Gadertalstraße; der Lift ist von Mitte Juni bis Anfang Oktober von 8.30–12.30 und von 14–18 Uhr in Betrieb.
Gehzeiten: Gesamt 8 ½ Std.; Aufstieg 4 ½ Std., Abstieg via Medesc-Scharte 4 Std.
Markierung: Rot-weiß-rot mit den Nummern 7, 12 und 15; am Heiligkreuzkofel

und am Zehner rote Punkte, ebenso am Weg zur Forcela de Medesc.
Landkarten: Tabacco 1:25 000, Blatt 07 »Hochabtei-Livinallongo«. Freytag&Berndt 1:50 000, Blatt WKS 5 »Gröden-Sella-Marmolada«.
Highlights: Sozusagen auf Tuchfühlung mit dem Westabsturz des Heiligkreuzkofels, Kontrastlandschaft Fanes; im Herbst Gipfelpanorama.
Einkehr/Unterkunft: Hospiz Heiligkreuz (2045 m), ⏰ Anfang Juni bis Mitte Oktober; Tel. 0471/83 96 32.
Fototipps: Bergsteiger im Anstieg zur Kreuzkofelscharte, Tiefblicke auf Heiligkreuz und ins Gadertal. Faneslandschaft, Panorama.

Das Profil des Heiligkreuzkofels ist selbst für die Dolomiten recht ungewöhnlich: senkrecht der Absturz zum Gadertal, eine nur sanft absinkende Schräge zur Fanesalm hin. Während durch die dem Hochabtei zugewandte Flanke einige Kletterführen höchster Schwierigkeit verlaufen, darunter die von Günther und Reinhold Messner 1968 eröffnete Zentralpfeilerroute, lässt sich der gleiche Berg von der Kleinen Fanesalpe aus sozusagen »auf einem Bein« ersteigen. Zwischen diesen beiden Extremen ist der gesicherte Westanstieg zur Kreuzkofelscharte (2612 m) einzuordnen, keine Kletterei zwar und auch keine »richtige« Ferrata, aber immerhin ein Felssteig mit längeren gesicherten Passagen – und faszinierenden Ausblicken: in die gewaltige rötlich-braune Felsflucht, über das grüne Gadertal hinweg, zur Marmolada, die mit ihrem Eispanzer einen markanten Akzent im Süden setzt, und nach Norden zur weißen Gratlinie des Alpenhauptkamms.

Klettersteiglern bietet der Zehner (3026 m), Nachbargipfel des Heilig- 39/40
kreuzkofels, dann noch eine kleine Steigerung: höher und schwieriger.
Am Fixseil überwindet man den steilen Felsaufschwung zum Gipfelgrat – ein Dreitausender als Zugabe.

→ **Anfahrt** Pedratsches (1330 m) liegt im oberen Gadertal, 29 km von
Bruneck, 7 km von Corvara. Mit dem Heiligkreuz-Sessellift zur Bergstation auf 1840 Meter Höhe.

↗ **Zustieg** Auf dem vielbegangenen Stationenweg in 40 Minuten zum
Wallfahrtsort *Heiligkreuz* (2045 m).

↑ **Heiligkreuzkofelsteig**

Hinter dem Kirchlein führt der markierte Weg südwärts durch Latschen und im Geröll zum Felsfuß. Drahtseile helfen über einen ersten
Aufschwung hinweg, dann gewinnt der Steig, das Gelände optimal
nutzend, über Bänder und Schutthänge stetig an Höhe. Eine etwa fünfzig Meter hohe Steilstufe, mit Drahtseilen gut gesichert, leitet auf eine
kleine, der Wand vorgelagerte Kanzel (Ausblick!). Ein komfortables
Band führt anschließend unter den senkrechten Felswänden nach
rechts zur riesigen Geröllreiße unter der *Kreuzkofelscharte* (2612 m).
An ihrem linken Rand ziemlich mühsam hinauf in das Joch.

Steil, aber nur kurz: der Klettersteig am Zehner.

39
40
Szenenwechsel. Man ist heraus aus dem Steilgelände, schaut hinein ins Fanes: eine riesige flache Schüssel, umrahmt von eigenwillig geformten Bergen wie dem Neuner (2968 m) mit seinen aufgesteilten Platten und dem markant geschichteten Piz d'Lavarela (3055 m). Zum *Heiligkreuzkofel* (2907 m) geht's links; eine dünne Spur,

Die Heiligkreuzkofel-Tour bietet packende Tiefblicke ins Gadertal.

mit Farbklecksen und Steinmänner markiert, folgt dem Rand der »Fanesschüssel«. Zweimal leitet das Weglein unmittelbar an den Abbruch heran, dann steigt es über den geröllbedeckten Gipfelkegel an zum höchsten Punkt, *3 Std.*

↑ Zehner-Klettersteig

Knapp unter dem Gipfel des Heiligkreuzkofels zweigt rechts der Zehnersteig ab (Tafel). Zunächst in die Scharte (2845 m) vor dem Zehner, dann rechts vom Grat über Geröll und leichte Felsstufen zum Gipfelaufbau. Am dicken Drahtseil steil und recht luftig zum höchsten Punkt, ¾ *Std.*

↘ **Abstieg**

Natürlich kann man auf dem Hinweg absteigen; eine interessante Alternative bietet der kleine Umweg über die Forcela de Medesc. Zurück in die Kreuzkofelscharte (2612 m), vom Joch kurz abwärts Richtung Kleinfanes, dann auf rot markierter Spur über Karrenböden, Schutt und leichte Felsen um den Pic de Medesc herum in die *Medesc-Scharte* (2533 m). Westseitig durch die Karmulde abwärts bis zu einer Verzweigung (ca. 2040 m). Hier hält man sich rechts und wandert unter den Steilabstürzen des Kreuzkofelmassivs zurück nach Heiligkreuz.

Tru Dolomieu

Piz dles Conturines, 3064 m
Die »Bärenburg« über dem Hochabtei

41

Routencharakter: Ziemlich anstrengende Tour, zum Gipfel hin eine Holzleiter, eine Brücke und ein paar Drahtseile.
Ausgangspunkt: Capanna Alpina (1726 m) am Plan da l'Ega; Zufahrt von Stern via St. Kassian, 8 km. Bus bis Armentarola, großer Parkplatz am Eingang zum Naturpark Fanes-Sennes-Prags.
Gehzeiten: Gesamt 7 1/2 Std.; Aufstieg 4 3/4 Std., Abstieg 2 3/4 Std.
Markierung: Bis zum Ju da l'Ega rot-weiß-rot mit der Nummer 11, dann Farbzeichen ohne Nummer.

Landkarten: Tabacco 1:25 000, Blatt 07 »Hochabtei-Livinallongo«. Freytag&Berndt 1:50 000, Blatt WKS 5 »Gröden-Sella-Marmolada«.
Highlights: Die romantische Dolomitenkulisse am Weg zum Gipfel, Panorama.
Einkehr: Capanna Alpina (1726 m), ⏲ Mitte Juni bis Ende September.
Fototipps: »Bilder einer großen Landschaft«, Tiefblicke vom Gipfel, (holz-)gesicherte Passagen im steilen Gipfelbereich.

Lavarela und Conturines. Zwei Große im Gebirgsrahmen des Hochabtei (Alta Badia), beide über 3000 Meter hoch; keine Filigranarchitektur allerdings wie im Faniskamm oder drüben in den Geislerspitzen, sondern Masse, aufgetürmt, schuttbeladen, am ehesten vielleicht vergleichbar mit den Tofane. Beide Gipfel werden nicht allzu häufig bestiegen, und Kletterer finden hier kaum lohnende Ziele. Berühmt wurde der Piz dles Conturines durch seine frühzeitlichen Bewohner: Höhlenbären. Unter dem Gipfel, in etwa 2800 Metern Höhe, entdeckte ein einheimischer Bergführer gut erhaltene Skelette des Ursus spelaeus. Die mächtigen Tiere – Männchen wogen bis zu einer Tonne – zogen sich zum Winterschlaf in die Höhle zurück. Obwohl bereits zur Steinzeit bejagt, starb der Höhlenbär erst nach der Klimaverschlechterung während der letzten Eiszeit vor etwa 12 000 Jahren aus.

Der Normalweg auf den Conturines verläuft fern der Bärenhöhle – einen weiten Bogen beschreibend – durch das riesige Hochkar unter seiner Nordflanke. Seit 1988 wandelt man dabei auf den Spuren eines berühmten Mannes, von Monsieur Dolomieu, der vor über zweihundert Jahren auf die von normalem Kalkgestein abweichende chemische Zusammensetzung des (dann nach ihm benannten) Dolomits stieß. Und da solche epochale Entdeckungen allemal würdig begangen werden müssen, verfielen die Tourismus-Manager im Hochabtei auf die Idee, den Weg zum *Piz dls Conturines* »Tru Dolomieu« zu nennen.

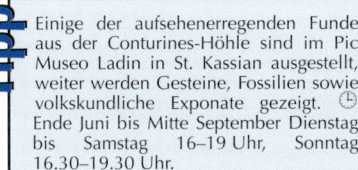

Tipp Einige der aufsehenerregenden Funde aus der Conturines-Höhle sind im Pic Museo Ladin in St. Kassian ausgestellt, weiter werden Gesteine, Fossilien sowie volkskundliche Exponate gezeigt. ⏲ Ende Juni bis Mitte September Dienstag bis Samstag 16–19 Uhr, Sonntag 16.30–19.30 Uhr.

41

Geändert hat sich dadurch nicht viel: Den Steig gab es schon vorher, lediglich Markierungen sowie die (wenigen) Sicherungen am Gipfelaufbau sind erneuert worden. Eine Gedenktafel hinter der Capanna Alpina markiert den Startpunkt zur Tour, die mehr Landschaftserlebnis als Klettersteig ist – eine Bergtour halt, aber eine sehr dankbare.

Holzleiter an den Gipfelfelsen des Conturines.

→ **Anfahrt** Von Stern auf der Valparola-Strecke über St. Kassian (1536 m) bis zur Sciarè-Brücke, unmittelbar davor links und auf einem asphaltierten Sträßchen zur *Capanna Alpina* (1726 m).

↗ **Zustieg** Den Auftakt zur Gipfeltour macht ein dreiviertelstündiger, teilweise schattiger Anstieg vom Plan da l'Ega zum Col de Locia (2069 m). An dem grünen Buckel öffnet sich das weite, nur mehr unmerklich ansteigende Hochtal. Der viel begangene Weg führt kurz abwärts, dann flach zum Sciarè-Bach. Über den Wiesenboden des Gran Plan erreicht man den *Ju da l'Ega* (Tadegajoch, 2157 m), wo links das Hochkar Busc la Stüa mündet. Auf ordentlichem Steig bergan, vorbei an dem winzigen Lech de Conturines (2518 m), der im Spätsommer manchmal ganz austrocknet, und unter der markant geschichteten Felsmauer des Piza Parom (2953 m) hinauf zu dem langen Grat, der Lavarela und Conturines verbindet. Oben öffnet sich ein erster packender Tiefblick auf St. Kassian. Nun links, der markierten Spur folgend, über den Piz dles dües Forceles (2929 m) zur südlichen der »zwei Scharten« (2920 m).

↑ **Tru Dolomieu**

Über einen Schuttkegel hinauf zum Einstieg. Eine Holzleiter hilft über den ersten, sehr steilen Aufschwung. Drahtseilgesicherte Bänder, eine Brücke (auch aus Holz), zwei, drei leichte Kraxelstellen, ein kurzer Grat, dann steht man oben, vor einem großen Panorama, *½ Std.*

Tipp

Die Besteigung des Piz dles Conturines lässt sich gut mit einer Überschreitung des *Piz d'Lavarela* (3055 m) verbinden – vorausgesetzt, Wetter und Kondition stimmen. Aufstieg von der nördlichen Forcela danter les Pizzes (2885 m), Abstieg über Bänder und leichte Felsstufen in die Forcela de Medesc (2533 m) und weiter nach Stern bzw. St. Kassian; insgesamt etwa 91/2 Std. Achtung: die schattige Nordflanke der Lavarela ist öfter vereist, dann sind Steigeisen sehr nützlich.

↘ **Abstieg** Beim Abstieg kann man sich den Umweg über die nördliche Forcela danter les Pizzes sparen und von der Scharte unter dem Conturines-Gipfel im Geröll (Frühsommer auch Schnee) zum Conturines-See »abfahren«. Weiter auf dem Anstiegsweg zum Ju da l'Ega und zurück zum Ausgangspunkt der Tour.

Furcia-Rossa-Klettersteig

42

Pizes de Furcia Rossa, 2791 m
Rekonstruierter Kriegssteig am Kamm der »Roten Scharten«

mittel

$7^3/_4$ Std.

1250 m

Routencharakter: Landschaftlich sehr reizvolle Tour im sagenumwobenen Fanesgebiet; die Ferrata folgt kühn angelegten ehemaligen Kriegssteigen.
Ausgangspunkt: Capanna Alpina (1726 m) am Plan da l'Ega; Zufahrt von Stern via St. Kassian, 8 km. Bus bis Armentarola, großer Parkplatz am Eingang zum Naturpark Fanes-Sennes-Prags.
Gehzeiten: Gesamt 7 $^3/_4$ Std.; Aufstieg 4 $^3/_4$ Std., Abstieg 3 Std.
Markierung: Rot-weiß mit den Nummern 11, 17 und VB; am Klettersteig FR.
Landkarten: Tabacco 1:25 000, Blatt 07 »Hochabtei-Livinallongo«. Freytag&Berndt 1:50 000, Blatt WKS 5 »Gröden-Sella-Marmolada«.
Highlights: Faneslandschaft, dann das kontrastreiche Gipfelpanorama; Abstieg ins innere Valun Blanch.
Einkehr: Capanna Alpina (1726 m), 🕒 Mitte Juni bis Ende September.
Fototipps: Gute Motive am Klettersteig, sehr fotogen der Steilabstieg (Stiegen) zum Wandfuß. Geröll- und Karrenfelder, Nachmittagsstimmungen im Fanes.

Bizarr, sagenumwoben, faszinierend und wüst – das Reich der *Fanes*. Die Überlieferung erzählt von einem Volk, das in grauer Vorzeit hier gelebt haben soll, die Wissenschaft entdeckte am Zehnerkofel eine prähistorische Wallburg. Im ausgehenden Mittelalter waren die Fanesalmen Streitobjekt zwischen den Gemeinden Enneberg, Wengen und Abtei, während des Ersten Weltkrieges entstanden im Rücken der Dolomitenfront zahlreiche Straßen, Nachschubwege und Unterkünfte, die heute weitgehend zerfallen sind. Ganz unberührt von all dem Treiben zeigt sich die Felskulisse: bizarr der Faniskamm und die *Furcia Rossa*, schiere Felsmasse am Conturines-Stock, als gigantische Himmelsrampe der Piz Taibun. Wege gibt's auch in der Fanesregion, ein paar für Wanderer und sogar zwei gesicherte Routen, am Piz dles Conturines (⇨ Tour

Gut gesicherter Felsaufschwung am »Furcia-Rossa-Klettersteig«.

42

41) und am Kamm der »Roten Scharten«. Bei letzterem handelt es sich um einen kühn trassierten ehemaligen Kriegssteig, der in den siebziger Jahren rekonstruiert wurde. Neben bemerkenswerten Ausblicken, vor allem auf die Fanesberge, aber auch übers Val Travenanzes zu den mächtigen drei Tofane, vermittelt er auch einen (weniger schönen) Blick zurück, in eine Zeit, als der Tod tausendfach in dieser grandiosen Landschaft unterwegs war ...

➔ **Anfahrt** Von Stern auf der Valparola-Strecke über St. Kassian (1536 m) bis zur Sciarè-Brücke, unmittelbar davor links und auf einem asphaltierten Sträßchen zur *Capanna Alpina* (1726 m).

↗ **Zustieg** Den Auftakt zur großen Tour macht ein dreiviertelstündiger, teilweise schattiger Anstieg vom Plan da l'Ega zum Col de Locia (2069 m). Oben an dem grünen Buckel öffnet sich das weite, nur mehr unmerklich ansteigende Hochtal. Der viel begangene Weg führt kurz abwärts, dann flach zum Sciarè-Bach. Über den Wiesenboden des Gran Plan erreicht man den *Ju da l'Ega* (Tadegajoch, 2157 m), Wasserscheide zwischen Gader und Boite. Dahinter sanft abwärts zur Großen Fanesalm (2102 m). Unmittelbar an der Straßenbrücke zweigt rechts eine alte Militärtrasse ab. Sie steigt in lichtem Wald über teilweise begrünte Karren südöstlich an, Markierung VB. Weiter über den Vallon del Fosso und hinauf zu einer Verzweigung.

↑ **Furcia-Rossa-Klettersteig**

Hier hält man sich rechts und folgt dem mit FR markierten Weglein, das zunächst die zweite der Furcia-Rossa-Spitzen (2703 m) ansteuert, sie dann aber westseitig auf Bändern umgeht und in einen Geröllsattel absteigt. Holzleitern und Drahtseile helfen auf einen ersten Absatz in der Nordwand der dritten *Furcia-Rossa-Spitze*, solide Eisenklammern nach kurzer Querung in die Westflanke über den nächsten, senkrechten Aufschwung. Nun am Gipfelhang zu einer Verzweigung und links zum höchsten Punkt der dritten Spitze.

Der Abstieg führt von der Weggabelung zunächst über steile, gestufte Felsen (Leitern), dann in leichtem Schrofengelände links zu der Scharte zwischen der dritten und vierten Furcia-Rossa-Spitze. Weiter auf Bändern in die Westflanke der Furcia Rossa IV und im Geröll hinunter zu einem senkrechten, gut 50 Meter hohen

Tipp Als alternative Ausgangspunkte für die Furcia-Rossa-Tour bieten sich Pederù (1548 m) im innersten Rautal (seit Sommer 2000 keine Jeepfahrten mehr zur Faneshütte!) und das malerische Fanestal an. Gesamtgehzeiten dann je 9 bis 10 Stunden; Übernachtung im Rifugio Lavarella (2042 m; ☉ Mitte Juni bis Anfang Oktober; Tel. 0474/501079) oder in der Faneshütte (2060 m; ☉ Anfang Juni bis 20. Oktober; Tel. 0474/501097) dringend anzuraten.

Wandabbruch. Über eine steile, mit Holzstufen und Leitern begehbar gemachte, durch Seilgeländer gesicherte Rampe steigt man ab. Wer den Helm aufhat, läuft nicht Gefahr, schmerzhafte Bekanntschaft mit dem felsigen »Dach« zu machen. Unmittelbar am Ausstieg leitet eine deutliche Geröllspur nach links, dann kurz abwärts zum Wandfuß. Nun nicht unter den Felsen aufwärts zum Biwak Della Pace (2760 m) am Monte Castello, sondern über eine Schuttreiße (Spur) hinunter in den Valun Blanch und flach hinüber zum Talweg, *2 ¼ Std*.

⬐ Abstieg Der Markierung 17 nach nordwärts hinunter in das »Weiße Tal«. An seinem Ausgang stößt man wieder auf den Anstiegsweg. Man kann auch weglos abkürzend mit leichtem Gegenanstieg über schöne Karren (Steinmänner) links zu einer kleinen Anhöhe (ca. 2200 m) queren. Dahinter auf alten Kriegswegen schräg abwärts zu den weiten Almböden am Ju da l'Ega (2157 m) und auf dem Hinweg zurück zur *Capanna Alpina* (1726 m).

Spektakuläre Passage im Westabsturz der Furcia Rossa IV.

43 Kriegssteige und -tunnels am Lagazuoi

Lagazuoi Pizo (Kleiner Lagazuoi, 2778 m)
Krieg und Frieden

 leicht

 3¼ Std.

680 m

Routencharakter: Mehr Wanderung als Klettersteig, interessante Geschichtslektion und Panoramapfad. Für die Lagazuoi-Stollen ist eine Taschenlampe unerlässlich; an der Bergstation der Seilbahn werden auch Fackeln abgegeben. Klettersteigausrüstung nicht erforderlich; evtl. Benützung der »Funivia del Lagazuoi«. Gesamtgehzeit mit Besichtigung aller größeren Stollen mindestens 5 Stunden.
Ausgangspunkt: Passo Falzárego (2105 m) an der »Großen Dolomitenstraße«. Parkplätze bei der Talstation der Lagazuoi-Seilbahn; Busverbindung mit Cortina und Arabba.
Gehzeiten: Gesamt 3 ¼ Std.; Aufstieg 2 Std., Abstieg 1 ¼ Std.

Markierung: Bis Sommer 2001 sollen alle Steige im Bereich des Lagazuoi neu markiert sein, mit Hinweistafeln an den Verzweigungen.
Landkarten: Tabacco 1:25 000, Blatt 03 »Cortina d'Ampezzo«. Freytag&Berndt 1:50 000, Blatt WKS 5 »Gröden-Sella-Marmolada«.
Highlights: Hängebrücke am Anstiegsweg, Lagazuoi-Stollen.
Einkehr/Unterkunft: Rifugio Lagazuoi (2752 m), ⏰ Mitte Juni bis Anfang Oktober; Tel. 0436/86 73 03.
Fototipps: Die neue Hängebrücke bietet einige originelle Motive; Licht- und Schattenspiele in den Stollen (Blitzgerät mitnehmen!).

Im Bereich des Falzáregopasses sind die Spuren des Gebirgskrieges 1915–17 heute noch unübersehbar. Der mächtige Geröllkegel unterhalb des Martini-Bandes stammt von Minensprengungen, Schützengräben durchziehen die steinigen Hänge über dem Pass, schmale Steige verschwinden immer wieder in dunklen (Stollen-)Löchern. Die »Galleria Lagazuoi« wurde schon vor längerer Zeit begehbar gemacht; in den letzten Jahren sind nun zahlreiche weitere Wege und Steige restauriert, Stollen freigelegt worden – mit EU-Geldern notabene! Der gesamte Frontabschnitt zwischen Hexenstein und der Cima Falzárego wird so zu einem Freilichtmuseum: erinnern vor der grandiosen Dolomitenkulisse.

Aussicht und (beklemmende) Rücklicke gleichzeitig bietet die Überschreitung des *Lagazuoi Pizo* (2778 m) vom Falzáregopass aus: Aufstieg über die Südwestflanke, Abstieg durch die »Galleria Lagazuoi«. Dabei können auf Abstechern verschiedene weitere Tunnels erkundet werden, darunter der Martini-Stollen, der, über einen Kilometer lang, bis unter die österreichische Gipfelstellung führte.

→ **Anfahrt** Über die »Große Dolomitenstraße« oder über das Valparolajoch zum Passo Falzárego, 17 km von Cortina d'Ampezzo, 20 km von Arabba, 16 km von Stern.

↑ **Südwestanstieg** Vom großen Parkplatz bei der Seilbahnstation zunächst der Markierung 402 folgend kurz bergan auf der Skipiste, dann links über den Geröllhang zu den ehemaligen österreichischen Schützengräben und im Zickzack an einem bewachsenen Murkegel aufwärts. Links mündet ein Zustieg vom ehemaligen Sperrfort Tre Sassi (2183 m) an der Valparolastraße; rechts führt der Steig über ein Band in die Felsen. Solide Sicherungen helfen über eine kurze Felsrinne; eine düstere Schlucht wird auf solider Hängebrücke gequert. Weiter auf einen abgeflachten Rücken in halber Wandhöhe (ehemalige k.u.k. Stollen), dann durch eine Schuttrinne etwas mühsam zum »Österreichischen Band«. Es leitet, teilweise mit Fixseilen gesichert, hinaus zum Westgrat des Lagazuoi. Über den flachen Felsrücken rechts zum großen Gipfelkreuz, *2 Std.*

43

↯ **Stollenweg** Ein Abstieg im Berg, teilweise zumindest. Der große Lagazuoi-Stollen, neu mit Treppen ausgestattet, führt im Osten des Bergstocks steil hinunter zum *Cengia Martini* (gesichert, Zugang zum Gipfelstollen); im oberen Abschnitt gibt es eine ebenfalls begehbare Variante über die sogenannte Muraglia Rocciosa sowie den Grat- und den Schulterstollen. Ausstieg unterhalb der Punta Berrino auf Weg 402 und auf ihm zurück zum Falzáregopass, *1 1/4 Std.*

Bestens verankert: die Hängebrücke am Weg zum Kleinen Lagazuoi.

44

Via ferrata Tomaselli

Südliche Fanisspitze, 2980 m
Einfach ein Klassiker!

sehr schwierig

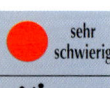
5¾ Std.
km

900 m

Routencharakter: Technisch anspruchsvolle, nur mit Drahtseilen ausgestattete Gipfelferrata. Auch der Abstieg ist gesichert und sehr steil. Vor allem an den Wochenenden stets viel »Verkehr«, was gelegentlich zu Staus führt und naturgemäß die Steinschlaggefahr wesentlich erhöht. Nur für erfahrene Klettersteiger!
Ausgangspunkt: Passo Falzárego (2105 m) an der »Großen Dolomitenstraße«. Parkplätze bei der Talstation der Lagazuoi-Seilbahn; Busverbindung mit Cortina d'Ampezzo und Arabba.
Gehzeiten: Gesamt 5¾ Std.; Aufstieg 3½ Std., Abstieg 2¼ Std.
Markierung: Rot-weiß-rot mit den Nummern 402 und 20B bis zum Einstieg.

Landkarten: Tabacco 1:25 000, Blatt 03 »Cortina d'Ampezzo«. Freytag&Berndt 1:50 000, Blatt WKS 5 »Gröden-Sella-Marmolada«.
Highlights: Schlüsselstelle über dem Einstieg, dann die herrlichen Kletterpassagen im Steilfels. Panoramaschau vom Gipfel.
Einkehr/Unterkunft: Bei Seilbahnbenützung Rifugio Lagazuoi (2752 m), ⏱ Mitte Juni bis Anfang Oktober; Tel. 0436/86 73 03.
Fototipps: An spannenden Motiven fehlt's auf dieser steilen Route natürlich nicht. Und auf dem Foto sieht man die leicht zitternden Knie an der Schlüsselstelle ja nicht ...

Obwohl inzwischen ein wenig in die Jahre gekommen, ist die »Ferrata Tomaselli«, 1969 eröffnet, heute noch ein Hit unter den vielen Klettersteigen zwischen Eisack und Piave, ein echter Klassiker halt: steil, teilweise extrem luftig, lediglich mit Drahtseilen gesichert. Und die sind an den Fels eines markanten »Fast-Dreitausenders« geheftet, was nicht nur prickelndes Höhengefühl mit viel Luft unter den Sohlen garantiert, sondern auch ein unvergleichliches Gefühl hervorzuzaubern: klettern im Dolomitfels, mitten in all dieser steinernen Pracht, wenn auch am sichernden (Draht-)Seil.

Leicht macht es der steile Zahn, die südliche der drei Zimes de Fanes (Fanisspitzen, 2989 m), den mit Klettersteigset und Helm ausgerüsteten

Tipp

Der rund hundert Meter lange, stockfinstere Fanisstollen ermöglicht eine interessante Abstiegsvariante. Aus der Selletta Fanis das nordseitige Kar querend (oft Hartschnee), erreicht man den Osteingang des Stollens. Er leitet auf das »Cengia alta«, das links bequem wieder zur »Ferrata Tomaselli« führt. Man kreuzt den Klettersteig und steigt dann südwärts durch eine Geröllrinne ab zum Felsfuß. Rechts zurück zur Gran Forcela. Taschenlampe nicht vergessen!

Gipfelanwärtern allerdings nicht gerade. Die Schlüsselstelle gleich zum Auftakt, noch in Sichtweite des Chiesa-Biwaks und interessiert guckender Zuschauer, trennt kompromisslos Spreu vom Weizen, gestattet kein Zaudern, und der zweifelnde Blick in die Tiefe hilft schon gar nicht weiter. Im weiteren Verlauf wird wiederholt kräftiges Zupacken verlangt, auch noch im Abstieg, der einen dann in eine winzige

Scharte entlässt, leicht geschafft vielleicht, aber garantiert zufrieden. Und was unternehmen wir morgen?

➜ **Anfahrt** Über die »Große Dolomitenstraße« zum Passo Falzárego (2105 m), 17 km von Cortina d'Ampezzo, 20 km von Andraz. Wer sich den einstündigen Anstieg zur Forcella Travenanzes ersparen will, fährt mit der Seilbahn zum Kleinen Lagazuoi (2752 m).

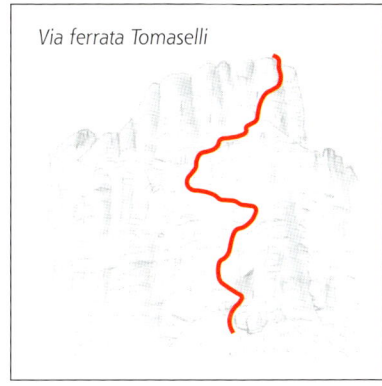

Via ferrata Tomaselli

↗ **Zustieg** Vom Falzáregopass (2105 m) führt ein markierter Weg, teilweise über Skipisten, hinauf zur *Forcella Travenanzes* (2507 m) bzw. vom Lagazuoi Pizo bergab in die Scharte. Weiter führt eine Geröllspur flach in eine winzige Scharte am Ostgrat des Lagazuoi Gran und kurz aufwärts in die Gran Forcela mit der Blechschachtel des *Bivacco Della Chiesa (2652 m).*

↑ **Via ferrata Cesco Tomaselli**

Für Bergwanderer ist hier Endstation; »Ferratisti« seilen sich ein, Helm auf! und dann geht's über eine Rampe gleich zur berühmten Schlüsselstelle, einer extrem ausgesetzten Querung am Fixseil, ohne Netz und nur mit kleinsten Tritten. Nach ein paar Metern darf man aufatmen: geschafft! Weiter diagonal in steilem Fels aufwärts auf das »Cengia alta«,

Viel Luft unter den Sohlen ist an der Schlüsselstelle der »Tomaselli« geboten.

ein markantes, gut begehbares Band, das sich bis hinter die Mittlere Fanisspitze (2989 m) erstreckt. Die Drahtseile leiten über gestufte Felsen auf eine kleine Terrasse mit packendem Tiefblick. Der Blick nach oben verspricht ein knackiges Finale nahe der Vertikale: »solo per esperti«!

Das gilt auch für den Abstieg, der, durchgehend gesichert, über die Nordostwand verläuft. Da muss man nochmals ordentlich zupacken, vor allem bei zwei senkrechten Wandstellen. Ein Felsband führt schließlich zum Ausstieg in der *Selletta Fanis* (ca. 2820 m), *2 ¹/₂ Std.*

↘ **Abstieg** Aus der engen Scharte im Geröll durch ein steiles Couloir hinunter zum Felsfuß und rechts in die Gran Forcela. Auf dem Hinweg zurück zum *Falzáregopass.*

45 Nuvolau-Steig und Ferrata Averau

Nuvolau, 2574 m, und Averau, 2649 m
Klein, aber fein!

leicht
mittel

4½ Std.
km

600 m

Routencharakter: Kurze gesicherte Steige, die »Ferrata Ra Gusela« darf sich jeder trittsichere Wanderer zutrauen, die »Ferrata Averau« weist eine etwas anspruchsvollere Passage auf.
Ausgangspunkte: Passo Giau (2233 m), Übergang von Cortina d'Ampezzo ins Fiorentinatal, 16 km von Cortina, 11 km von Selva di Cadore. Parkplatz am Pass, keine Busverbindung!
Als Startpunkte für die Besteigung der beiden Gipfel kommen auch die Bergstation des Cinque-Torri-Sessellifts (2255 m) und der Passo Falzárego (2105 m) in Frage.
Gehzeiten: Gesamt 4½ Std.
Markierung: Rot-weiß-rot mit den Nummern 443, 438, 439, 452.

Am Averau keine Markierungen!
Landkarten: Tabacco 1:25 000, Blatt 03 »Cortina d'Ampezzo«. Freytag&Berndt 1:50 000, Blatt WKS 10 »Sextener Dolomiten-Cortina d'Ampezzo«.
Highlights: Dolomiten-Aussicht von den Gipfeln.
Einkehr/Unterkunft: Rifugio Nuvolau (2574 m), ☉ Mitte Juni bis Ende September; Tel. 0436/86 79 38. Rifugio Averau (2413 m), ☉ Mitte Juni bis Ende September; Tel. 0436/46 60.
Fototipps: Viele dankbare Motive, etwa rund um den Nuvolau mit Aussicht, dann am Averau-Klettersteig (Sonne jedoch nur vormittags!). Blumenwiesen am Passo Giau.

Im Südwesten von Cortina stehen die »Kleinen« der berühmten Conca d'Ampezzo: das lustig-kecke Hörnchen des Becco di Mezzodì, der filigrane Zackengrat der Croda da Lago, die Felsklötze der Cinque Torri (2361 m); weiter der Nuvolau (2574 m), ein Wandermugel, und sein schroffer Nachbar, der Averau (2649 m). Die beiden letzteren Gipfel haben gesicherte Anstiege, nur kurz und wenig schwierig, also für Anfänger geeignet. Zum Nuvolau kommt man allerdings auch ganz ohne Felsberührung, gerade eine gute Stunde vom Cinque-Torri-Sessellift.

Fast mehr Wanderweg als Klettersteig: finale Leiter am Nuvolau.

Deshalb herrscht an Schönwettertagen rund um die Gipfelhütte ein ziemliches Gewusel; immerhin gilt der Berg als eine der schönsten Aussichtswarten des Ampezzano. Und im Panorama stehen auch alle großen Klettersteiggipfel der Region: die Südliche Fanisspitze (⇨ Steig 44), die Tofane (⇨ Steige 46 bis 51), Pomagagnon (⇨ Steige 54 und 55) und Cristallo (⇨ Steige 56 bis 58), der Sorapìs (⇨ Steige 59 bis 61).

→ **Anfahrt** Von Cortina d'Ampezzo (1211 m) über Pocol (1530 m) zum Passo Giau (2233 m).

↑ Ferrata Ra Gusela

Vom Giaupass aus zeigt sich die *Gusela* (2595 m) als schroffer, hochragender Felsbug; da könnte man sich durchaus eine knackige Drahtseil-Direttissima vorstellen ... Ziel der gesicherten Route ist aber – der leicht verfänglichen Bezeichnung zum Trotz – der Nuvolau. Die Gusela bleibt links; über ihre gestufte Ostflanke steigt man am Drahtseil leicht hinauf in das Geröllkar zwischen den beiden Gipfeln (Abstecher zur Gusela, 10 Min.). Die markierte Spur leitet zum Südgrat des *Nuvolau*. Über leichte Felsen (Drahtseile) gewinnt man rasch den Gipfel; Ausstieg von einer Leiter direkt zur Hütte, *1 1/2 Std.*

↑ Ferrata Averau

Über den breiten Nordrücken des Nuvolau führt ein viel begangener Weg hinab in die *Forcella Nuvolau* (2413 m). Dabei hat man den isoliert stehenden Klotz des Averau unmittelbar vor sich; nicht zu übersehen ist auch die Wegspur, die unter den Felsen schräg nach rechts ansteigt. Sie leitet im Bogen zur ostseitigen Schlucht. An soliden Sicherungen steil aus dem düsteren Loch heraus, auf ein Band und über gestufte Felsen auf das schottrige Gipfeldach, *1 Std.*

↘ **Abstieg** Über den Klettersteig hinunter in die Forcella Nuvolau, dann westwärts unter dem Nuvolau hindurch zum *Passo Giau* (2233 m).

Forminplateau, Croda da Lago und Antelao vom Nuvolau.

46 Via ferrata Giovanni Lipella

Tofana di Rozes, 3225 m
Ein großes Klettersteigziel

ziemlich schwierig

7³/₄ Std.

1550 m

Routencharakter: Sehr langer, dadurch auch anstrengender Klettersteig; bis zur Verzweigung bei den Tre Dita nur wenig schwierig, dann steiler, anspruchsvoller. Für den 500 Meter langen, stockfinsteren Castelletto-Stollen braucht's auf jeden Fall eine Taschen- oder Stirnlampe; am nordseitigen Normalweg halten sich bis in den Hochsommer hinein Schneereste. Da ist man dann unter Umständen froh um Steigeisen und Teleskopstöcke. Bei Wetterverschlechterung oder Konditionsproblemen kann man die Gipfeltour bei den Tre Dita oder am Ausstieg der Ferrata abbrechen.
Ausgangspunkt: Rifugio Dibona (2037 m) am Ausgang des südseitigen Tofanakars; Zufahrt über ein schmales Bergsträßchen, 4 km von der »Großen Dolomitenstraße« (Bushalt), 14 km von Cortina d'Ampezzo. Großer Parkplatz.
Gehzeiten: Gesamt 7³/₄ Std.; Aufstieg 5¹/₄ Std., Abstieg 2¹/₂ Std.

Markierung: Rot-weiß-rot mit den Nummern 442, 404 und 403, am Klettersteig rote Punkte.
Landkarten: Tabacco 1:25 000, Blatt 03 »Cortina d'Ampezzo«. Freytag&Berndt 1:50 000, Blatt WKS 10 »Sextener Dolomiten-Cortina d'Ampezzo«.
Highlights: Beklemmend der stockdunkle Castelletto-Stollen, grandios die Westwand der Tofana. Klettersteigpassagen oberhalb der Tre Dita, das beeindruckende Gipfelpanorama.
Einkehr/Unterkunft: Rifugio Dibona (2037 m), ⏱ 20. Juni bis Ende September; Tel. 0436/86 02 94. Rifugio Giussani (2580 m), ⏱ 20. Juni bis 20. September; Tel. 0436/57 40.
Fototipps: Auf den Bändern der Westwand ergeben sich immer wieder schöne Motive mit dem Val Travenanzes als Hintergrund. Achtung: Die Wand liegt am Vormittag im Schatten!

Die Tofana di Rozes (3225 m) ist zunächst einmal eine faszinierende Fassade, fast einen Kilometer hoch, von mächtigen Pfeilern getragen, auf einem Sockel aus Raibler Schichten fußend, der »Großen Dolomitenstraße« und damit dem großen Publikum zugewandt, das auch angemessen staunt, applaudiert und (natürlich) fotografiert. Die »Parete

Via ferrata Lipella

Sud«: Herausforderung für jeden guten Kletterer, einst und jetzt, erstmals durchstiegen im Jahr 1901. Mit von der Partie waren neben Antonio Dimai, Agostino Verzi und Giovanni Siorpaès die beiden ungarischen Baronessen Jolanda und Jlona von Eötvös, die sich offenbar nicht nur in erlauchter Gesellschaft wohl fühlten …

Natürlich hat die Tofana di Rozes nicht bloß eine Südwand, sondern auch eine Rückseite, ebenfalls imponierend, wenn auch mehr durch Masse als Eleganz; dafür ist sie leichter zugänglich. Aus der Forcella Fon-

46

tananegra (2590 m) zieht eine markierte Spur – die Route des Erstbesteigers Paul Grohmann (1884) – über die schrofig-schrundige Nordflanke zum Gipfel; ein wenig schwieriger Anstieg, wenn der Hang völlig ausgeapert ist.

Klettersteigler nehmen den Normalweg für den Abstieg; ihr Ziel ist die »Ferrata Lipella«, einer der schönsten Dolomiten-Klettersteige, mit fast anderthalb Kilometern Stahlseil gesichert, mit einem finsteren Auftakt im Berg, einer endlos langen Traverse in der gebänderten Westwand und (bei schönem Wetter) einem fast grenzenlos weiten Panorama als Schluss- und Höhepunkt.

→ **Anfahrt** Von der Ostrampe der Falzáregostraße auf einem Sträßchen kurvenreich bergan zum *Rifugio Dibona* (2037 m).

↗ **Zustieg** Zunächst schräg aufwärts gegen die Südwand, an der Grotta de Tofana vorbei (gesicherter Zugang, Tafel) und in leichtem Auf und Ab zur Abzweigung der Ferrata.

↑ **Via ferrata Lipella**

Eine Wegspur führt steil hinauf zu einem düsteren Loch unter Überhängen. Mit Hilfe einiger Eisenklammern und einer Leiter gewinnt man den Eingang zum *Castelletto-Minenstollen*, der, rund 500 Meter

Auf den Bändern der »Ferrata Lipella«; Blick zu den Fanisspitzen.

46 lang, im Berg steil ansteigt (Treppenstufen, Handlauf). Nach fast einer halben Stunde entlässt einen der zugige und stockfinstere Tunnel in die Westflanke der Tofana di Rozes (zwei Ausgänge); nicht viel weiter als einen Steinwurf entfernt ragt der im Ersten Weltkrieg hart umkämpfte Felsstummel des Castelletto (2656 m) auf (der bei den Österreichern bezeichnenderweise »Schreckenstein« hieß).

Die »Ferrata Lipella« führt nun quer durch die Westwand der Tofana di Rozes, nach kurzem Zwischenabstieg – vom oberen Stollenausgang an Drahtseilen – wandert man über Geröllterrassen und schmale Bänder und überwindet dabei gut gesicherte Steilstufen, die einen ins jeweils nächsthöhere »Stockwerk« bringen. Der Höhengewinn ist aber ein scheinbarer, er wird durch die nach Norden hin abfallenden Dolomitschichten, auf denen man sich bewegt, wieder zunichte gemacht. Nach zwei Kletter- und Wanderstunden, bei den bizarren Felszacken der *Tre Dita* (2694 m), sind gerade mickrige 50 Meter gewonnen! Hier kann man »auskneifen« und auf einer markierten Spur zum Normalweg bzw. zum *Rifugio Giussani* hinüber queren. Wer weiter zum Gipfel (Hinweis »Cima«) will, wendet sich nach rechts und folgt einem leicht ansteigenden, bequemen Band, das in ein monumentales steinernes Amphitheater mündet. Einen fast senkrechten Aufschwung meistert man mit kräftigem Armzug, dann leiten die Draht-

An der »Ferrata Lipella«.

seile schräg über die gestufte Felsrampe bis zum Ausstieg am Nordwestgrat (3027 m). Nun auf einer Geröllspur (im Frühsommer oft Schnee) zum Gipfel der *Tofana di Rozes* (3225 m), *3 1/2 Std.*

↘ **Abstieg** Auf dem Normalweg nordwärts hinunter in die *Forcella Fontananegra* (2590 m), wo das Rifugio Giussani steht. Aus der mit Bergsturztrümmern übersäten Senke rechts über die Kehren eines alten Militärweges durch das Geröllkar des Valon de Tofana bergab zur Dibonahütte und zur Straße.

Sentiero Astaldi

Rifugio Pomedes, 2303 m
Naturgeschichte live

 leicht

 1¾ Std.

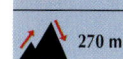 270 m

Routencharakter: Aussichtspromenade und Naturlehrpfad in einem, ein paar Drahtseile. Auch als Zustieg zur »Ferrata Olivieri« von Interesse (⇨ Tour 49).
Ausgangspunkt: Rifugio Dibona (2037 m) am Ausgang des südseitigen Tofanakars; Zufahrt über ein schmales Bergsträßchen, 4 km von der »Großen Dolomitenstraße« (Bushalt), 14 km von Cortina d'Ampezzo. Großer Parkplatz.
Gehzeiten: Gesamt 1¾ Std.
Markierung: Rot-weiß-rot mit den Nummern 403 und 421; am »Sentiero Astaldi« rote Punkte.

Landkarten: Tabacco 1:25 000, Blatt 03 »Cortina d'Ampezzo«. Freytag&Berndt 1:50 000, Blatt WKS 10 »Sextener Dolomiten-Cortina d'Ampezzo«.
Highlights: Ausblicke vom »Sentiero Astaldi«.
Einkehr/Unterkunft: Rifugio Dibona (2037 m), ⌚ 20. Juni bis Ende September; Tel. 0436/86 02 94. Rifugio Pomedes (2303 m), ⌚ Anfang Juli bis Ende September; Tel. 0436/86 20 61.
Fototipps: Höhenweg mit den bunten Felsschichten, Ausblicke auf die Ampezzaner Dolomiten.

Eine kleine naturkundliche Lehrstunde gefällig? Am »Sentiero Astaldi« gibt es sie, kostenlos und unter freiem Himmel. Der erst jüngst ausgebaute Pfad – kein richtiger Klettersteig, aber eine prächtige Aussichtspromenade mit ein paar Seilsicherungen – lässt Erdgeschichte lebendig werden. Da wandert man über bunte Werfener Schichten, die, weil wasserundurchlässig, das darunter liegende Gestein vor der Verwitterung schützen, schaut hinauf in die Felsen und hinaus ins große Gipfelrund. Dass Berge »leben«, manchmal sogar ins Rutschen geraten, belegt die Boa Cinque Torri, ein Murabgang jüngsten Datums; beispielhaft zeigt sich der Aufbau des Hauptdolomits an der Südwand der Tofana di Rozes. Über Cortina steht die Pomagagnonkette mit ihren steil gestellten Schichten; aus den Westflanken des Sorapìs und des Antelao (3264 m) ziehen riesige Geröllströme zu Tal.

➜ **Anfahrt** Von der Ostrampe der Falzáregostraße auf einem schmalen Sträßchen bergan zum *Rifugio Dibona* (2037 m).

➚ **Zustieg** Auf der ehemaligen Militärtrasse, die in Schleifen ansteigt, im Tofanakar aufwärts zu einer Weggabelung (ca. 2270 m; Tafel).

➚ **Sentiero Astaldi**
Der mit Drahtseilen gesicherte, erst jüngst neu befestigte Weg führt auf den weichen Werfener Schichten um den Felsfuß der Punta Anna herum, steigt dann durch eine seichte, gutmütige Rinne an zum *Rifugio Pomedes* (2303 m),¾ Std.

➘ **Abstieg** Kurz zurück auf dem »Sentiero Astaldi«, dann links hinab zur Dibonahütte.

48   Sentiero Giuseppe Olivieri
49   Via ferrata Giuseppe Olivieri
50   Via ferrata Gianni Aglio
51   Via ferrata Lamon-Formenton

Tofana di Mezzo, 3244 m, und Tofana di Dentro, 3238 m
Ans Seil gebunden

sehr
schwierig/
mittel

4¹/₄ - 7
Std.

430 -
1280 m

Routencharakter: Insgesamt sehr alpine Steige von allerdings unterschiedlichem Anforderungsprofil. Ein Klettersteig der Spitzenklasse, nur mit Drahtseilsicherung, ist die »Ferrata Olivieri« zur Punta Anna; zusätzlich mit einigen Leitern wartet die »Ferrata Aglio« auf, deren Traverse in der Ostwand des Torre Aglio gute Nerven verlangt. Bei guten äußeren Bedingungen problemlos ist die Überschreitung der Hinteren Tofana. Verschiedene Varianten und Teilbegehungen möglich; als Ausgangspunkt bietet sich neben der Seilbahnstation Ra Valles auch das Rifugio Pomedes an; letzteres erreicht man von Ra Valles über den mäßig schwierigen »Sentiero Olivieri«. Im Gipfel- und Gratbereich der beiden Tofane muss – je nach Jahreszeit – mit Altschnee oder Eis gerechnet werden; Steigeisen oder Grödel können da nützlich sein.
Ausgangspunkte: Ra Valles (2470 m), Zwischenstation der großen Tofana-Seilbahn (»Freccia nel Cielo«); sie ist von Mitte Juli bis Ende September von 9–17.30 in Betrieb. Rifugio Pomedes (2303 m), erreichbar von Druscié (Seilbahn, Straße) mit dem Sessellift. Die Anlage ist ab Mitte Juni bis Anfang September in Betrieb.
Gehzeiten: »Sentiero Olivieri« (im Abstieg) 1 ¹/₄ Std., Rifugio Pomedes – »Ferrata Olivieri« – Punta Anna 2 Std., »Ferrata Aglio« – Tofana di Mezzo 3 Std., Ra Valles – »Ferrata Formenton« – Tofana di Mezzo 4 ¹/₄ Std.

Das ergibt folgende Gesamtgehzeiten: Ra Valles – Rifugio Pomedes – »Ferrata Olivieri« – Punta Anna – Ra Valles 4 Std. Rifugio Pomedes – »Ferrata Olivieri« – »Ferrata Aglio« – Bus de Tofana – Vallon de Tofana – »Sentiero Astaldi« (⇨ Tour 47) – Rifugio Pomedes 5 ¹/₄ Std. Ra Valles – »Ferrata Aglio« – Tofana di Mezzo – »Ferrata Formenton« – Tofana di Dentro – Ra Valles 7 Std.
Markierung: Rote Punkte im Bereich der Ferrata, Zustieg Formenton rot-weiß mit der Nummer 407.
Landkarten: Tabacco 1:25 000, Blatt 03 »Cortina d'Ampezzo«. Freytag&Berndt 1:50 000, Blatt WKS 10 »Sextener Dolomiten-Cortina d'Ampezzo«.
Highlights: Kletterpassagen an der »Ferrata Olivieri«, Gänsehaut-Traverse am Torre Aglio, Panorama von den beiden Dreitausendern, große Dolomitenkulisse.
Einkehr: Rifugio Cima Tofana (3191 m) bei der Seilbahnstation auf der Tofana di Mezzo, ◷ während der Betriebszeit der Seilbahn.
Einkehr/Unterkunft: Rifugio Pomedes (2303 m), ◷ Anfang Juli bis Ende September; Tel. 0436/86 20 61.
Fototipps: Jede Menge Actionmotive, mit dem Tofanastock als grandioser Kulisse: Gratkletterei an der Punta Anna, Querung am Torre Aglio, Bus de Tofana (Felsenfenster) usw.

Seilbahnberg und Klettersteigdorado: die Mittlere Tofana ist beides, und so treffen sich am Gipfelkreuz modisch gewandete Ladies, die im »Miramonti« eine sündteure Suite bewohnen, und verschwitzte Gestalten, denen man die Mühen des über fünfstündigen Aufstiegs deutlich ansieht. Am Drahtseil sind sie (fast) alle unterwegs, jenem des »Himmelspfeils« (Freccia nel cielo) oder an den dünneren Seilen der

Klettersteige. Davon gibt es hier gleich mehrere: die »Ferrata Olivieri«, eine elegante, aber anspruchsvolle Route am Südgrat der *Punta Anna* (2731 m), und ihre Fortsetzung, die »Ferrata Aglio«, deren spektakulärste Passage, eine Gänsehaut erzeugende Querung am Torre Aglio, in einschlägigen Kreisen berühmt geworden ist. Weniger spektakulär ist die Routenführung der »Ferrata Formenton«, die eine interessante Überschreitung der Tofana di Dentro ermöglicht, und abgerundet wird das »eiserne« Angebot durch den gesicherten Zustieg, über den man von der Seilbahnstation Ra Valles aus in die »Ferrata Olivieri« einfädeln kann.

Da heißt es zupacken: an der »Ferrata Olivieri«.

Ein üppiges Angebot, das zahlreiche Möglichkeiten eröffnet, Teilbegehungen (z. B. von Ra Valles aus über die Punta Anna), aber auch die ganz große Überschreitung der Mittleren und Hinteren Tofana (etwa 9 Std.). Das ist dann aber eher etwas für Alpenläufer, die Konditionsprobleme höchstens vom Hörensagen kennen ...

➔ **Anfahrt** Am Drahtseil kommt man auch bequem von Cortina d'Ampezzo nach Ra Valles (2470 m) bzw. zum Rifugio Pomedes (2303 m): mit der »Freccia nel Cielo« über die Umsteigestation Col Drusciè (1778 m) oder per Sessellift ab Drusciè via Rifugio Duca d'Aosta.

↑ **Sentiero Olivieri**

Von Ra Valles (2470 m) leiten Markierungen südwärts über Karren und Geröll leicht bergan zum Fuß der Torrione de Pomedes. An der Verzweigung (ca. 2580 m) hält man sich links; der »Sentiero Olivieri« quert zunächst eine Rinne (Drahtseil) und führt dann über ein kleines Schartl in die zerklüftete Südostflanke der Pomedestürme. Gut gesichert (Drahtseile, Leitern) steigt man über Felsstufen und durch Schluchten ab zum Wandfuß. Auf deutlicher Spur rechts hinüber zum *Rifugio Pomedes* (2303 m), *1 ¹/₄ Std.*

48/49
50/51

↑ Via ferrata Olivieri

Von der Pomedeshütte erreicht man in knapp einer halben Stunde den Einstieg, zuletzt recht mühsam über ziemlich bewegliches Geröll (ca. 2460 m). Die Drahtseile leiten im Steilfels kurz aufwärts, dann links auf einem schmalen Band hinaus zu einer Kanzel am Südgrat der Punta Anna und in eine winzige Scharte. In der Folge hält sich die Route mehr oder weniger an den Grat, der mit steilen, gelegentlich fast senkrechten Passagen aufwartet. Nach oben hin flacht der Rücke allmählich ab; nach einer Querung in der Westflanke erreicht man schließlich über Schrofen und kleine Felsköpfe den Gipfel der *Punta Anna* (2731 m), *2 Std.*

↑ Via ferrata Aglio

Eher gemütlich geht's zunächst weiter, am Grat entlang, wobei man einige Aufschwünge links umgeht. Vor dem Dritten Pomedesturm besteht eine Abstiegsmöglichkeit in den Vallon de Tofana; ein weiterer markierter und gesicherter Zwischenabstieg zweigt nach der markanten Verschneidung, durch die man auf die Ostseite des Turmes gelangt, Richtung Ra Valles ab. Am Verbindungskamm zum *Torre Aglio* (2972 m) helfen Leitersprossen über eine senkrechte Zehn-Meter-Stufe hinweg. Dann folgt erneut Gehgelände; ein Geröllband leitet schließlich in die kleine Scharte am Fuß des schroffen Zackens. Und der Turm hat's wirklich in sich: Wer ihn am straff gespannten Fixseil besteigen will, braucht

Wer da keine Gänsehaut bekommt: die Querung am Torre Aglio.

einen kräftigen Bizeps, und für die buchstäblich »bodenlose« Querung an der Ostseite ist ein stabiles Nervenkostüm von Vorteil. Den Ausstieg auf einen Absatz erleichtern zwei Eisenstifte. Weiter am Kamm zu der Gratsenke knapp über dem berühmten Tofana-Felsenfenster (Bus de Tofana, 2910 m). Hier kann man im Geröll links zum Vallon de Tofana, rechts ins Kar von Ra Valles absteigen.

Der Weiterweg zum Gipfel bietet keine vergleichbaren Anforderungen mehr, Schnee und Eis können die Tour unter Umständen aber erheblich erschweren. Die Fels-

flanke über dem Skikar ist mit La-
winengittern verbaut. Ein paar
Leitern helfen über Felsaufschwünge hinweg, Drahtseile sichern weniger steile Passagen.
Schließlich lehnt sich der Kamm
zurück, und über eine Geröllspur
erreicht man den Gipfel der *Tofana di Mezzo* (3244 m), *3 Std.*
Knapp unterhalb die Seilbahnstation mit Restaurant.

↑ Via ferrata Formenton

Ein anderer, entschieden leichte-
rer Weg führt von Norden, über
die Hintere Tofana, zum höchsten Gipfel des Massivs – bei
Überschreitungen (sehr anstrengend!) bevorzugter Abstieg. Von
der Seilbahnstation Ra Valles
(2470 m) zunächst kurz nach
Norden hinunter, dann der rot-
weißen Markierung 407 nach in
einem weiten Rechtsbogen sanft
bergan bis unter die mächtige,
horizontal geschichtete Ostwand der Tofana di Dentro. Hier

Dolomiten-riesen: die Tofana di Dentro (links) und die Tofana di Mezzo.

beginnt der Geröllschinder hinauf zum Nordgrat des Dreitausenders.
Aus der Scharte unter der Cima Formenton auf deutlicher Spur zum
Holzhüttchen »Baracca degli Alpini«, dann über harmlose Felsen,
später am wenig steilen, im Frühsommer aber oft überwechteten
Kamm bergan zum Gipfel der *Tofana di Dentro* (3238 m).
Hier hat man Sichtverbindung mit der nur wenige Meter höheren To-
fana di Mezzo und der zwischen den beiden Gipfeln eingelagerten
Senke (3088 m). Gut gesichert steigt man über gestufte Felsen und
Bänder ab in den Sattel. Nur wenig weiter zweigt rechts der alte Normalweg hinunter zum Rifugio Giussani ab (Hinweis). Drahtseile leiten
über Bänder und leichte Felsstufen hinauf zur *Tofana di Mezzo* (3244
m), *4–4 $^1/_2$ Std.* ab *Ra Valles*.

↘ **Abstieg** Falls man nicht die große Überschreitung unternimmt, mit
der Seilbahn, ab Rifugio Pomedes auch mit dem Sessellift.

52 Via ferrata Ettore Bovero

Col Rosà, 2166 m
Vorne fix, hinten nix

ziemlich schwierig

5 Std.
km

900 m

Routencharakter: Verhältnismäßig kurze, in Abschnitten recht luftige Ferrata. Wegen des südseitigen Verlaufs bereits früh im Jahr möglich. Beim Abstieg über den von Gesträuch überwachsenen, schrofigen Nordrücken gut auf die Markierungen achten!
Ausgangspunkt: Camping Olimpia (1283 m) an der »Strada d'Alemagna«, 4 km nördlich von Cortina d'Ampezzo. Parkplatz, Bushalt Fiames.
Gehzeiten: Gesamt 5 Std.; Aufstieg 3 Std., Abstieg 2 Std.

Markierung: Rot-weiß mit den Nummern 417, 408, 447.
Landkarten: Tabacco 1:25 000, Blatt 03 »Cortina d'Ampezzo«. Freytag&Berndt 1:50 000, Blatt WKS 10 »Sextener Dolomiten-Cortina d'Ampezzo«.
Highlights: Die steilsten Klettersteigpassagen, Rundschau vom Col Rosà auf die Tofane, den Cristallo und den Sorapìs.
Einkehr/Unterkunft: —
Fototipps: Action an der Ferrata, Panorama vom Gipfel.

Verlässt man den Nobelort Cortina d'Ampezzo am Oberlauf des Boite in nördliche Richtung, fällt einem das kecke Felshorn, das wie eine Kompassnadel in den blauen Himmel zeigt, unweigerlich ins Auge. Auf der Anfahrt von Schluderbach ist der Col Rosà dagegen leicht zu übersehen; erst tarnt er sich vor den Ausläufern des Tofanamassivs, und wenn schließlich seine steile Stirn ins Blickfeld kommt, ist man schon fast vorbei. Über die felsige Sonnenflanke verläuft eine hübsche Ferrata, mit über 300 Metern Drahtseil gesichert. Sie bietet eine abwechslungsreiche Kraxelei mittlerer Schwierigkeit, gewürzt mit packenden Tiefblicken. Und im Gipfelpanorama stehen dann die großen Cortineser (Ferrata-)Berge Parade: die Tofane (3244 m), der Cristallo (3221 m) und der Sorapìs (3205 m).

➔ **Anfahrt** Von Cortina d'Ampezzo (1211 m) auf der Strada Statale No. 51 bis Fiames; hier Eingang zum Camping Olimpia. Parkmöglichkeit am Boite.

↗ **Zustieg** Auf dem Sträßchen am Campingplatz vorbei, dann links der

Tipp

Ein abwechslungsreicher Tourentgang ergibt sich, wenn man über die Ferrata absteigt, sich am Passo Posporcora (1711 m) rechts hält und ins unterste Val Travenanzes hinabwandert. Bei der »Hohen Brücke« Abstecher zum unteren Fanes-Wasserfall (⇨ Tour 53), dann um den Col Rosà herum und zurück zum Ausgangspunkt; insgesamt etwa 6 ½ Std.

Markierung 408 nach auf hübschem Waldweg in vielen Kehren hinauf zum *Passo Posporcora* (1711 m).

↑ **Via ferrata Bovero**
Aus dem Sattel leiten Wegspuren über den latschenbewachsenen Schrofenhang bergan. Man überklettert leichte Felsstufen (I) und erreicht dann den Einstieg bei einer Kaverne (ca. 1920 m; Ta-

fel). Die nur mit Drahtseilen ausgerüstete Route zieht in ziemlich direkter Linie links einer tiefen Schlucht gipfelwärts; Steilaufschwünge wechseln ab mit kurzen Querungen. Dabei ist viel Luft unter den Schuhsohlen geboten; weniger Geübte werden bei einer Linkstraverse auf winzigen Tritten möglicherweise leichtes Nervenflattern bekommen. Anschließend geht's steil weiter; der Fels bietet aber überall gute Haltepunkte. Auf einer Latschenschulter läuft die Ferrata aus; Wegspuren leiten hinüber zu den Gipfelfelsen. Ein paar alte Eisenbügel

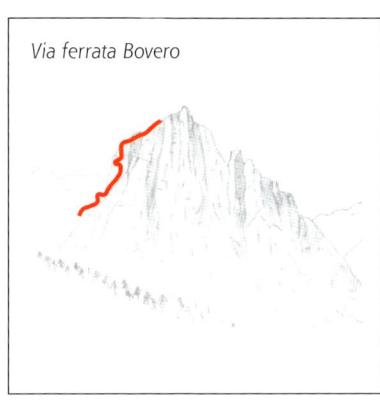

Via ferrata Bovero

helfen durch eine Rinne aufs »Dach« des Col Rosà, *1 1/2 Std.*

↘ **Abstieg** Kein Honigschlecken! Trotz ordentlicher Markierungen ist der nordseitige Abstieg über Schrofen und Geröll, im Latschengestrüpp und an der steilen Waldflanke eine Prüfung für den Gleichgewichtssinn und die Kniegelenke. Unten im Tal stößt man auf einen Fahrweg, der rechts des Boite zurückleitet zum Camping Olimpia.

Flacher Rük-ken, steile Stirn: der Col Rosà.

53

Via ferrata Giovanni Barbara

Fanes-Wasserfall
Wasserspiele, Wasserarbeit

 leicht

 2¹/₂ Std.

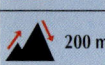 200 m

Routencharakter: Mini-Klettersteig in wildromantischer Kulisse. Selbstsicherung für weniger Geübte.
Ausgangspunkt: Informationszentrum des »Parco Naturale delle Dolomiti d'Ampezzo« (1325 m) unterhalb der Ponte Felizon; Anfahrt von Cortina d'Ampezzo (1211 m) über die »Strada d'Alemagna« 7 km. Parkplatz.
Gehzeiten: 2¹/₂ Std. für die ganze Runde. Mit Besichtigung des oberen Wasserfalls etwa 4¹/₂ Std.
Markierung: Tafeln an den Verzweigungen, blaue Markierungen.

Landkarten: Tabacco 1:25 000, Blatt 03 »Cortina d'Ampezzo«. Freytag&Berndt 1:50 000, Blatt WKS 10 »Sextener Dolomiten-Cortina d'Ampezzo«.
Highlights: Durchschlupf hinter dem Wasserfall, Tiefblicke in die Klamm.
Einkehr/Unterkunft: —
Fototipps: Die tiefe Klamm des Fanesbachs mit seinen Wasserkaskaden liefert prächtige Motive, allerdings nur am Vormittag (Sonne)!
Das Fanestal im Naturpark »Ampezzaner Dolomiten« ist insgesamt besonders reich an malerischen Winkeln.

An ihrem Zusammenfluss haben sich die Bergbäche von Fanes und Travenanzes tief in den weichen Untergrund gegraben. Das Ergebnis ist eine verästelte Schlucht, fast 100 Meter tief, mit senkrechten, da und dort sogar überhängenden Mauern. Einen faszinierenden Blick in die Tiefe bietet die »Hohe Brücke« (Ponte Óuto) am ehemaligen Militärsträßchen übers Limojoch; noch beeindruckender erlebt man die Szenerie von der Mini-Ferrata »Barbara« aus. Blickfang auf der kleinen Runde ist die Cascata de Fanes, die über mehrere Felsstufen herabstiebt und im Frühsommer ein besonders eindrucksvolles Schauspiel bietet. Man quert eine der Kaskaden (ziemlich) trockenen Fußes auf dem gesicherten Steig – hinten herum!

Auch der obere Fanes-Wasserfall (Cascata Sbarco de Fanes, ca. 1720 m) kann auf einem kleinen gesicherten Weg besucht werden, und Genießer wandern gleich hinauf bis zum Limojoch (Ju de Limo, 2172 m) – bei schönem Wetter garantiert ein erlebnisreicher Bergtag, sogar mit ein bisschen Eisen!

➜ **Anfahrt** Von Cortina d'Ampezzo (1211 m) auf der »Strada d'Alemagna« Richtung Toblach, hinter Fiames links zum Parkplatz beim Informationszentrum des Naturparks »Ampezzaner Dolomiten«.

➚ **Zustieg** Auf dem ehemaligen Militärsträßchen über Pian de Loa zur »Hohen Brücke« (ca. 1460 m).

⬆ **Via ferrata Barbara**
Gleich hinter der Ponte Óuto verlässt man die Straße (Tafel) nach rechts und folgt dem Weglein zum nahen Klammabbruch. Mit Drahtseilsiche-

rung über ein Band zur *Cascata de Fanes*, hinter ihr hindurch und querend zu einer engen Scharte. Nun hinab in die Klamm und zwischen Blockwerk weiter abwärts in den Talgrund. Ein etwa fünf Meter hoher Felsabbruch ist mit ein paar Eisenklammern gangbar gemacht. Drunten am Fanesbach (Tafel) mündet der linksufrige Zugangsweg von Pian de Loa; es lohnt sich auf jeden Fall, den kleinen Abstecher zum »Belvedere« (ca. 1450 m) über der Schlucht zu unternehmen (guter Steig, Drahtseile, Holzstufen; hin und zurück etwa 25 Min.).

Immer wieder faszinierend: Wasserspiele. An den Cascate di Fanes.

Auf einer soliden Brücke über den Bach ans rechte Ufer und mit Drahtseilsicherung auf ein schmales Band. Man verfolgt es nach links (Tafel »Ferrata Lucio Delaiti«) über zwei kurze Felsaufschwünge und eine Unterbrechungsstelle (Spalt) hinweg. Dann rechts in den Wald und ansteigend zur Straße.

↘ **Abstieg** Von der »Hohen Brücke« auf dem Hinweg zurück zum Parkplatz.

54

Via ferrata Michielli »Strobel«

Punta Fiames, 2240 m
An den »Sonnenfelsen« des Pomagagnon

ziemlich schwierig

4 1/4 Std.

950 m

Routencharakter: Recht steile Route an der Südwestflanke der Punta Fiames. Mit Drahtseilen, ein paar Eisenbügeln und einer Leiter gut gesichert.
Ausgangspunkt: Parkplatz beim Albergo Fiames (1293 m), 5 km nördlich von Cortina d'Ampezzo. Bushalt.
Gehzeiten: Gesamt 4 1/4 Std.; Aufstieg 2 3/4 Std., Abstieg 1 1/2 Std.
Markierung: Rote Farbtupfer, im Pomagagnonkar rot-weiße Markierung mit der Nummer 202.

Landkarten: Tabacco 1:25 000, Blatt 03 »Cortina d'Ampezzo«. Freytag&Berndt 1:50 000, Blatt WKS 10 »Sextener Dolomiten-Cortina d'Ampezzo«.
Highlights: Tiefblicke in den weiten Talkessel von Cortina, Aussicht von der Punta Fiames.
Einkehr/Unterkunft: —
Fototipps: Am Morgen liegt die Steilflanke der Punta Fiames noch im Schatten, bestes Licht am späteren Nachmittag.

Dass der Pomagagnon (2450 m) zu den klassischen Kletterrevieren von Cortina d'Ampezzo gehört, erstaunt nicht weiter: steil, markant geschichtet und kompakt der Fels bei Wandhöhen bis zu 600 Metern. Und dann ist da noch die sonnseitige Exposition der meisten Führen, die deshalb schon früh im Sommer und bis spät im Herbst – da liegt auf den hohen Gipfeln längst Schnee – begangen werden können. Das gilt auch für die Via Michielli »Strobel« an der Punta Fiames, eine sehr beliebte, ziemlich lange Ferrata, nicht extrem schwierig, sondern eher etwas für Genussspechte unter den Klettersteiglern. Und der Abstieg ist – zumindest im großen Pomagagnonkar – sogar eine »Abfahrt«. Die kann man auch gleich in einen Wiederanstieg münden lassen: über das »dritte Band«, eine herrlich aussichtsreiche Diagonale durch die felsige Front (⇨ Tour 55).

➔ **Anfahrt** Von Cortina d'Ampezzo auf der »Strada d'Alemagna« bis zum Albergo Fiames (1293 m), 5 km.

↗ **Zustieg** Am Haus gegenüber dem Hotel weist ein Schildchen zur Ferrata. Man überquert die Trasse der (längst aufgelassenen) Bahnlinie und folgt dem Steiglein, das zunächst im Wald ansteigt und dann die mächtige Schuttreiße ansteuert, die zwischen Pezories und Punta Fiames herabzieht. An ihrem Rand mühsam hinauf bis zur Schluchtmündung. Nun rechts zum Beginn des Klettersteigs (Tafel, ca. 1620 m).

↑ **Via ferrata Michielli »Strobel«**

Zunächst auf einem latschenbewachsenen, nach Süden ansteigenden Band mäßig aufwärts bis zu einer Kanzel mit Tiefblick ins Boitetal. Erst hier wird es eisenhaltig; die fest verankerten Drahtseile leiten über die Wand aufwärts, wobei Steilstufen mit Querungen abwechseln. Der

54

feste Fels liefert überall ausreichend Haltepunkte, gelegentlich wird man auch eine knorrige Latschenwurzel als Griff hernehmen. Nach einem weniger steilen Wegabschnitt gewinnt die Route eine felsige Schulter, von der sich ein packender Tiefblick auf Cortina bietet. Nun mit Hilfe einiger Eisenklammern auf einen flachen Rücken, der rechts zu einer wilden Schlucht abbricht und zu einem nahezu senkrechten Wandaufschwung überleitet. Eine zehn Meter hohe Leiter, Klammern und Drahtseile helfen über die Schlüsselstelle hinweg. Dann lehnt sich die Wand allmählich zurück; die letzten Drahtseile leiten über gestufte Felsen zum Ausstieg wenig unterhalb des geräumigen Gipfels, *2 Std.*

↘ **Abstieg** Auf deutlichen Steigspuren nordseitig um die Punta de Ra Crosc (2300 m) herum in die *Forcella Pomagagnon* (2176 m), wo die »Talfahrt« starten kann: im Geröll hinab durch die steile Schuttreiße der Grava bis zu ihrer Mündung, wo das »Dritte Pomagagnonband« ansetzt (⇨ Tour 55). Noch ein Stück im Geröllstrom abrutschen, dann rechts (Steinmann, rote Markierungen) in die Latschen und auf einem schmalen Pfad hinunter ins Tal.

Die »Ferrata Michielli« gehört zu den beliebtesten Eisenwegen in den Ampezzaner Dolomiten.

55 Passegiata della Croda

Punta Erbing, 2301 m
Steiler, luftiger Bänderweg am Pomagagnon

 mittel

 5 Std.

 900 m

Routencharakter: Ziemlich anstrengender Aufstieg über das »dritte Band« am Pomagagnon. Nur kürzere Abschnitte gesichert (Drahtseile), zum Teil steiles Geröll. Vorsicht: Man bewegt sich diagonal durch ein Kletterrevier, also auf gar keinen Fall Steine ablassen! Selbstsicherung für weniger Geübte empfehlenswert; Helm. Die Steilwandwanderung lässt sich bestens mit einer Begehung der »Ferrata Michielli« verbinden (⇨ Tour 54).
Ausgangspunkt: Rifugio Col Tondo (1429 m), nordöstlich oberhalb von Cortina d'Ampezzo, erreichbar über Chaive auf schmaler Straße, 4,5 km, oder per Sessellift. Parkplatz. Fährt man mit dem Lift weiter bis Miétres (1710 m), verkürzt sich die Gesamtgehzeit um etwa eine Stunde. Die Lifte sind von Anfang Juli bis Ende September in Betrieb.

Gehzeiten: Gesamt 5 Std., Aufstieg 3 ¼ Abstieg 1 ¾ Std.
Markierung: Rot-weiß-rot mit den Nummern 204, 211 und 205.
Landkarten: Tabacco 1:25 000, Blatt 03 »Cortina d'Ampezzo«. Freytag& Berndt 1:50 000, Blatt WKS 10 »Sextener Dolomiten-Cortina d'Ampezzo«.
Highlights: Aus- und Tiefblicke vom »dritten Band« – einmalig!
Einkehr: Rifugio Col Tondo (1429 m) und Rifugio Miétres (1710 m), ⏱ beide während der Betriebszeit der Sesselbahn.
Fototipps: Gute Motive vor allem im oberen Teil des großen Bandes, mit dem gewaltigen Sorapìsstock im Hintergrund. Tiefblicke auf Cortina d'Ampezzo (Tele).

»Passegiata della Croda« nennen die Cortineser den fantastischen »Spazierweg« übers dritte Pomagagnonband, der durch steilen Fels (= croda) verläuft, schräg aufwärts und um ein paar Ecken herum, was die schönsten Aus- und Tiefblicke in den Talkessel von Cortina überhaupt ergibt. Schwindelfrei muss man natürlich sein, und einen sicheren Tritt braucht's auf den teilweise geröllbeladenen Bändern auch. Immerhin wurden vor einigen Jahren alle exponierten Stellen mit Fix-

Passegiata della Croda

seilen versehen, sodass man diese Wanderung zwischen Himmel und Erde ganz unbeschwert genießen kann, am besten gleich als Fortsetzung der »Ferrata Michielli«.

➔ **Anfahrt** Von Cortina d'Ampezzo (1211 m) zum Vorort Chiave und auf einem schmalen Sträßchen hinauf zum Rifugio Col Tondo (1429 m), 4,5 km.

↗ **Zustieg** Auf dem Sandsträßchen unter der Lifttrasse der Markierung 204 nach weiter bergan, dann auf einem Fußweg über Wiesen und in schönem Lärchenwald zu einer Wegkreuzung (1690 m; Wegzeiger). Links

55

auf einer Fahrspur flach gegen den Sas del Rana, mit etwa 70 Meter Höhenverlust unter den Felsen hindurch, anschließend auf einem schmalen Pfad in den Latschen aufwärts und im Geröll etwas mühsam zum Ansatzpunkt des »dritten Bandes« (Wegzeiger).

↑ Passegiata della Croda

Hier rechts in die Wand. Die steil ansteigende, zunächst breite Geröllrampe wird nach und nach zum schmalen, latschenbewachsenen Band. Eine erste etwas ausgesetzte Passage meistert man leicht am straff gespannten Seil. Weiter problemlos bis hinauf und hinaus zur Südostkante der Costa del Bartoldo (2435 m). Am sichernden Drahtseil um das Eck herum und unter Überhängen leicht abwärts in die Schlucht unterhalb der Forcella Cestelis. Man quert sie und steigt auf der Bergseite der mächtigen Rampe an bis zu einem großen Steinmann. Nun nach rechts hinaus, der gefährlich rutschigen Unterlage unter der Wand ausweichend, und im Zickzack vorsichtig aufwärts zu einer Kuppe mit packendem Tiefblick in den Cortineser Talkessel. Drahtseile leiten weiter auf dem Band abwärts in den Felswinkel unterhalb der Croda Cestelis (2342 m) und schräg über Felsstufen hinauf in die winzige Scharte im Rücken der *Punta Erbing* (2301 m). Rechts zum Gipfelchen, *1 ³/₄ Std.*

↘ Abstieg

Aus der Senke auf gutem Weg über den nordseitigen Schrofenhang im Zickzack abwärts, dann flach unter der Punta Erbing hindurch und steil (felsige, etwas unangenehme Rinne) bergab in lichten

Wald. Auf einem ehemaligen Militärweg links um eine namenlose Kuppe (2165 m) der Crepe de Zuméles herum in die *Forcella Zuméles* (2072 m). Nun auf dem erst jüngst mit großem Aufwand hergerichteten Weg im Zickzack über den steilen Hang hinunter in den Wald und zurück zu der eingangs erwähnten Wegkreuzung. Auf dem Anstiegsweg zurück zum Rifugio Col Tondo.

Ein »Spaziergang« über dem Abgrund: Passegiata della Croda.

56 Via ferrata Renè de Pol

Forame de Inze, 2385 m
Im Schatten des Gebirgskrieges

 mittel

 6 Std.

 1000 m

Routencharakter: Mäßig schwierige, mit Drahtseilen und ein paar Eisenstiften gesicherte Route, die ehemaligen Frontsteigen folgt.
Ausgangspunkt: Im Gemärk (Sorabances, 1530 m), Wasserscheide zwischen Rienz und Boite, 17 km von Toblach, 15 km von Cortina d'Ampezzo. Buslinie, großer Parkplatz.
Gehzeiten: Gesamt 6 Std., Aufstieg 4 1/4 Std., Abstieg 1 3/4 Std.
Markierung: Hinweistafeln und rote Farbmarkierungen.

Landkarten: Tabacco 1:25 000, Blatt 03 »Cortina d'Ampezzo«. Freytag&Berndt 1:50 000, Blatt 10 »Sextener Dolomiten-Cortina d'Ampezzo«.
Highlights: Kontrast zwischen der düsteren Nordwandkulisse und dem sonnigen Forame-Grat.
Einkehr: Ristorante Cimabanche (1530 m), an der »Strada d'Alemagna«.
Fototipps: Überreste der alten Stellungen am Klettersteig, gute Motive (mit Sonne!) am Grat vom Forame de Inze zur Forcella Verde.

Der Klettersteig, 1974 angelegt, erschließt die ehemaligen österreichischen Stellungen am Foramestock. Was für ein Kontrast zur Gratwanderung drüben am »Sentiero Dibona«! Düster, bedrückend die Szenerie, die Sonne bleibt beim Anstieg weitgehend hinter dem Berg versteckt; zwischen dunklen Felsen und durch verschattete Schluchten windet sich die Ferrata gipfelwärts, immer wieder an verfallenen Kriegsstellungen vorbei. Fast erleichtert entsteigt man am Forame de Inze der nordseitigen Felsflanke, schüttelt die Schatten der Vergangenheit ab und freut sich über den Prachtblick hinüber zur Hohen Gaisl (3146 m), hinab in die grünen, sonnigen Talfluren.

➔ **Anfahrt** Über die »Strada d'Alemagna« hinauf zur weiten Wasserscheide Im Gemärk (1530 m), 17 km von Toblach via Schluderbach, 15 km von Cortina d'Ampezzo.

↗ **Zustieg** Die Tour beginnt im »Schongang«, führt auf der ehemaligen Bahntrasse, vorbei an den seichten Lacken des Schwarzsees und des Lago di Rufredo, sanft bergab. Nach knapp drei Kilometern, bei einer Brücke (1495 m), weist links eine Tafel zur Ferrata. An dem bewaldeten Hang steil bergan, zuletzt in Kehren hinauf in die Latschen. Nun links, Gräben querend, zu den

Tipp

Man kann die »Ferrata De Pol« auch im Abstieg machen, in Verbindung mit dem ersten Abschnitt des »Sentiero Dibona« (➪ Tour 57). Aus der Forcella Granda (2874 m) nordwärts über Schnee und Geröll hinab in das weite Kar des Gravon del Forame und hinaus zur *Forcella Verde* (2380 m), wo man auf den Beginn des Klettersteigs stößt. Über ihn hinunter nach Ospitale (1472 m) an der »Strada d'Alemagna«; insgesamt etwa 4 1/2 Std. Unterhalb der »Großen Scharte« liegt oft beinharter Schnee; dann sind Steigeisen und Teleskopstöcke nützlich.

ersten Stellungen und zum Einstieg (ca. 2020 m) beim ehemaligen »Commando Austriaco« (Tafel, Routenbuch).

↑ Via ferrata Renè de Pol

Die gesicherte Route überwindet in recht verwickeltem Verlauf einen Höhenunterschied von gut 300 Metern bis zum Forame-Grat. Gesicherte Aufschwünge (»Salto inferiore«, »Salto superiore«) wechseln ab mit Geröllbändern und Schuttreißen (»Cengia bassa«, »Cengia alta«), allgegenwärtig bleibt dabei die blutige Vergangenheit. Anspruchsvollste Passage ist ein Kamin mit Klemmblock im Bereich der »Parete nera«, über den ein paar Eisenstifte hinweg helfen. Schließlich mündet die Ferrata auf den Grat; Steigspuren leiten zum Ostgipfel des *Forame de Inze* (2385 m). Nun auf einer dünnen Wegspur mit Zwischenabstieg durch die Karmulde unter dem Hauptgipfel (2445 m) des Bergstocks und in anregendem Auf und Ab am felsigen Kamm, den Gipfel des Forame de Fora (2413 m) tangierend, in die *Forcella Verde* (2380 m), *2 Std.*

↘ Abstieg Aus der Forcella Verde ostwärts (der alte Abstieg in das Foramekar ist aufgelassen!), den roten Markierungspunkten folgend, hinunter ins Val Prà del Vecia und hinaus ins Gemärk (1530 m), wo sich die Runde schließt.

Keine Ferrata, sondern Überreste einer Stellung aus dem Ersten Weltkrieg am »De-Pol-Steig«.

57

Sentiero attrezzato Ivano Dibona

Cristallino d'Ampezzo, 3008 m
Panoramawandern am Cristallomassiv

 leicht

 6 Std.

 1700 m im Abstieg

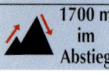

Routencharakter: Bis in die Forcella Granda ist die Route ziemlich »eisenhaltig«, im weiteren Verlauf mehr Höhenweg. Eine herrliche Aussichtsroute, auch für weniger Geübte geeignet; wegen der Länge des Weges braucht's eine gute Kondition. Nur bei sicherem Wetter gehen; Notabstiege an der Forcella Granda und an der Forcella Bassa.
Ausgangspunkt: Forcella Stounies (2918 m), Bergstation der Cristallo-Lifte. Die Anlagen sind von Mitte Juni bis Anfang Oktober jeweils von 9–17.30 Uhr in Betrieb.
Gehzeiten: 6 Std.
Markierung: Ausreichend bezeichneter Höhenweg.
Landkarten: Tabacco 1:25 000, Blatt 03 »Cortina d'Ampezzo«. Freytag&Berndt

1:50 000, Blatt WKS 10 »Sextener Dolomiten-Cortina d'Ampezzo«.
Highlights: Natürlich die Hängebrücke, dann die herrlichen, immer wieder wechselnden Ausblicke.
Einkehr: Ristorante Ospitale (1474 m), ganzjährig.
Einkehr/Unterkunft: Rifugio Lorenzi (2932 m) an der Forcella Stounies, Anfang Juli bis Ende September; Tel. 0436/86 61 96. Rifugio Son Forca (2225 m), während der Betriebszeit der Lifte; Tel. 0436/86 61 92.
Fototipps: Hängebrücke, Felsbänder, auch Kriegstrümmer in großer Felskulisse. Wer im Rifugio Lorenzi übernachtet, bekommt seine Filme garantiert voll (Abend- und Morgenstimmungen)!

Fraglos die schönste Aussichtsroute in den Ampezzaner Dolomiten ist der »Sentiero attrezzato Ivano Dibona«, mehr Panoramaweg als Klettersteig, mit einem echten »Knaller« zum Auftakt, der berühmten Hängebrücke, mit nur wenigen Anstiegen, dafür immer wieder wechselnden, interessanten Perspektiven. Der 1969/70 eingerichtete Höhenweg folgt ehemaligen italienischen Frontsteigen am Westgrat des Cristallomassivs, ist so auch noch ein historischer Lehrpfad: alte Stellungen, Überreste von Seilbahnen, Kavernen und Stollen allenthalben. Da sucht das Auge (und das Gemüt) Erholung – und findet sie auch: Dolomiten-Wunderwelt.

➜ **Anfahrt** Von Cortina d'Ampezzo (1211 m) auf der Tre-Croci-Passstraße bis zur Talstation Rio Gere (1698 m) der Cristallo-Bergbahn. Mit dem Lift über die Umsteigestation Son Forcia (2225 m) hinauf in die Forcella Stounies (2918 m).

↑ **Sentiero attrezzato Ivano Dibona**
Aus dem Lift und in den Fels! Der Steig beginnt sehr animiert; Eisenstiegen und Drahtseile leiten von der Bahnstation zu einem kurzen Tunnel. Weiter auf einem alten Kriegssteig zum »Ponte Cristallo«, der berühmten, 27 Meter langen Hängebrücke. Sie überspannt einen tiefen Grateinschnitt; dahinter steigt die Route über zwei Leitern hinauf zu einem namenlosen Buckel (2980 m), der den höchsten Wegpunkt

57

markiert. Wer einen Dreitausender besteigen möchte, hat wenig später Gelegenheit: links leiten Drahtseile zum *Cristallino d'Ampezzo* (3008 m; 20 Min. hin und zurück).

Der »Sentiero Dibona« führt steil, aber gut gesichert hinunter in die *Forcella Granda* (2874 m), ¾ *Std.* Aus der Scharte kann man rechts durch den Gravon del Forame zur »Ferrata De Pol« (⇨ Tour 56) absteigen, links ist eine »Abfahrt« im steilen Geröll der Grava de Stounies zur Liftstation Son Forcia (2225 m) möglich.

Die Fortsetzung des »Dibona-Steigs« schneidet auf bequemen Bändern (Drahtseile) die Südflanke der Cresta Bianca (2932 m) zur Forcella Padeón (2760 m) mit den Überresten einer Seilbahnstation. Der gemauerte Befehlsstand des Alpinimajors Carlo Buffa di Perrero dient heute als Notunterkunft. Weiter auf alten Kriegssteigen und Bändern südseitig um den Col Pistone (2862 m) und den Vecio del Forame (2868 m) herum in die Forcella Alta (ca. 2640 m). Hier links über eine Geröllreiße hinunter in die *Forcella Bassa* (2417 m), wo ein Notabstieg ins Val Padeón abzweigt (markiert; steinschlaggefährdet). Der »Sentiero Dibona« wendet sich nun in die felsige Westflanke des Zurlónkamms, wo man erneut auf Ruinen italienischer Kriegsbauten stößt (Wegbuch beim ehemaligen Bataillonskommando, 2379 m). Der markierte Weg überschreitet die Forcella Zurlón, läuft dann unter dem Testaccio durch eine Rinne abwärts und hinaus zu der ehemaligen Artilleriestellung am Col dei Stombi (2168 m). Eine kunstvoll angelegte Mulattiera leitet in vielen Serpentinen durch Latschen und lichten Wald hinab ins Tal, 5 ½ *Std.*

Der »Sentiero Dibona« folgt alten Kriegspfaden.

↘ **Abstieg/Rückweg** Auf dem Talsträßchen durch das Val Granda hinaus nach Ospitale (1474 m) oder im Val Padeón hinauf zur Liftstation Son Forcia (2225 m).

58

Via ferrata Marino Bianchi

Cima di Mezzo, 3154 m
»Nur« der Nebengipfel des Cristallo

ziemlich schwierig

2¹/₂ Std.
km

240 m

Routencharakter: Mäßig schwierige, mit 800 Metern Drahtseil und zwei Leitern gesicherte Gratroute. Wird vielfach zusammen mit dem »Sentiero Dibona« (⇨Tour 57) begangen.
Ausgangspunkt: Forcella Stounies (2918 m), Bergstation der Cristallo-Lifte. Die Anlagen sind von Mitte Juni bis Anfang Oktober jeweils 9–17.30 Uhr in Betrieb. Gehzeiten: Gesamt 2¹/₂ Std.; Aufstieg 1¹/₂ Std., Abstieg 1 Std.
Markierung: Immer den Drahtseilen nach.

Landkarten: Tabacco 1:25000, Blatt 03 »Cortina d'Ampezzo«. Freytag&Berndt 1:50000, Blatt WKS 10 »Sextener Dolomiten-Cortina d'Ampezzo«.
Highlights: Panorama und Tiefblick in den Talkessel von Cortina d'Ampezzo.
Einkehr/Unterkunft: Rifugio Lorenzi (2932 m) an der Forcella Stounies, ⊕ Anfang Juli bis Ende September; Tel. 0436/866196.
Fototipps: Die Gratroute bietet zahlreiche Action- und Landschaftsmotive.

Die »Ferrata Bianchi« wartet mit einigen steilen, aber gut gesicherten Passagen auf.

»Aus der Scharte quere ich links auf das ›Große Band‹ und in die Südostwand: Spuren, Steinmänner, gelegentlich ein verblichener Farbfleck. Ich gehe nach Gefühl, suche eine Diagonale durch das gestufte Felsgelände. Cortina, tief drunten in seiner Talmulde, kommt ins Blickfeld; rechts steilt sich der Grat auf. Über die ›Böse Platte‹ – die sich als recht gutmütig erweist – gewinne ich den schrofigen Gipfelgrat. Und dann: der Monte Cristallo (3221 m), rundum Tiefe und ein fast grenzenlos weites Panorama.«

Allein am großen Gipfel, nach einem fünfstündigen Aufstieg. Ganz anders drüben an der Cima di Mezzo (3154 m), nur ein paar hundert Meter weit weg. Da wuselt es rund ums große Kreuz, ein paar Dutzend Klettersteigler dürften es sein, die am Drahtseil und über die Leitern hinaufgeturnt sind zu »ihrem« Gipfel, anderthalb Stunden von der Forcella Stounies (2918 m). Da endet der Cristallo-Lift, mit dem man ganz bequem von der Tre-Croci-Straße bis nahe an die Dreitausender-Höhenmarke kommt. Modern times ...

Piz Popena, Monte Cristallo und Cima di Mezzo (von links).

→ **Anfahrt** Von Cortina d'Ampezzo (1211 m) auf der Tre-Croci-Passstraße bis zur Talstation Rio Gere (1698 m) der Cristallo-Bergbahn. Mit dem Lift über die Umsteigestation Son Forcia (2225 m) hinauf in die Forcella Stounies (2918 m).

↑ **Via ferrata Bianchi**
Die Route folgt dem langgestreckten, mit mehreren Türmen besetzten Nordwestgrat; sie nutzt teilweise ehemalige Kriegssteige. Von der Hüttenterrasse zunächst ohne Höhengewinn, teilweise am Drahtseil, um den Felsbuckel der Cima Nord-Ovest herum in eine enge Scharte. Nun steil aufwärts zur ersten Leiter und auf Bändern zu einer Geröllterrasse. Die zweite Leiter hilft über einen fast senkrechten Aufschwung hinweg; durch einen etwas heiklen Riss (Schlüsselstelle) gelangt man wieder in leichteres Gelände. Am Grat sanft abwärts, dann über die letzte Felsstufe hinweg und problemlos zum Gipfel, *1 1/2 Std.*

↘ **Abstieg** Nur über den Klettersteig.

59   Via ferrata Alfonso Vandelli
60   Sentiero Carlo Minazio
61   Sentiero ferrato Francesco Berti

Rifugio Vandelli – Bivacco Comici – Bivacco Slataper, 2620 m – Rifugio Vandelli
Die große Sorapìs-Runde

mittel
leicht
schwierig

14 Std.

1700 m

Routencharakter: Hochalpine Runde um das Sorapìsmassiv, abschnittweise gesichert. Bergerfahrung ist entschieden wichtiger als ein dicker Bizeps! Nur bei sicherem Wetter gehen; markierte Zwischenabstiege ins Val di San Vito, zum Rifugio San Marco und ins Boitetal.
Ausgangspunkt: Passo Tre Croci (1805 m), Übergang vom Boite- ins Ansieital, 8 km von Cortina d'Ampezzo, 26 km von Auronzo.
Gehzeiten: Gesamt 14 Std.; Passo Tre Croci – Rifugio Vandelli – Bivacco Comici 5 1/4 Std., »Sentiero Minazio« 3 1/2 Std., »Sentiero Berti« – Rifugio Vandelli – Tre Croci 5 1/4 Std.
Markierung: Rot-weiß-rot mit den Nummern 215, 245, 247, 242.
Landkarten: Tabacco 1:25 000, Blatt 03 »Cortina d'Ampezzo«. Freytag&Berndt

1:50 000, Blatt WKS 10 »Sextener Dolomiten-Cortina d'Ampezzo«.
Highlights: Circo del Sorapìs, Klettersteigpassagen an der »Ferrata Vandelli«, Querung zum Cengia del Banco, Ödlandschaft der Tonde de Sorapìs, Östlicher Sorapìsgletscher.
Einkehr/Unterkunft: Rifugio Vandelli (1928 m), ☽ 20. Juni bis 20. September; Tel. 0435/390 15.
Unterkunft: Bivacco Comici (2000 m), Bivacco Slataper (2620 m), ☽ beide stets zugänglich.
Fototipps: Circo del Sorapìs von der »Ferrata Vandelli«, bei einer Übernachtung im Bivacco Slataper grandiose Abend-, Nacht- (Mondlicht) und Morgenstimmungen; gute Motive auch an der Querung über das Cengia del Banco und im Tonde de Sorapìs, der Dito di Dio.

Ein Massiv fast so groß wie die Sella, ein wenig höher sogar, die Täler rundum dafür tiefer, mit wilden Gräben und zwei winzigen Gletschern, die sich in schattige Hochkare an der Nordseite verstecken: der Sorapìs (3205 m). Rund zwei Kilometer weit bricht seine Südwestflanke zum Boitetal ab – eines der großen Schaustücke im Dolomitenpanorama von Cortina d'Ampezzo. Bestiegen werden die meisten Gipfel nur selten, und auch die große Runde auf gesicherten Steigen ist keine Modetour: zu lang, zu anstrengend, zu alpin. Klettersteiger trifft man am ehesten noch auf der »Ferrata Vandelli« an, aus dem obersten Ansieital eine schöne Tagestour; auf dem »Sentiero Berti«, der die bereits erwähnte

Ferrata Vandelli

Naturlich sind auch Teilbegehungen möglich, außerdem bietet sich das *Rifugio San Marco* (1823 m) im Süden des Sorapìs als Ausgangspunkt an. Die »Ferrata Vandelli« lässt sich vom Ansieltal als Tagestour machen: Aufstieg vom Albergo Cristallo (1368 m) an der Talstraße zum Rifugio Vandelli und weiter über den Klettersteig, Abstieg auf dem »Sentiero Brovedani« (einige gesicherte Passagen); insgesamt 7¹/₂ Std.

Steilflanke auf einem System von Bändern quert, ist man dagegen meistens allein, allein in einer Gebirgskulisse von grandiosen Dimensionen. Auch der Blick hinunter in die grünen Fluren des Ampezzano wirkt kaum versöhnlich angesichts der übereinander getürmten, von tiefen Bruchgräben zerfurchten Felsmassen.

59/60
61

Für einen Tag ist die Runde zu lang; man wird also eine Übernachtung einplanen, vergleichsweise komfortabel auf der Vandelli-Hütte, spartanischer in einer der beiden Biwakschachteln am Weg. Das Bivacco Comici garantiert (bei Schönwetter) einen stimmungsvollen Sonnenaufgang; wer im Bivacco Slataper nächtigt, kann zuschauen, wie die letzten Sonnenstrahlen um den Felskopf des Antelao züngeln oder unterm Sternenhimmel die bleichen Felsgerippe rundum bestaunen: Mondlandschaft Dolomiten?

➔ **Anfahrt** Der Passo Tre Croci (1805 m) verbindet die Täler des Boite und des Ansiei, 8 km von Cortina d'Ampezzo, 26 km von Auronzo.

↗ **Zustieg** Etwa 250 Meter östlich des Passes zweigt der markierte Hüttenweg ab. Er führt, zunächst etwas an Höhe verlierend, um die Zimes de Marcuoira herum; eine felsige Passage ist mit Drahtseilen und einem Mini-Leiterchen gesichert. Im weiteren Verlauf kommt der grandiose Circo del Sorapìs immer schöner ins Blickfeld. Auf einer kleinen Anhöhe über dem smaragdgrünen Lago del Sorapìs (1923 m) steht das *Rifugio Vandelli* (1928 m).

↑ **Via ferrata Vandelli** Ihr Einstieg befindet sich südöstlich des Rifugio Vandelli am Fuß des Corno Sorelle;

Blickfang in der Bergkulisse des Misurinasees ist im Süden der mächtige Sorapìs-Stock.

59 / 60
61

etwa eine halbe Stunde auf markierter Spur. Die Route leitet über ein steiles System von Rinnen und Kaminen, mit Leitern und Drahtseilen bestens gesichert, auf ein markantes Felsband, das diagonal durch die Westabstürze der Sora el Fo (2567 m) verläuft. Man verfolgt es, zuletzt ohne Sicherungen, bis auf den grasigen Rücken (ca. 2380 m), von dem sich freie Sicht auf die Dolomitenkulisse des obersten Ansieitals bietet. Im Rückblick der Sorapìs-Kessel mit dem kleinen See und der himmelwärts weisenden Felskante des Dito di Dio (2603 m).

Markierungen und Wegspur führen zunächst über Geröll und steinige Wiesen in einen Graben, dann in die Ostflanke des Kamms. Mit Drahtseilsicherungen über gestufte Felsen abwärts und über Wiesen zum *Bivacco Comici* (2010 m), *3 Std.*

↑ Sentiero Minazio

Weit mehr Höhenweg als Klettersteig, führt der »Sentiero Minazio« an der steilen Flanke des Val di San Vito taleinwärts, ein ständiges Auf und Ab, mal im Geröll, dann auf latschenbewachsenen Bändern oder über steile Grashänge. Vom Comici-Biwak hat man zunächst einen kurzen Anstieg zur *Forcella Bassa del Banco* (2128 m), dann leitet die Spur, nur kurz mit Drahtseilen gesichert (Variante/Umweg über die Forcella Alto del Banco, 2321 m, möglich) über die Sockelfelsen der Cime di Valbona und der Tre Sorelle ins innerste Val di San Vito. Faszinierend die Kulisse mit der Costa Belpra (2825 m) gegenüber und dem eigenwillig gebauten Torre dei Sabbioni (2531 m) im Talschluss.

Wenig einladend: die Westabstürze des Sorapis, die vom »Sentiero Berti« gequert werden.

Die markierte Spur steigt über Schrofen und Geröll an in das Riesenkar des Fond de Ruseco. Zuletzt über leichte Felsstufen zum *Bivacco Slataper* (2620 m), *3 ¹/₂ Std.*

↑ Sentiero ferrato Berti

Von der roten Biwakschachtel erreicht man in wenigen Minuten über plattig-blanke Felsen die Forcella del Bivacco (2670 m). Dahinter beginnt der mit Leitern und Drahtseilen gut gesicherte steile Abstieg in

einen wilden Felsschlund: eine wahrhaft apokalyptische Szenerie. *Kleiner*
Man entsteigt ihr ebenso zügig auf der gegenüberliegenden Seite der *Mensch, gro-*
Schlucht: Steinschlaggefahr! Die Sicherungen münden unter riesigen *ßer Berg: in*
Überhängen auf ein schmales Band, das schließlich auf das *Cengia* *den Tonde de*
del Banco, eine riesige Geröllterrasse in der Südwestflanke der Croda *Sorapìs.*
Marcora (3134 m), mündet. Nun ohne Höhenverlust mit fantasti-
schen Aus- und vor allem Tiefblicken um den Berg herum und nach
einer Gegensteigung über geröllbedeckte Felsstufen hinunter in das
»End' der Welt«, die Tonde de Sorapìs. Eine von der Natur geschaf-
fene »Pforte« vermittelt den Ausgang aus diesem weltverlorenen Karwinkel; wenig weiter bietet sich ein faszinierender Blick auf den von
senkrechten Felsen umschlossenen westlichen Sorapìsgletscher. Auf
deutlicher Spur hinunter zum *Rifugio Vandelli* (1928 m), wo sich der
»Anello del Sorapìs« schließt, *3 ¹/₂ Std.*

↘ **Abstieg** Zurück zum Tre-Croci-Pass auf dem Hüttenweg, *1 ¹/₂ Std.*

SEXTENER DOLOMITEN

Krieg und Frieden. Überall in den Sextener Dolomiten wird der Bergsteiger an die (blutige) Geschichte erinnert; kaum ein Klettersteig, der seine Wurzeln nicht im Gebirgskrieg 1915–1917 hat, und der Monte Piana (⇨ Touren 62/63) ist sogar ein einziges großes Freilichtmuseum. Die gesicherten Wege am Paternkofel (⇨ Touren 66/67) und am Toblinger Knoten (⇨ Tour 68) folgen ebenso ehemaligen Kriegssteigen wie der berühmte »Alpiniweg« (⇨ Tour 69) und die gesicherten Routen an der Sextener Rotwand (⇨ Touren 70/71). Sie lassen sich mit den beiden schönsten Vie ferrate der Region, der »Roghel« und dem »Cengia Gabriella« (⇨ Touren 72/73), zu einer großen Eisenrunde verbinden; dabei muss man allerdings mindestens eine Hüttennacht einplanen.

Günstiger Basisort für Klettersteigler ist Sexten; einen hoch gelegenen Ausgangspunkt für Touren in der Umgebung der Drei Zinnen erschließt die von Misurina ausgehende mautpflichtige Straße zum Rifugio Auronzo.

Blickfang im Panorama des Monte Piana: die Drei Zinnen.

62　Bilgeristeig
63　Heeresbergführersteig

Monte Piano, 2320 m
Fernsicht und Rückblick

mittel

5 ½ Std.
km

1000 m

Routencharakter: Kurzer Klettersteig an der nordseitigen Gipfelwand des Monte Piano, hätte im aktuellen Zustand durchaus den »rostigen Haken« (keine Auszeichnung!) verdient: beschädigte, viel zu dünne Drahtseile, ausgerissene Verankerungen, falsch gesetzte Eisenstifte an der Schlüsselstelle usw. Lohnt sich eigentlich nur für angefressene »Ferrate-Sammler«. Das ändert nichts daran, dass der Monte Piana immer noch ein sehr dankbares Tourenziel ist!

Ausgangspunkt: Parkplatz nördlich des Dürrensees (1403 m) an der Staatsstraße, schräg gegenüber dem Hotel Drei Zinnen. Bushalt beim Gasthaus Dürrensee.

Gehzeiten: Gesamt 5 ½ Std.; Aufstieg 3 Std., Abstieg 2 ½ Std.; mit dem »Heeresbergführersteig« gut 6 Std.
Markierung: Rot-weiß-rot mit der Nummer 6 bzw. 6a.
Landkarten: Tabacco 1:25 000, Blatt 010 »Sextener Dolomiten«. Freytag&Berndt 1:50 000, Blatt WKS 10 »Sextener Dolomiten-Cortina d'Ampezzo«.
Highlights: Eindeutig das Gipfelpanorama mit Tiefblicken.
Einkehr: Gasthaus Dürrensee (1405 m) an der Staatsstraße, ⏱ ganzjährig.
Fototipps: Am »Pionierweg« interessante Motive, ebenso im Bereich des Gipfelplateaus (auch mit Fernblicken).

Den Monte Piana kann man seiner Aussicht oder seiner Vergangenheit wegen aufsuchen; das Panorama ist seit einer halben Ewigkeit dasselbe, eine »Geschichte« hat der Berg erst seit vier Generationen. Militärhistoriker werten ihn als einen »Eckpfeiler der Dolomitenfront« im Ersten Weltkrieg, halten Attacken und Gegenangriffe fest, addieren Gefallene auf beiden Seiten zu einer grausigen Bilanz. Da mag ich die Rundschau lieber, und all die Tapferkeit, die auf diesem blutdurchtränkten Boden bewiesen wurde, ist mir kein Trost, höchstens Mahnung: nie wieder!

Tipp

Den bequemsten Zugang zum Freilichtmuseum und zu den beiden kleinen Klettersteigen am Monte Piana vermittelt das von Misurina ausgehende ehemalige Militärsträßchen. Es schraubt sich über ein paar Kehren an der Südflanke des Bergstocks hinauf zu dem im Sommer bewirtschafteten *Rifugio Bosi* (2205 m). Für den Privatverkehr ist die schmale, kurvenreiche Strecke seit ein paar Jahren gesperrt; es besteht ein Kleinbusdienst. Abfahrt am großen Parkplatz bei der Abzweigung der Monte-Piana-Straße.

Drunten im Höhlensteintal, an der »Strada d'Alemagna«, wird fleißig fotografiert und gefilmt: die Drei Zinnen im Morgenlicht, das Cristallomassiv mit dem Dürrensee im Vordergrund. Kaum jemand beachtet den massigen Berg im Winkel dazwischen: kein Dolomitenprofil, und ganz platt oben ist er auch. Wer trotzdem genauer hinguckt, entdeckt am Rand des Gipfelplateaus das Toblacher Kreuz (2305 m). In seiner Nähe

läuft der »Bilgeristeig« aus, ein Relikt aus dem Ersten Weltkrieg, kurz **62 / 63**
nur und eher Zugabe zu einer insgesamt sehr lohnenden Überschreitung. Das gilt auch für den »Heeresbergführersteig« in der Westflanke
des Bergstocks: eine steile Rinne, ein paar Drahtseile.

Das ausgedehnte Gipfelplateau mit seinen beiden Kuppen, der nördlichen (Monte Piano, 2320 m), die in österreichischem Besitz war, und
der südlichen (Monte Piana, 2324 m), die von italienischen Truppen ge-
halten wurde, ist heute ein einziges *Freilichtmuseum*. Eine große
Schautafel beim Rifugio Bosi (2205 m) informiert über den Verlauf des
»Historischen Rundweges«; in der Hütte bekommt man einen detail-
lierten Führer.

➜ **Anfahrt** Auf der »Strada d'Alemagna« zum Wanderparkplatz nördlich vom Dürrensee, beim Hotel Drei Zinnen, 10 km von Toblach.

➚ **Zustieg** Die Runde beginnt auf dem ins Rienztal führenden Schottersträßchen. Nach etwa 250 Metern, an der ersten Verzweigung, nimmt
man den rechts abgehenden Weg, der quer über das breite Geröllbett
der Schwarzen Rienz zum Fuß des Monte Piana und zum »*Pionierweg*«
führt. Der gut markierte Steig schraubt sich in bequemen Serpentinen an
der felsigen Nordwestflanke bergan, bietet dabei hübsche Tiefblicke auf
den Dürrensee und Aussicht zur Hohen Gaisl (3146 m), die Berge rund
ums Fanestal und den Cristallostock. Ein kleiner Soldatenfriedhof erinnert dann wieder an die ursprüngliche Bestimmung des Pfades; über- *Tiefblick vom*
Toblacher
Kreuz zum
Dürrensee.

haupt werden die Spuren
des Krieges mit zunehmen-
der Höhe immer unüberseh-
barer.

⬆ **Bilgeristeig**
Unter der senkrechten Gipfelwand quert der »Pionierweg« nach rechts; eine
Bronzetafel markiert hier
den Einstieg zum Kletter-
steig. Kurz über ein felsiges
Eck auf einen Schrofenhang,
weiter nach links zu einem
kurzen Kamin. Mit Armzug
über die schlecht gesicherte
Schlüsselstelle   hinweg,
dann weiter auf einer Rippe
und durch eine steile Rinne

zum Ausstieg. Nun gleich hinauf zum *Toblacher Kreuz* (2305 m), *20 Min.*, oder auf dem »Historischen Rundweg« auf Bändern links um die Nordkuppe herum: einige Drahtseile, dazu die Überreste der ehemaligen österreichischen Stellungen.

↑ Heeresbergführersteig

Ein paar Drahtseile gibt's auch an der Westflanke des Monte Piana, am »Heeresbergführersteig«. Er führt vom ehemaligen Bataillonskommando am »Pionierweg« (ca. 2200 m) hinab in die Geländemulde unterhalb der Forcella dei Castrati, dann mit Fixseilen durch eine Geröllschlucht, die sich nach oben hin zu einer felsigen Steilrinne verengt, hinauf gegen den Plateaurand. Rechts, den roten Punkten folgend, zum »Touristensteig«, *3/4 Std.*

↘ **Abstieg** Er führt aus der weiten Senke zwischen Nord- und Südkuppe (Forcella dei Castrati, 2272 m) zunächst flach zum westlichen Plateaurand, dann in einigen Serpentinen hinab gegen eine tief eingerissene Geröllreiße. Sie wird in kurzem Gegenanstieg (Holzleiter) passiert, anschließend leitet der kunstvoll angelegte »*Touristensteig*« über den bewaldeten Hang hinunter in den breiten, gerölligen Talboden von Schluderbach. Hier rechts und in schönem Lärchenwald am Fuß des Monte Piana zum Ostufer des Dürrensees und zurück zum Parkplatz.

Immer hungrig, stets neugierig: Bergdohlen. Im Hintergrund die Hohe Gaisl.

Sentiero Bonacossa

64

Col de Varda – Rifugio Auronzo, 2320 m
Hundert Türme, Zacken – quer durch die Cadini

leicht

6¾ Std.

780 m

Routencharakter: Mehr Wanderung als Klettersteig, trotz zahlreicher gesicherter Passagen. Selbstsicherung nicht notwendig. Unbestritten einer der schönsten Höhenwege der gesamten Dolomiten, dabei nicht einmal überlaufen! Die Drei Zinnen machen's möglich ...
Ausgangspunkt: Bergstation des Col-de-Varda-Sessellifts (2115 m) mit dem Rifugio Col de Varda. Die Anlage ist von Mitte Juni bis Anfang Oktober von 8.30—17 Uhr in Betrieb.
Gehzeiten: Gesamt 6 ¾ Std.; »Sentiero Bonacossa« 5 ¼ Std., Abstieg 1 ½ Std.
Markierung: Unverständlicherweise ist der »Sentiero Bonacossa«, CAI-Nummer 117, miserabel markiert; verlaufen kann man sich aber trotzdem kaum. Bei Nebel wären da und dort ein paar deutliche Farbtupfer aber schon hilfreich.
Landkarten: Tabacco 1:25 000, Blatt 03 »Cortina d'Ampezzo«. Freytag&Berndt 1:50 000, Blatt WKS 10 »Sextener Dolomiten-Cortina d'Ampezzo«.
Highlights: Eigentlich ist der ganze Weg »high«, besonders spannend dabei der Aufstieg in die Forcella del Diavolo. Das tolle Schlussbild liefern dann die Drei Zinnen.
Einkehr/Unterkunft: Rifugio Fratelli Fonda Savio (2367 m) am Passo dei Tocci, ⏰ Mitte Juni bis Ende September; Tel. 0435/390 36. Rifugio Auronzo (2320 m), ⏰ Anfang Juni bis Mitte Oktober; Tel. 0435/390 02.
Fototipps: Bei schönem Wetter ausreichend Filme mitnehmen!

Selbst in den Dolomiten gibt's einsame Täler, weltabgeschiedene Winkel, stille, nur wenig besuchte Regionen. Und wunderschöne Berge, die ganz im Schatten übermächtiger Nachbarn stehen. Wie etwa die Cadini di Misurina, ein »Ableger« der Sextener Dolomiten.

➜ **Anfahrt** Von Cortina d'Ampezzo oder von Toblach (14 bzw. 21 km) zum Misurinasee (1745 m). An seinem Südufer befindet sich die Talstation des Sessellifts zum Col de Varda (2115 m).

↑ **Sentiero Bonacossa** Die Durchquerung der Cadini beginnt mit dem Anstieg vom Col de Varda zur *Forcella di Misurina* (ca. 2370 m); dabei genießt man hübsche Tiefblicke auf den Misurinasee, über dem sich wuchtig das Cristallomassiv aufbaut. Drahtseile und Stufen helfen durch eine sandige Rinne hinauf in die winzige Scharte. Jenseits geht's über Schrofen im Zickzack abwärts, um ein felsiges Eck herum und rechts hinunter ins Ciadin de la Neve. Der »Sentiero Bonacossa« quert das Schuttkar und steigt dann im steilen Zickzack erneut an. Ein sperrender Felsaufschwung in der Rinne ist mit Leitern und Drahtseilen gangbar gemacht; wenig später steht man in der *Forcella del Diavolo* (ca. 2480 m), senkrechter Fels links wie rechts – und dazu ein prächtiger Drei-Zinnen-Blick.

Wegspuren leiten nördlich hinab in ein schattiges Geröllkar, wo der Schnee meistens bis in den Hochsommer hinein liegen bleibt. Unter

64

Der Aufstieg zur Forcella del Diavolo ist an einigen Stellen gesichert.

dem Wandfuß der Cima Cadin Nord-Ovest (2726 m) hindurch und kurz bergan zum *Rifugio Fonda Savio* (2367 m) in schöner Lage am Passo dei Tocci.

Die Fortsetzung des »Bonacossa-Wegs« steigt hinter der Hütte über eine steile Felsrampe (Drahtseile) hinunter in den obersten Boden des Val de le Cianpedele. Bald einmal kommt links die markante Senke der *Forcella di Rinbianco* (2176 m) ins Blickfeld; nicht zu übersehen ist auch die Spur, die quer durch den felsigen Sockelbereich der Cima Ciadin di Rinbianco läuft: ein alter Kriegspfad. Ihm folgt der »Sentiero Bonacossa«, aus der Rinbianco-Scharte erst kurz absteigend, nach der recht luftigen Traverse (Drahtseile) in eine steile, felsüberdachte Verschneidung mündend. Auf Leitern und an Fixseilen etwa 50 Meter aufwärts, dann rechts über Schrofen und zuletzt auf Bändern (Drahtseile) in eine winzige Gratscharte mit Riesenschau auf die nun schon ziemlich nahe gerückten Drei Zinnen. Im Rückblick die höchsten Erhebungen der Cadinspitzen über dem Ciadin del Nevaio.

Der letzte Abschnitt des Höhenweges folgt in nur mehr leichtem Auf
und Ab dem Cianpedele-Kamm, mal links, dann wieder rechts des
Grates verlaufend, bis zur Großparkanlage beim *Rifugio Auronzo.*
↘ **Abstieg** Den Umweg zu einem der Brennpunkte des motorisierten
Dolomiten-Tourismus kann man sich auch sparen: aus der *Forcella
Longeres* (ca. 2300 m) über steinige Wiesen links hinunter zur »Drei-
Zinnen-Straße«, deren Schleifen sich abkürzen lassen. Der bezeichnete Weg führt mit einer kleinen Gegensteigung zum Felsfuß des Col
de le Bisse. Dahinter in lichtem Wald weiter bergab in den weiten Boden des Ciadin di Rinbianco. Eine Sandpiste führt flach hinaus zum
breiten Asphaltband. Man folgt ihm, vorbei am stimmungsvollen *Lago
d'Antorno* (1866 m), bis zum Camping Misurina. Hier links und auf
dem Spazierweg am Ostufer des *Lago di Misurina* (1745 m) zurück
zur Talstation des Col-de-Varda-Sessellifts.

64

*Eindrucksvol-
les Schluss-
bild am »Sen-
tiero Bona-
cossa«: die
Drei Zinnen.*

65 Via ferrata Merlone

Cima Cadin Nord-Est, 2788 m
Feuerwehrleitern in den Cadini

mittel

5 Std.

1030 m

Routencharakter: »Feuerwehrübung« an der Nordöstlichen Cadinspitze; technisch wenig anspruchsvolle, landschaftlich sehr reizvolle Tour. Steinschlaggefahr durch Voraussteigende, deshalb gehört unbedingt der Helm auf den Kopf!
Ausgangspunkt: Misurina (1757 m) am gleichnamigen Bergsee, 7 km von Schluderbach, 14 km von Cortina d'Ampezzo. Gute Busverbindungen. Parkmöglichkeit beim Campingplatz, mit Einschränkungen auch am »Geisterplatz« (Plan dei Spiriti); Zufahrt von der »Drei-Zinnen-Straße« über einen schmalen Fahrweg.
Gehzeiten: Gesamt 5 Std., Aufstieg 3 Std., Abstieg 2 Std.
Markierung: Rot-weiß-rot mit den Num-
mern 115 und 116 bis ins Schneekar (Cadin di Nevaio), dann Pfeile zum Einstieg.
Landkarten: Tabacco 1:25 000, Blatt 03 »Cortina d'Ampezzo«. Freytag&Berndt 1:50 000, Blatt WKS 10 »Sextener Dolomiten-Cortina d'Ampezzo«.
Highlights: Die fantastische Felskulisse der Cadini: art naturel!
Einkehr/Unterkunft: Rifugio Fratelli Fonda Savio (2367 m) am Passo dei Tocci, ☺ Mitte Juni bis Ende September; Tel. 0435/390 36.
Fototipps: Action auf den Leitern, allerdings erst etwa ab Mittag mit Sonne; Licht- und Schattenspiele im Zackenwald der Cadini, sehr schön am späten Nachmittag; Blick auf die Drei Zinnen.

An der »Ferrata Merlone« scheiden sich die Geister: Was den einen als legitime Steighilfe erscheint, empfinden andere eher als Verschandelung, übertriebene »Versicherung« im Steilfels. Negativer als die 300 Eisensprossen schlägt allerdings die ungünstige Trassierung der Route zu Buch; vor allem die untere Leiternserie ist durch Steinschlag, ausgelöst von Voraussteigenden, arg gefährdet. Was die Tour trotzdem lohnend macht, ist die Kulisse, sind die versteinerten Flammen der Cadini, diese zu bizarrsten Formen verwitterten Dolomitfelsen. Und hinter diesem fantastischen Zackenwald stehen im weiten Kreis die gro-

Ferrata Merlone

ßen Gipfel der östlichen Dolomiten: Antelao, Sorapìs, Tofane, Cristallo, Hohe Gaisl, Drei Zinnen, Dreischusterspitze, Zwölfer. Was für eine Schau!

Eine Begehung der »Ferrata Merlone« lässt sich gut mit dem »Sentiero Bonacossa« (⇨ Tour 64) verbinden: das totale Cadini-Erlebnis!

➜ **Anfahrt** Von Toblach oder Cortina d'Ampezzo nach Misurina. Gute Parkmöglichkeit nördlich des Sees beim Camping.

↗ **Zustieg** Auf der »Drei-Zinnen-Straße« über zwei kurze Kehren aufwärts, dann

65

rechts auf einem Fahrweg zum Pian dei Spiriti (1896 m; Unentwegte fahren bis hierher, 2 km von Misurina). Auf dem Hüttenweg über eine steile Talstufe ins Ciadin dei Tocci und unter dem Torre Wundt weiter bergan zum *Rifugio Fonda Savio* (2367 m). Von der Hütte, der Markierung 116 folgend, südwärts über die Sockelfelsen der Cima Cadin di Nordovest (2726 m) in das Ciadin del Nevaio. Über den geröllbedeckten Gletscherrest schräg links (Pfeile) zum Einstieg.

↑ **Via ferrata Merlone**

Blaue Markierungen und Drahtseile leiten über den Felsvorbau zur ersten Leiternserie. Sehr steil und luftig nach rechts durch die Wand, anschließend mit Drahtseilsicherungen zur zweiten, etwas weniger exponierten Leiternfolge. Sie mündet auf das »Dach« der Cima Cadin Nord-Est. Nun über Schrofen und Geröll (keine Steine ablassen!) bergan gegen eine Rinne, durch die man leicht den Gipfelgrat gewinnt, *1 Std.*

↘ **Abstieg** Nur über den Klettersteig! Auf dem Zustiegsweg über das Rifugio Fonda Savio zurück zum Ausgangspunkt.

Spaß muss sein! »Übungsleiter« vor dem Einstieg zur »Ferrata Merlone«. Es grüßen die Drei Zinnen.

66   De-Luca-Innerkofler-Steig
67   Schartenweg

Paternkofel, 2744 m
Auf alten Kriegssteigen

mittel

6¼ Std.
km

600 m

Routencharakter: Rekonstruierte Kriegssteige am Paternkofel; für die »Galleria Paterna« sind Helm und Taschen- oder Stirnlampe wichtig. Selbstsicherung für weniger Geübte; im Frühsommer kann der nordseitige Anstieg zur Gamsscharte heikel sein (evtl. Grödel mitnehmen).
Ausgangspunkt: Rifugio Auronzo (2320 m) am Endpunkt der mautpflichtigen »Drei-Zinnen-Straße«. Busverbindung mit Misurina, große Parkplätze.
Gehzeiten: Gesamt 6¼ Std.; Zustieg 1½ Std.; Paternkofel und »Schartenweg« 3 Std., Rückweg 1¾ Std.
Markierung: Rot-weiß-rot mit den Nummern 101, 104, 105; an den gesicherten Steigen rote Punkte.
Landkarten: Tabacco 1:25 000, Blatt 010 »Sextener Dolomiten«. Freytag&Berndt

1:50 000, Blatt WKS 10 »Sextener Dolomiten-Cortina d'Ampezzo«.
Highlights: Aussicht auf fast alle Gipfel der Sextener Dolomiten, vor allem natürlich auf die Drei Zinnen.
Einkehr/Unterkunft: Rifugio Auronzo (2320 m), ☺ Anfang Juni bis Mitte Oktober; Tel. 0435/390 02. Drei-Zinnen-Hütte (2405 m), ☺ Ende Juni bis Ende September; Tel. 0474/97 20 02. Büllelejochhütte (2528 m), ☺ Mitte Juni bis Anfang Oktober; Tel. 0474/65 41 40. Rifugio Lavaredo (2344 m), ☺ Mitte Juni bis Ende September; Tel. 0435/391 35.
Fototipps: Zinnen-Nordwände bei unterschiedlichem Licht, mit und ohne Vordergrund; Action an den gesicherten Steigen. Und vielleicht ein paar Schnappschüsse an der Drei-Zinnen-Hütte.

»Mitten in dem höllischen Sturm klettert er empor, ruhig und fest, Griff für Griff. So nah jagen von unten herauf die Kugeln gegen den Gipfel, dass der Sepp einmal die Hand ausstreckt und probiert, ob er nicht schon mit den Fingern in den Kugelschwarm greifen kann. Rundum schlagen die Geller auf und der Fels spritzt und staubt. [...] Und er springt hinauf zum Gipfel. Aber mitten im Sprung sieht er gegenüber einen Wälschen auf der Schanzmauer, das Gewehr im Anschlag, ein schmales, dunkles Gesicht. Da wirft der Sepp die Arme in die Luft – Christi! – und fällt hintüber, wälzt sich im Fallen noch seitab, dass er die andern im Riß nicht niederschlägt. Im Oppelkamin bleibt er liegen.« So pathetisch liest sich der Heldentod des Sextener Bergführers Josef Innerkofler im biografischen Roman von Karl Springenschmid.
Das war im Sommer 1915, Europa stand in Flammen, und auch in den Dolomiten, rund um die Drei Zinnen, wurde geschossen, gestorben. Und heute noch, fast ein Menschenleben später, stößt man überall im ehemaligen Frontbereich auf Relikte jener unseligen Zeit. Die Sextener Klettersteige folgen fast durchwegs alten Kriegssteigen, am Elfer (⇨ Tour 69), an der Rotwand (⇨ Tour 70, 71) wie am Toblinger Knoten (⇨

Tour 68). An die tragischen Ereignisse am Paternkofel erinnert der *Am »De-*
»De- Luca-Innerkofler-Steig«; er verläuft teilweise im Berg, durch die *Luca-Inner-*
stockfinstere »Galleria Paterna«, und lässt sich mit dem »Scharten- *kofler-Steig«.*
weg«, der den Gamsspitzen ostwärts folgt, zu einer interessanten, nur
wenig schwierigen Runde verbinden. Und die bietet weit mehr als
bloß einen Blick zurück – tolle Dolomitenbilder und vom Gipfel des
Paternkofels ein Panorama mit einmaligem Drei-Zinnen-Blick.

→ **Anfahrt** Von Misurina über die mautpflichtige »Drei-Zinnen-
Straße« hinauf zum Rifugio Auronzo (2320 m), 8 km.

↗ **Zustieg** Mit dem bunten Wander-Tatzelwurm südseitig um die Drei
Zinnen herum, hinauf in den Paternsattel (2454 m), wo es den berühmten Blick auf das Dreigestirn gibt, und flach hinüber zur *Drei-
Zinnen-Hütte* (2405 m). Schöner Blick über die Bödenseen ins Alten-
steiner Tal und zum Einser; Blickfang
im Nordgrat des Paternkofels ist der
eigenwillig geformte Felsturm des
»Frankfurter Würstls«.

Tipp

Vom Paternsattel (2454 m) aus kann
man die Gamsscharte auch direkt
ansteuern, unter Auslassung der
»Galleria Paterna«. Der Zustieg folgt
ehemaligen Kriegswegen am Pass-
portenkofel; er leitet zunächst durch
die westseitigen Sockelfelsen in die
Passportenscharte, dann am Rand
des Passportenkars hinauf zur
Scharte, knapp eine Stunde vom Paternsattel.

↑ **De-Luca-Innerkofler-Steig**   Von
der Hütte erreicht man auf gutem
Weg in wenigen Minuten den Eingang zur »Galleria Paterna«, die zunächst nur leicht bergauf führt und

66 / 67   durch ein paar Felsenfenster schwach erhellt wird. Das meist feuchte, stockfinstere Loch entlässt einen in die Nordflanke des Paternkofels. Es folgt eine heikle, ungesicherte Querung, dann leiten Drahtseile steil durch eine Geröllrinne hinauf in die *Gamsscharte* (ca. 2650 m). Jenseits hinüber zur abweisend steil wirkenden Gipfelwand, die man am straff gespannten Drahtseil überraschend leicht meistert. Zuletzt auf einer ausgetretenen Spur im Geröll zum höchsten Punkt, *1 1/4 Std.*

↑ **Schartenweg** Er führt von der Gamsscharte am schroffen Felskamm der *Gamsspitzen* entlang zum Büllelejoch, mehrere enge Scharten tangierend. Dabei bieten sich hübsche Tiefblicke auf die Bödenalpe mit ihren Seeaugen; darüber ausladend das Massiv der Dreischusterspitze. Einen tiefen Kammeinschnitt überwindet man an guten Sicherungen (Drahtseile, Leiter) ab- und wieder ansteigend. Bei der Seenscharte (ca. 2580 m) läuft der »Sentiero delle Forcelle« aus. Auf gutem Weg südwärts um die Bödenknoten (2668 m) herum ins *Büllelejoch* (2522 m), *1 1/2 Std.*

↘ **Abstiege** Auf gut markierten, viel begangenen Wegen wahlweise über den Paternsattel (kürzer) oder via Drei-Zinnen-Hütte und die Langenalpe zurück zum *Rifugio Auronzo* (2320 m).

Nomen est omen: Der Schartenweg verläuft über mehrere enge Grateinschnitte.

Leiternsteig

Toblinger Knoten, 2617 m
Höllenleitern – Himmelsleitern

68

 mittel

 4¹/₂ Std.

500 m

Routencharakter: Rekonstruierter Kriegssteig, viel Eisen (17 Leitern!) und ein fantastischer Rundblick vom isolierten Felszacken des Toblinger Knoten.
Ausgangspunkt: Rifugio Auronzo (2320 m) am Endpunkt der mautpflichtigen »Drei-Zinnen-Straße«. Busverbindung mit Misurina, große Parkplätze.
Gehzeiten: Gesamt 4¹/₂ Std.; Aufstieg 2³/₄ Std., Abstieg 1³/₄ Std.
Markierung: Zustieg und Rückweg rotweiß-rot mit den Nummern 101 und 105, zum Klettersteig rote Farbmarkierungen.
Landkarten: Tabacco 1:25 000, Blatt 010 »Sextener Dolomiten«. Freytag&Berndt 1:50 000, Blatt WKS 10 »Sextener Dolomiten-Cortina d'Ampezzo«.

Highlights: Die steile Leiternserie, dann natürlich der Blick auf die Drei Zinnen.
Einkehr/Unterkunft: Rifugio Auronzo (2320 m), ☉ Anfang Juni bis Mitte Oktober; Tel. 0435/390 02. Rifugio Lavaredo (2344 m), ☉ Mitte Juni bis Ende September; Tel. 0435/391 35. Drei-Zinnen-Hütte (2405 m), ☉ Ende Juni bis Ende September; Tel. 0474/97 20 02.
Fototipps: Motive mit viel Eisen bieten die Leitern, Blickfang auch fürs Objektiv sind natürlich die Drei Zinnen. Bei schönem Wetter lohnt es sich, beim Rückweg über die Langenalpe auf das richtige Abendlicht zu warten: Enrosadüra – Alpenglühen.

Wie ein abgenagter Felsstummel ragt der Toblinger Knoten über der Drei-Zinnen-Hütte in den Himmel, ein kleiner Zacken, nur 200 Meter höher als seine Umgebung, aufgrund seiner frei stehenden Lage aber ein hervorragender Aussichtspunkt. Das entging natürlich auch den Militärs nicht, und so wurde der »Knoten« im Ersten Weltkrieg, unmittelbar über der Front stehend, stark befestigt. Durch die nordseitigen Kamine führte ein kühn angelegter Leiternsteig, von dem einige Reste erhalten geblieben sind, zum Gipfel. Ende der siebziger Jahre rekonstruierten die »Dolomitenfreunde« die Route, ersetzten das morsche Holz durch solides Eisen – eine recht spektakuläre Ferrata, die in Verbindung mit dem »Hospsteig« eine Überschreitung des Toblinger Knoten erlaubt. Und dabei schaut man natürlich nicht nur zurück, sondern vor allem hinaus, auf die faszinierende Kulisse der Sextener Dolomiten. Da bestätigt sich wieder einmal aufs Schönste, dass vergleichsweise kleine Gipfel oft eine besonders stimmungsvolle Aussicht bieten.

Tipp
Wer den Rummel um die Zinnen und ihre Hütte meiden möchte, startet die Tour mit Vorteil im Innerfeldtal. Anfahrt von Sexten oder Innichen bis zum Wanderparkplatz (1509 m) unterhalb der Dreischusterhütte (1626 m), je 8,5 km. Zustieg auf gut markiertem Weg 105. Gesamtgehzeit etwa 6 Std.

➔ **Anfahrt** Misurina ist Ausgangspunkt der mautpflichtigen »Drei-Zinnen-Straße«, die hinaufzieht zum Rifugio Auronzo (2320 m).
↗ **Zustieg** Vom Rifugio Auronzo entweder mit dem bunten Wander-Tatzelwurm über

den Paternsattel (2454 m) zur Drei-Zinnen-Hütte (2405 m), oder, schöner (und ruhiger), über die Langenalpe zum Schutzhaus. Auf einem ehemaligen Kriegsweg ostwärts unter dem Sextener Stein (2539 m) hindurch in den Sattel zwischen dem »Stein« und dem Toblinger Knoten, dann links um letzteren herum zum Einstieg.

↑ **Leiternsteig**
Über den Felssockel hinauf zu einer Geröllterrasse, wo die »Feuerwehrübung« beginnt. An den Leitern teilweise senkrecht durch das Kaminsystem bis knapp unter die Scharte zwischen den beiden Gipfelkuppen. Hier gut gesichert nach links und über weitere Leitern, zuletzt sehr luftig, zum höchsten Punkt, $^1\!/_2$ *Std.*

↘ **Abstieg** Nordostseitig über gestufte Felsen, teilweise mit Drahtseilsicherungen, abwärts. Der »Feldkurat-Hosp-Steig« führt an der ehe-

Ein »eiserner« Kamin: am Leiternsteig. maligen »Adler-Feldwache«, einer sehr exponierten k.u.k.-Stellung, vorbei. Auf markiertem Weglein zurück zur Drei-Zinnen-Hütte (2405 m) und auf einem der Zugangswege links oder rechts um die Drei Zinnen herum zum *Rifugio Auronzo* (2320 m).

Alpinisteig

Zsigmondyhütte – Sentinellascharte, 2717 m
Die »Strada degli Alpini« – keine Straße!

69

leicht/
mittel/
schwierig

7¹/₂ Std.

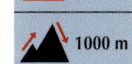

1000 m

Routencharakter: Die Schwierigkeiten hängen sehr von den äußeren Bedingungen ab; auf heikle Verhältnisse stößt man vor allem im Frühsommer in der Elfer-Nordwand, zwischen Sentinella- und Elferscharte. Vor Antritt der Tour Infos über den Wegzustand einholen: Tourismusbüro Sexten, Tel. 0474/71 03 18.

Weniger problematisch ist das Teilstück von der Elferscharte zum Inneren Loch; recht anspruchsvolle Klettersteigpassagen weist dagegen der Anstieg zur Sentinellascharte auf.

Ausgangspunkt: Bergstation der Rotwandwiesen-Gondelbahn (1914 m); die Anlage ist von Anfang Juni bis Anfang Oktober von 8.30–12.30 und von 13.30–17.30 Uhr in Betrieb, Mitte Juli bis Mitte September 8–18 Uhr.

Gehzeiten: Gesamt 7¹/₂ Std., Aufstieg 3¹/₄ Std., »Alpini-Steig« 2¹/₄ Std., Abstieg 2 Std.

Markierung: Rotwand-Klettersteig rote Dreiecke, Übergang zur Sentinellascharte weitgehend unmarkiert, »Alpinisteig« rot-weiß-rot mit der Nummer 101, Abstieg Nummer 103.

Landkarten: Tabacco 1:25 000, Blatt 010 »Sextener Dolomiten«. Freytag&Berndt 1:50 000, Blatt WKS 10 »Sextener Dolomiten-Cortina d'Ampezzo«.

Highlights: Felskulisse am »Alpinisteig«, Aussicht auf die Sextener Dolomiten; steiler gesicherter Anstieg zur Sentinellascharte.

Einkehr: Rudihütte (1914 m) bei der Seilbahnstation, ⏱ während der Betriebszeit der Bergbahn.

Einkehr/Unterkunft: Zsigmondyhütte (2224 m), ⏱ Mitte Juni bis Anfang Oktober; Tel. 0474/71 03 58. Talschlußhütte (1548 m), ⏱ Juni bis Mitte Oktober; Tel. 0474/71 06 06.

Fototipps: Der »Alpinisteig« bietet gute Fotomotive; das beste Licht hat man nachmittags. Den ganzen Tag über im Schatten liegt allerdings der Wegabschnitt von der Elfer- zur Sentinellascharte.

Ein einziges Bild, ein Schattenriss, hat ihn berühmt gemacht, den »Alpinisteig«, und kaum jemand wird der Versuchung widerstehen können, genau dieses Foto fürs Erinnerungsalbum nochmals zu knipsen. Aber natürlich ist es keineswegs das einzige ablichtungswürdige Motiv auf der »Strada degli Alpini«. Da ist etwa der wilde Karwinkel des Inneren Lochs, die stimmungsvolle Aussicht zum Zwölfer (3094 m) und zum Einser (2698 m) der Sextener Sonnenuhr, auch zu den Drei Zinnen, die sich aus dieser Perspektive als ein einziger Gipfel präsentieren. Oder der leichte Gänsehaut verursachende Blick hinein und hinauf in die von Steinschlag und Lawinen gezeichneten Steilflanken des Elfers (3092 m). Kaum vorstellbar, dass sich im Ersten Weltkrieg sogar am Gipfel dieser Felsbastion eine Stellung befand! Damals erbauten italienische Trup-

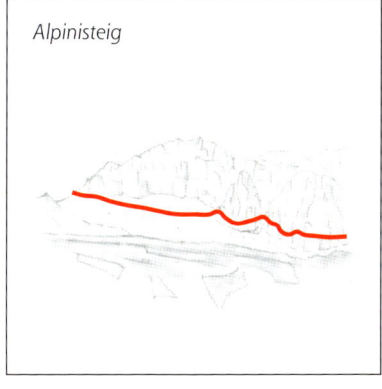

Alpinisteig

Über weite Strecken ist der »Alpini-steig« (fast) ein Wander-weg.

pen auch die »Strada degli Alpini« als Zugang zur Sentinellascharte (2717 m); später wieder hergestellt, ist sie heute einer der beliebtesten Klettersteige in den östlichen Dolomiten. Er wird oft zusammen mit den gesicherten Routen an der Sextener Rotwand (⇨ Touren 70, 71) und über dem Giralbatal (⇨ Touren 72, 73) begangen.

Bei guten äußeren Bedingungen ist die Begehung der »Strada« wenig schwierig, auch wenn es sich keineswegs um eine Straße handelt. Das gilt vor allem für den Abschnitt zwischen der Elfer- und der Sentinellascharte, wo im Frühsommer oft heikle, schneegefüllte Rinnen zu queren sind und ständig Steinschlag aus der Nordflanke des Elfers droht. Wer nur den (leichteren) Abschnitt zwischen der Elferscharte und dem Inneren Loch begehen möchte, quert von den Rotwandwiesen ins Anderterkar und steigt dann auf dem Zickzackweg hinauf zur Elferscharte (Gesamtgehzeit dann etwa 6 ½ Std.).

➜ **Anfahrt** Von Innichen erreicht man Sexten (1316 m) über die Straße zum Kreuzberg. Im Ortsteil Moos rechts ab und nach Bad Moos (1353 m) mit der Talstation des Rotwandwiesen-Gondellifts.

↗ **Zustieg** Von der Liftstation Rotwandwiesen (1914 m) zunächst kurz abwärts, an der Rudihütte vorbei und auf breitem Weg über Wiesen bergan zu einer Verzweigung (Tafeln). Nun rechts hinauf zu den Ausläufern der Rotwandköpfe (2345 m) und am langgestreckten Kamm südwärts zu einer nächsten Gabelung. Hier geradeaus zur Elferscharte, links weiter am Grat durch Latschen und über leichte Felsen, zuletzt in eine Mulde absteigend. Unter Felswänden hinüber zum Einstieg des »Rotwand-Klettersteigs« (⇨ Tour 70) und auf Leitern über den steilen 50-Meter-Aufschwung in das Geröllkar unter dem Wurzbachgipfel. Weiter auf markierter Spur durch Bergsturztrümmer und im Geröll zu einer gegliederten Felsflanke; mit Drahtseilhilfe durch eine Rinne und über Schrofen aufwärts, zuletzt in eine namenlose Scharte querend. Ein Band leitet in die westseitige Felsflanke (Sicherungen) und zu einer Verzweigung: links über die weite Senke der *Anderter-scharte* (2698 m) zur Rotwand, geradeaus auf einer unmarkierten Ge-röllspur abwärts in ein weites Kar und unter senkrechten Felsen zum Ansatzpunkt des Canalone Sentinella.

↑ Klettersteig Sentinellascharte

An der steilen Felsrippe zur Rechten entdeckt man ein Drahtseil. Es leitet neben dem steinschlaggefährdeten Couloir steil aufwärts; einen Aufschwung an dem gestuften Pfeiler meistert man mit kräftigem Armzug. Schließlich mündet die Route in den »Alpinisteig« (Tafeln), *20 Min.*

↑ Alpinisteig

Links, noch etwas ansteigend, kommt man in die *Sentinellascharte* (2717 m), rechts führt der ehemalige Kriegsweg gut gesichert (Leitern) über steile Felsen hinunter auf das markante Geröllband, das quer durch die Nordabstürze des Elfers hinausläuft zu einer Felsschulter un-mittelbar über der *Elferscharte.* Hier wendet sich die »Strada degli Al-pini« in die Westflanke des Zwölfermassivs; sie quert die riesigen Ge-röllterrassen zum Äußeren Loch hin. Nun über den meist schneegefüllten Graben hinweg und auf Bändern mit Drahtseilsi-cherung durch die Nordflanke der Mitra (2788 m). Nach dem obligaten Fotoshooting sehr aus-gesetzt über das »Brenta-Band« von Salvezza, zuletzt abstei-gend, ins Innere Loch und auf einer Geröllspur unter dem Gi-ralbajoch (2431 m) hindurch und hinunter zur *Zsigmondy-hütte* (2224 m), *2 ¼ Std.*

Muss man einfach foto-grafieren: die spektakulär-ste Passage am »Alpini-steig«.

↘ Abstieg Auf dem viel began-genen Hüttenweg an der linken Flanke des Bacherntals abwärts zur Talschlußhütte (1548 m) und auf einem Sandsträßchen hinaus zum Fischleinboden. Auf der As-phaltstraße (Daumen raus!) zu-rück zur Talstation des Rotwand-wiesen-Lifts.

70 Rotwand-Klettersteig

Sextener Rotwand, 2936 m
Leichter Steig auf einen hohen Berg

 leicht

 5³/₄ Std.

1050 m

Routencharakter: Leichter Klettersteig, kaum ausgesetzte Passagen, alles gut gesichert. Viel Gehgelände, tolle Ausblicke. Lässt sich gut mit dem »Alpinisteig« (⇨ Tour 69) und der »Ferrata Zandonella« (⇨ Tour 71) kombinieren.
Ausgangspunkt: Bergstation der Rotwandwiesen-Gondelbahn (1914 m); die Anlage ist von Anfang Juni bis Anfang Oktober von 8.30–12.30 und von 13.30–17.30 Uhr in Betrieb, Mitte Juli bis Mitte September 8–18 Uhr.
Gehzeiten: Gesamt 5 ³/₄ Std.; Aufstieg 3 ¹/₂ Std., Abstieg 2 ¹/₄ Std.
Markierung: Zustieg rot-weiß-rot mit der

Nummer 100, Klettersteig rote Dreiecke, Rückweg vom Burgstall Nummer 15B.
Landkarten: Tabacco 1:25 000, Blatt 010 »Sextener Dolomiten«. Freytag&Berndt 1:50 000, Blatt WKS 10 »Sextener Dolomiten-Cortina d'Ampezzo«.
Highlights: Die große Kulisse der Sextener Dolomiten, Panorama vom Gipfel der Rotwand.
Einkehr: Rudihütte (1914 m) bei der Seilbahnstation, ⊙ während der Betriebszeit der Gondelbahn.
Fototipps: Dolomitenmotive rundum: Dreischusterspitze, Zwölfer, Elfer, Blick vom Gipfel auf den Monte Popera.

In der berühmten »Sextener Sonnenuhr« ist die schroffe Rotwand (Zehner, 2965 m) der einzige Gipfel mit einem verhältnismäßig leichten Anstieg. Der wird auch noch angenehm verkürzt durch die Rotwandwiesen-Gondelbahn, und so treffen sich an Schönwettertagen nicht bloß ein paar Bergdohlen beim großen Kreuz am Ostgipfel. Die begnadeten Segler (und Bettler) sind natürlich zur Stelle, wenn Familie Meier nach dem Gipfelsieg ihre Brotzeit auspackt, und hungrig sind sie garantiert. Die meisten »Gipfelstürmer« allerdings auch; immerhin ist man drei bis vier Stunden unterwegs bis zum Eintrag ins Gipfelbuch und zum großen Panorama. In dem stehen neben allerlei Prominenz wie dem Großglockner oder den Drei Zinnen zahllose unbekannte Zacken, vor allem im Osten, wo sich die »terra incognita« für die meisten bis zum slowenischen Triglav erstreckt: genug Ziele für ein halbes Bergsteigerleben, aber halt keine geläufigen Namen. Und – das sei hier nicht unterschlagen – viele Klettersteige.

➔ **Anfahrt** Von Innichen erreicht man Sexten (1316 m) über die Straße zum Kreuzberg. Im Ortsteil Moos rechts ab und nach Bad Moos (1353 m) mit der Talstation des Rotwandwiesen-Gondellifts.

↗ **Zustieg** Von der Liftstation Rotwandwiesen (1914 m) zunächst kurz abwärts, an der Rudihütte vorbei und auf breitem Weg über Wiesen bergan zu einer Verzweigung (Tafeln). Nun rechts hinauf zu den Ausläufern der *Rotwandköpfe* (2345 m) und am langgestreckten, felsigen Kamm südwärts zur nächsten Weggabelung. Links weiter am

Grat durch Latschen und über leichte Felsen, zuletzt in eine Mulde absteigend.

↑ Rotwand-Klettersteig

Unter den Felsen hinüber zum Einstieg und auf Leitern über den steilen 50-Meter-Aufschwung in das Geröllkar unter dem Wurzbachgipfel. Links mündet der alternative Zustieg vom Burgstall. Weiter auf markierter Spur durch Bergsturztrümmer und im Geröll zu einer gegliederten Felsflanke; mit Drahtseilhilfe durch eine Rinne und über Schrofen aufwärts, zuletzt in eine namenlose Scharte querend. Ein Band leitet in die westseitige Felsflanke (Sicherungen) und zu einer Verzweigung. Links zur weiten Senke der *Anderterscharte* (2698 m), dann über Geröll in die Gipfelwand. An Drahtseilen steil über den gut gestuften Fels aufwärts bis unter die Scharte zwischen Haupt- und Nordgipfel, dann links ansteigend zum großen Kreuz (2936 m), *2 ½ Std.*

↘ Abstieg Auf dem Anstiegsweg bis in das Geröllkar unter dem Wurzbach. Hier rechts (Hinweis) durch eine steile Rinne an Drahtseilen hinab gegen den felsigen Rücken des Burgstall (2168 m) und auf gutem Weg, Markierung 15B, zurück zur Gondelbahn.

Am »Rotwand-Klettersteig« stößt man immer wieder auf Spuren des Gebirgskrieges.

70

71

Via ferrata Zandonella

Sextener Rotwand, 2936 m
Hinten herum

sehr
schwierig

7³/₄ Std.
km

1400 m

Routencharakter: Der 200-Meter-Anstieg, mit zwei kurzen Leitern und durchlaufenden Drahtseilen gesichert, ist sehr anstrengend, auch exponiert. Abstieg mit ein paar etwas ausgesetzten Passagen über dem Circo Est insgesamt wesentlich leichter. Faszinierende Felskulisse. Leider befinden sich die Sicherungen in einem schlechten Zustand, was vor allem beim Steilanstieg gefährlich ist. Auch sind die Abstände zwischen den einzelnen Verankerungen zu groß; dazu besteht erhebliche Steinschlaggefahr durch Voraussteigende!
Ausgangspunkt: Rifugio Lunelli (1568 m) auf Selvapiana; Anfahrt über die Kreuzbergstraße, Abzweigung 3 km nördlich von Pádola, dann weitere 5 km via Bagni di Valgrande bis zur Hütte. Parkplatz.
Gehzeiten: Gesamt 7³/₄ Std.; Aufstieg 4³/₄ Std., Abstieg 3 Std.

Markierung: Zustieg rot-weiß-rot mit der Nummer 101, am Klettersteig rot-grüne Dreiecke.
Landkarten: Tabacco 1:25 000, Blatt 010 »Sextener Dolomiten«. Freytag&Berndt 1:50 000, Blatt WKS 10 »Sextener Dolomiten-Cortina d'Ampezzo«.
Highlights: Die fantastische Felskulisse des Vallon Popera, die steilen Klettersteigpassagen, das Gipfelpanorama und das »Brentaband« am Abstieg.
Einkehr/Unterkunft: Rifugio Lunelli (1568 m), Ende Juni bis Ende September; Tel. 0435/67711. Rifugio Berti (1950 m), 20. Juni bis Ende September; Tel. 0435/671 55.
Fototipps: Action beim Aufstieg mit Vormittagssonne; die Felskulisse des Vallon Popera, sehr schön vom horizontalen Abstiegsband aus.

Man kann sich der Rotwand auch von »hinten« nähern, in diesem Fall aus Südosten, durch das Vallon Popera, und das tun recht viele, gibt es doch hier ebenfalls eine Ferrata. Die hat allerdings ein ganz anderes Kaliber als der nordseitige Steig (⇨ Tour 70), verlangt viel Krafteinsatz im Aufstieg. Von grandioser Wildheit ist die Felskulisse des Poperakars mit

Felskulisse an der »Ferrata Zandonella«.

Cima Popera (2964 m), Zsigmondykopf, Elfer (3092 m) und der Croda Rossa (Rotwand). Unübersehbar auch hier die Spuren des Gebirgskrieges; besonders eindrucksvoll sind die Alpinistellungen knapp unter dem Gipfel. Der Abstieg verläuft durch das ostseitige Kar und mündet nach kurzem Gegenanstieg auf ein luftiges Felsband, das dann echte »Brenta-Gefühle« weckt. Insgesamt eine großartige Klettersteigrunde.

➜ **Anfahrt** Vom Kreuzberg (1636 m) oder von Pádola zur Abzwei-

71

Die gesicherten Routen an der Rotwand lassen sich zu einer großen »eisernen« Runde verbinden; Ausgangspunkt ist die Liftstation Rotwandwiesen. Auf dem Rotwand-Klettersteig (⇨ Steig 70) bis zu der Verzweigung unterhalb der Anderterscharte, dann über den gesicherten Anstieg auf die »Strada degli Alpini« (⇨ Tour 69). Von der Sentinellascharte nur kurz abwärts in das Vallon Popera, dann unter den Felsen hinüber zur Südroute der »Zandonella«. Vom Nordgipfel der Rotwand über den »Rotwand- Klettersteig« zurück zu den Rotwandwiesen; insgesamt etwa 8 Std.

gung nach Bagni di Valgrande (1274 m), weiter auf schmalem Asphaltsträßchen bis zum Rifugio Lunelli (1568 m).

↗ **Zustieg** Zunächst auf breitem Weg über die Talstufe unterhalb des Cresta Popera in Kehren hinauf zum Rifugio Berti (1950 m), dann im Vallon Popera hinauf zur winzigen Lacke des Laghetto di Popera (2142 m) und mühsam im Vorgelände des fast verschwundenen Popera-Gletschers bergan zu der bezeichneten Abzweigung (ca. 2550 m) unterhalb der Sentinellascharte.

↑ **Via ferrata Zandonella, Südroute**

Im Geröll aufwärts gegen den Felsfuß (Grotte) und rechts zum Einstieg bei einer Kaverne. Den Auftakt der Via ferrata macht ein kurzer Überhang, den man mit kräftigem Armzug meistert. Weiter sehr steil links des Canalone 2° über Bänder und Felsstufen aufwärts. An zwei Aufschwüngen sind kurze Leitern montiert. Höher in der Wand mündet die Route in ein felsiges Couloir (Steinschlag!), durch das man sich am Fixseil hinaufarbeitet bis zu dem großen Horizontalband (ca. 2820 m) mit Stellungsresten. Hier lohnt es sich, das Band ein Stück weit nach links zu verfolgen (toller Tiefblick auf die Sentinellascharte!). Die rot-grünen Markierungen weisen nach rechts. Die »Zandonella« folgt dem Geröllband ein Stück weit; dann leiten Drahtseile durch eine Rinne hinauf in einen schmalen Durchlass (ca. 2910 m) unter dem »Trapez«. Jenseits schräg abwärts zum Sextener Anstieg und auf ihm zum Nordgipfel (2936 m), *1 3/4 Std.*

↓ **Via ferrata Zandonella, Südostabstieg**

Drahtseile leiten vom Gipfel zunächst am schrofigen Nordgrat abwärts, dann rechts in steileres Gelände und über Felsstufen und Rippen ziemlich ausgesetzt hinab in das Ostkar unter der Rotwand. Man quert es auf deutlicher Spur (im Frühsommer Schnee) in die Scharte zwischen dem Torrione Pellegrini und den Guglie (Forcella A, ca. 2680 m). An Drahtseilen rechts aufwärts (Hinweis am Fels) zu dem Horizontalband, das quer durch die Südabstürze der Guglie verläuft und faszinierende Ausblicke auf die Kulisse des Vallon Popera vermittelt. Mit Drahtseilsicherung steigt man durch eine Rinne ab in den Canalone 2° und zum Anstiegsweg, *1 1/4 Std.*

↘ **Abstieg** Auf dem Anstiegsweg zum Rifugio Lunelli (1568 m).

72 Via ferrata Aldo Roghel
73 Via ferrata Cengia Gabriella

Forcella fra le Guglie, 2560 m – Cengia Gabriella, 2470 m
Brenta-Feeling in den Sextener Dolomiten

sehr schwierig

10 Std.

1450 m

Routencharakter: Ein absolutes Highlight unter den Dolomiten-Klettersteigen; schwierigste Passagen an der »Ferrata Roghel«. Nicht unterschätzt werden darf auch die Länge der Tour – gute Kondition ist unerlässlich. Als Tagespensum zu anstrengend für die meisten, weshalb man eine Übernachtung in einer der beiden Hütten unter dem Giralbajoch einplanen sollte. Beim Abstieg vom »Cengia Gabriella« können Steigeisen (Grödel) und Teleskopstöcke nützlich sein, vor allem im Frühsommer, wenn die Drahtseile noch unter dem Schnee liegen.
Ausgangspunkt: Rifugio Lunelli (1568 m) auf Selvapiana; Anfahrt über die Kreuzbergstraße, Abzweigung 3 km nördlich von Pádola, dann weitere 5 km via Bagni di Valgrande auf Sträßchen bis zur Hütte. Parkplatz.
Gehzeiten: Gesamt 10 Std., Rifugio Lunelli – »Ferrata Roghel« – Cadin de Stalata 4 Std., »Cengia Gabriella« 3 ¹/₂ Std., Abstieg ins Ansiei- bzw. Fischleintal 2 ¹/₂ Std.

Markierung: Rot-weiß-rot mit den CAI-Nummern 101, 109, 110, 103. Wegzeiger an den Verzweigungen.
Landkarten: Tabacco 1:25 000, Blatt 010 »Sextener Dolomiten«. Freytag&Berndt 1:50 000, Blatt WKS 10 »Sextener Dolomiten-Cortina d'Ampezzo«.
Highlights: Bei schönem Wetter die ganze Tour.
Einkehr/Unterkunft: Rifugio Lunelli (1568 m), ☺ Ende Juni bis Ende September; Tel. 0435/671 71. Rifugio Berti (1950 m), ☺ 20. Juni bis Ende September; Tel. 0435/671 55. Rifugio Carducci (2297 m), ☺ Ende Juni bis Ende September; Tel. 0435/40 04 85.
Unterkunft: Bivacco Battaglion Cadore (2219 m), Notunterkunft im Hochkar über dem Val Stalata, stets zugänglich; Wasser in der Nähe.
Fototipps: Action an der »Ferrata Roghel«, herrliche »Brenta-Motive« am Gabriella-Band; Felskulisse des Val Stalata und des oberen Giralbatals.

Keine Frage, zwischen der Berti- und der Carducci-Hütte stehen nicht nur große Berge, da liegt auch der »siebte Himmel« der Klettersteigler. Die (neu trassierte) »Ferrata Roghel« und die »Ferrata Cengia Gabriella« sind zwei Routen der Spitzenklasse, eine steile, teilweise sehr luftige und anspruchsvolle Kammüberschreitung und ein Bänderweg, der einen Vergleich mit der legendären »Via delle Bocchette« keineswegs zu scheuen braucht. Zusammen ergeben sie die schönste Klettersteigstrecke der Sextener Dolomiten.

Und wer im Rifugio Carducci (oder in der Zsigmondyhütte) übernachtet, kann anderntags gleich noch den »Alpinisteig« (⇨ Tour 69) und die »Ferrata Zandonella« (⇨ Tour 71) anhängen: Klettersteig total!

➜ **Anfahrt** Vom Kreuzberg (1636 m) oder von Pádola zur Abzweigung nach Bagni di Valgrande (1274 m), weiter auf schmalem Asphaltsträßchen bis zum Rifugio Lunelli (1568 m).

Im Hochkar von Stalata: rechts geht's zur »Ferrata Roghel«, links zum »Gabriella-Band«.

↗ **Zustieg** Zunächst auf breitem Weg über die Talstufe unterhalb des Cresta Popera in Kehren hinauf zum Rifugio Berti (1950 m). Über den Bach und an dem gegenüberliegenden Geröllhang in kurzen Kehren bergan gegen die Nordabstürze der Guglie di Stalata (2639 m).

↑ **Via ferrata Roghel**

Die gesicherte Route beginnt rechts einer tiefen Steilrinne sehr animiert; neben fest verankerten Drahtseilen helfen nur ganz wenige Eisenklammern über die anspruchsvollsten, fast senkrechten Passagen hinweg. Oberhalb eines mächtigen Klemmblocks betritt man die meist bis in den Sommer schneegefüllte Schlucht. In ihr, zuletzt steil, aber gut gesichert, hinauf zu der engen *Forcella fra le Guglie* (ca. 2560 m).

Jenseits der Scharte zunächst durch eine Rinne links abwärts, dann in einer Diagonale am sichernden Seil luftig durch die plattige Südwestwand der Prima Guglia di Stalata hinunter in eine Geröllschlucht und zum Felsfuß (ca. 2420 m) am Rand des weiträumigen Cadin de Stalata. Auf deutlicher Spur ohne größeren Höhenverlust westwärts hinüber zum Einstieg des Cengia Gabriella, *1 ³/₄ Std.* Etwa 150 Meter tiefer, über der Karmündung, steht das *Bivacco Battaglion Cadore* (2219 m).

*Abschnitt-
weise eine
mächtige Ter-
rasse: das Ga-
briella-Band
am Monte
Giralba.*

↑ Via ferrata Cengia Gabriella

Drahtseile leiten aus einem düsteren Winkel über leichte Felsen auf das mächtige Band, das die gesamte Ostflanke des Monte Giralba di sotto (2892 m) durchzieht. Hoch über dem Val Stalata führt die deutliche Spur talauswärts, dabei allmählich an Höhe verlierend. Faszinierend der Blick in die zerklüfteten Flanken der Cima Bagni (2983 m) und der Croda di Ligonto (2786 m). Durch eine Blockrinne und über ein etwas abschüssiges Kriechband (Drahtseile) erreicht man den tiefsten Punkt der Route (ca. 2280 m). Rechts an einem steilen Grashang schräg aufwärts, dann luftig, aber gut gesichert über gestufte Felsen in eine Schlucht. Man quert sie nach links und steigt an Drahtseilen über eine Wandstufe diagonal an. Eine seichte Rinne vermittelt schließlich den Ausstieg auf eine Kanzel am Südgrat des Monte Giralba (ca. 2470 m). Nun an der Südwestseite des Bergstocks auf einer mächtigen Terrasse zwischen senkrechten Felsen flach, zuletzt etwas absteigend zur

Tipp

Die Südtäler der Sextener Dolomiten sind für die meisten Bergsteiger aus deutschsprachigen Ländern »terra incognita« – schade! Vom »Cengia Gabriella« schaut man über sie hinweg zu den Gipfelketten der Marmarole und zum Antelao (3264 m); es lohnt sich aber, einmal unten zu starten, in diesem Fall beim Weiler Giralba (925 m; Parkmöglichkeit oberhalb der Ferienhäuser am Waldrand) im Ansiei-tal. Der Aufstieg durch das Val Stalata ist schlicht grandios, wartet sogar mit ein paar gesicherten Passagen auf. Vom Bivacco Battaglion Cadore (2219 m) kann man alternativ über eine lange Leiternserie ohne Umweg durch das Cadin de Stalata zum »Cengia Gabriella« hinaufsteigen. Anschließend hat man dann ausgiebig Gelegenheit, den schweißtreibenden Talweg von oben zu betrachten. Abstieg durch das Val Giralba alta; insgesamt etwa 9 ¹/₂ Std.

72/73

Mündung der mächtigen Geröll-mulde, die zwischen den beiden Gipfeln des Monte Giralba eingelagert ist. Mit guten Sicherungen steigt man über steile, aber gestufte Felsen westseitig ab zu einem Geröllrücken. Hier setzt rechts eine steile Schuttrinne an, in der bis in den Hochsommer hinein Schnee liegt. Drahtseile erleichtern den Steilabstieg, der schließlich in dem Kar ausläuft. In einem Linksbogen auf ordentlicher Spur abwärts und hinüber zum Hüttenweg, auf dem man in wenigen Minuten das *Rifugio Carducci* (2297 m) erreicht, *3 ¹/₂ Std.*

↘ **Abstiege** Südseitig durch das Val Giralba hinunter ins Ansieital, Markierung 103, oder über das Giralbajoch (2431 m) zur Zsigmondy-hütte (2224 m) und hinab ins Fischleintal, je etwa 2 ¹/₂ Std.

Grandios: die Felskulisse des Val Stalata.

74   Via ferrata Mazzetta

Forcella di Tacco, 2347 m
Der wilde Osten der Sextener

leicht

6¼ Std.

1200 m

Routencharakter: Leichter, mit Drahtseilen gesicherte Klettersteig vor großer, einsamer Dolomitenkulisse.
Ausgangspunkt: Pádola (1218 m) an der Kreuzbergstraße, 26 km von Innichen, 11 km von Santo Stéfano di Cadore. Busverbindungen. Durch den Ort, dann halbrechts am Rio Aiárnola (Hinweis »Aiárnola«) steil bergan zu einer Weggabelung (ca. 1350 m), Parkmöglichkeit beim Holzlagerplatz.
Gehzeiten: Gesamt 6¼ Std., Aufstieg 3¾ Std. Abstieg 2½ Std.
Markierung: Insgesamt schlecht markierte

Wege; Pádola – Bivacco Gera (spärlich) rot-weiß-rot mit der Nummer 152.
Landkarten: Tabacco 1:25 000, Blatt 017 »Dolomiti di Auronzo e del Comelico«. Freytag&Berndt 1:50 000, Blatt WKS 10 »Sextener Dolomiten-Cortina d'Ampezzo«.
Highlights: Die herrliche Felskulisse des inneren Val de Ambata.
Unterkunft: Bivacco Gera (2240 m), ☺ stets zugänglich.
Fototipps: Gute Motive am Klettersteig, mit den wilden Felszacken der südöstlichen Sextener Dolomiten im Hintergrund.

Einsame Sextener Dolomiten: an der »Ferrata Mazzetta«.

Wer sich die »Ferrata Mazzetta« vornimmt, ist in aller Regel kein Klettersteiger, sondern Bergsteiger – und Naturfreund dazu, ganz gewiss ein Liebhaber einsamer, abgeschiedener Bergregionen. Und die gibt es sogar in den Sextener Dolomiten, nur zehn Kilometer vom Gewusel um die Drei Zinnen entfernt. Dabei braucht der Talschluss des Val de Ambata keinen Vergleich mit den berühmten Winkeln zwischen Sexten und Auronzo zu scheuen. Und wer's ganz wild mag, verbindet den Klettersteig mit einer Überschreitung der Forcella de Ambata (2413 m): Abenteuer Dolomiten!
Der kurze Klettersteig mit seinen erst jüngst erneuerten Sicherungen vermittelt einen interessanten Zugang in das von schönen Felsgipfeln umstandene Ciadin de Ambata. Wer nicht nach Auronzo abstei-

gen will, wird in der Regel über die Via ferrata zurückgehen; eine Überschreitung der Forcella de Ambata kann nur bedingt empfohlen werden. Wenn überhaupt, dann sollte man sie von Norden angehen; die heikle Kletterei (II) ist im Aufstieg weniger gefährlich.

➜ **Anfahrt** Von Sexten bzw. Santo Stéfano di Cadore über die Strada

Tipp

Wer's gerne abenteuerlich mag, dabei über eine gute Portion Bergerfahrung und einige Kletterfertigkeit verfügt, kann die »Mazzetta« auch im Zuge einer Rundtour machen. Der Aufstieg aus dem Valon de la Sapada führt durch einen wilden Schlund zur *Forcella de Ambata* (2413 m), und wer ihm oben entsteigt, dürfte beim Blick zurück zumindest einen tiefen Seufzer tun: geschafft! Das Unternehmen beginnt ganz gemütlich auf dem schönen Hangweg, der knapp oberhalb der Casera Aiárnola abgeht und nordwärts zum Col dei Bagni (1743 m) führt. Hier links, zunächst im Wald, über den flachen Boden von Sapada und in den gleichnamigen Valon, stets gut bezeichnet, hinauf zu einem quer führenden Weg. Weiter im Geröll mühsam aufwärts, bis sich halb rechts eine Felsschlucht auftut. In ihr bergan zu einem sperrenden Aufschwung, dann links in die steile Felsflanke und über sie – von gelegentlichen Farbtupfern und ein paar Steinmännern geleitet – in leichter, teilweise aber heikler Kletterei (II) weiter aufwärts. Schließlich unter Überhängen nach rechts in eine sandige Rinne und mühsam in die Scharte. Jenseits über eine Geröll- und Schrofenflanke hinunter zum *Bivacco Gera* (2240 m). Gesamtgehzeit mit Rückweg über den Klettersteig etwa 7 ½ Std. Viel Spaß!

Statale No. 52 nach Pádola (1218 m). Aus dem Ort aufwärts zu einem Holzlagerplatz (ca. 1350 m).

↗ **Zustieg** Auf dem alten Almweg im Wald bergan zur Casera Aiárnola (1602 m; Tafeln). Über die Wiese rechts in den Wald zu einer Verzweigung; hier links bergan gegen die Geröllreiße des Giao Glauzei. Der Felsbau der Croda da Tacco (2612 m) gibt in etwa die Richtung vor. Am Rand des mächtigen Geröllstroms recht mühsam aufwärts. Rechts zweigt ein Weglein zur Forcella della Rocca di Campo im Ostgrat der Cima di Pádola ab. Der Steig zur Taccoscharte quert nach links; ein kleiner, felsiger Aufschwung wird umgangen, dann leitet die Spur über den steilen Hang hinauf gegen die Ostwand der Croda di Tacco. Zuletzt links über Felsen (leicht; Drahtseil) in die *Forcella di Tacco* (2347 m).

↑ **Via ferrata Mazzetta**

Drahtseile leiten von der Gratschneide schräg abwärts in eine Rinne, dann über deren Abbruch etwas luftig rechts in gestufte Felsen. Weiter gut gesichert hinab auf einen Schrofenhang und mit Drahtseilsicherungen zum Felsfuß. Hier rechts quer über eine Geröllrinne, gleich anschließend etwas mühsam unter senkrechten Felsen an einer steilen Rampe (Drahtseile) hinauf zu einer grasigen Schulter. Nun wieder absteigend über Edelweißwiesen, Felsstufen und eine Geröllrinne in den Karboden des Ciadin de Ambata. Unter der Westwand der Cima di Pádola (2623 m) hindurch und über Schrofen auf markiertem Weg bergan zum *Bivacco Gera* (2240 m), ¾ Std.

↘ **Abstieg** Auf dem Anstiegsweg oder durch das Val de Ambata nach Auronzo.

MARMAROLE, CIVETTA UND SCHIARA

Große Berge, manche sehr einsam, stehen auch im Südosten der Dolomiten: Civetta, Pelmo, Antelao, Marmarole, Schiara. Klettersteige gibt es hier zwar bloß eine Handvoll, dafür gehören sie durchwegs zur Spitzenklasse. Das Nonplusultra finden Ferratisti in der Moiazza: die »Ferrata Costantini« (⇨ Tour 79) gilt als anspruchsvollste Eisenroute der Dolomiten. Die Überschreitung der Civetta auf der »Alleghesi« und der »Tissi« (⇨ Touren 77/78) vermittelt einmalige Eindrücke. Das gilt auch für die legendäre »Strada Sanmarchi«, einen auf kürzeren

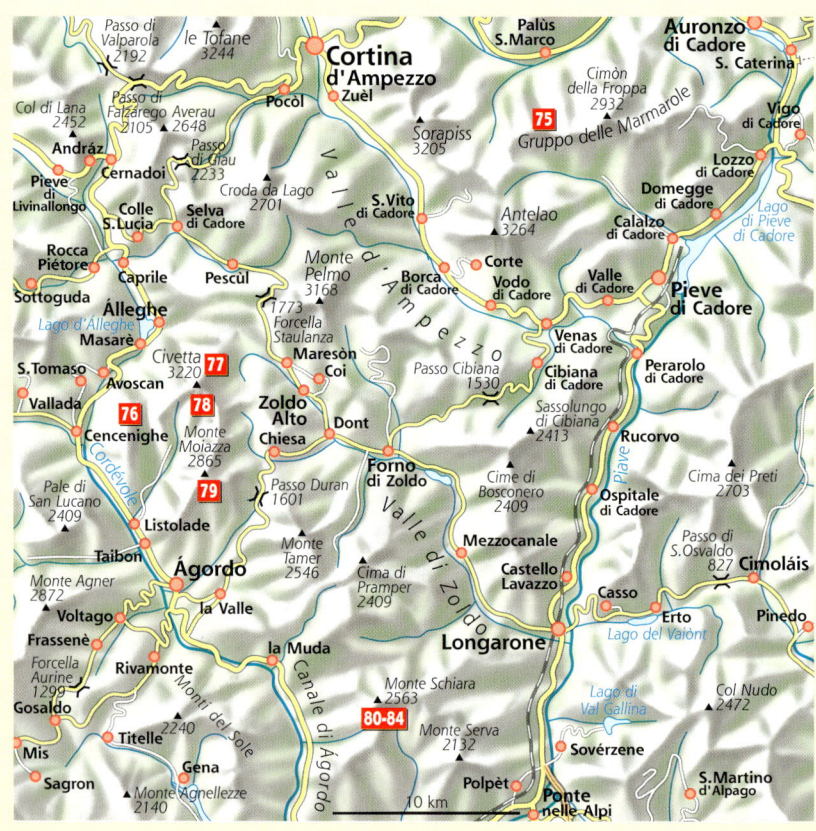

Abschnitten gesicherten Höhenweg quer durch die »lonely moun-
tains« der Marmarole (⇨ Tour 75). Und die Schiara, Hausberg von
Belluno, wartet sogar mit fünf gesicherten Routen auf (⇨ Touren 80-
84): Klettersteigerlebnis total!
Wer diese Region der Dolomiten ganz erleben will, tut gut daran, die
eine oder andere Hüttenübernachtung mit einzuplanen. Die Schiara-
touren sind wie auch die Überschreitung der Civetta als Tagestour ohnehin kaum zu machen; gleiches gilt für die »Strada Sanmarchi«, nur
muss man da auf den Komfort einer bewirtschafteten Unterkunft verzichten.

Ein Klassiker im Südosten der Dolomiten: die »Ferrata degli Alleghesi«.

75   Strada Sanmarchi

Bivacco Musatti — Forcella del Vanedel — Val di San Vito
Wo die Dolomiten am einsamsten sind

ziemlich schwierig

13 Std.

1650 m

Routencharakter: Sehr lange, anstrengende Durchquerung der westlichen Marmarole mit viel Auf und Ab, als Tagestour nur für alpine Dauerläufer geeignet. Am sinnvollsten ist eine Übernachtung im Bivacco Musatti. Ausreichend Getränke mitnehmen, in den Karwinkeln ist es im Spätsommer knochentrocken!
Ausgangspunkt: Ponte degli Alberi (1134 m) am Ansiei, erreichbar über die Strada Statale No. 48, 8 km von Misurina, 15 km von Auronzo. Die Abzweigung (leicht zu übersehen) befindet sich gut einen Kilometer westlich des Albergo San Marco (1111 m).
Gehzeiten: Gesamt 13 Std., Aufstieg zum Bivacco Musatti 3 Std., »Strada Sanmarchi« – Val di San Vito 8 Std., Abstieg 2 Std.

Steigt man aus dem Val di Mezzo direkt ab ins Ansieital, ergibt sich eine Gesamtgehzeit von etwa 11 ½ Std.
Markierung: Rot-weiß-rot mit den CAI-Nummern 279, 280, 226. Teilweise etwas verwaschene Markierungen.
Landkarte: Tabacco 1:25000, Blatt 016 »Dolomiti del Centro Cadore«.
Highlights: Eine Landschaft erleben, die von Cortina und den Drei Zinnen fast so weit weg ist wie der Mond ...
Unterkunft: Bivacco Musatti (2011 m) im Kar Meduce di Fora, Bivacco Voltolina (ca. 2200 m) im Kar Pian del Scotter, etwa 30 Min. von der »Strada Sanmarchi«, beide stets zugänglich.
Fototipps: Bilder einer Landschaft: groß, einsam.

Marmarole. Der Name hat exotischen Klang, lässt einen eher an ferne Strände, Inseln im Ozean als an die Dolomiten denken. Doch im Gegensatz zu so mancher pazifischen Destination herrscht in dieser östlichsten Ecke der Dolomiten eine fast schon paradiesische Ruhe: paradoxe Welt!

Aber so völlig unberührt ist auch dieser abgelegene Winkel der »Bleichen Berge« nicht mehr; drei Biwaks stehen an der nordseitigen, von riesigen Hochkaren geprägten Abdachung, und ein markierter, an einigen Stellen auch gesicherter Weg führt quer durch die Steinwüste: die »Strada Sanmarchi«. Um eine richtige »Straße« handelt es sich dabei natürlich nicht; immerhin wurde die Route in den achtziger Jahren durchgehend neu markiert, an mehreren Stellen zusätzlich mit Sicherungen versehen. Ein Wanderweg ist sie dadurch noch keineswegs, aber ein richtiger Klettersteig halt ebenso wenig – vielmehr ein Tourenziel für Naturliebhaber mit guter Kondition, denen ein erlebnisreicher Bergtag wichtiger ist als ein berühmter (Gipfel-)Name im Tourenbuch.

→ **Anfahrt** Auf der Strada Statale No. 48 im Val d'Ansiei zur Ponte degli Alberi (1134 m), 8 km von Misurina, 15 km von Auronzo.

↗ **Zustieg** Auf der Sandstraße über die beiden Brücken; gleich hinter der Ponte Piccolo (1148 m) weist ein Schild links in den Wald: »Biv. Musatti, 278«. Erst flach, dann zunehmend steiler und schließlich als

»Direttissima« steigt der schmale Pfad an, erst noch schattig, dann schweißtreibend im Latschendickicht. Über eine plattige Steilstufe am Wandfuß des Méscol hilft ein Drahtseil hinweg; etwas höher kommt man an einer guten Quelle (ca. 1880 m) vorbei (auftanken!). Schließlich öffnet sich der weite Karboden von Meduce di Fora, wird die rote Blechschachtel des *Bivacco Musatti* (2111 m) sichtbar.

↑ Strada Sanmarchi

Vom Bivacco zunächst leicht abwärts gegen den Felsfuß, dann durch brüchige Rinnen (Steinschlag!) bergan auf ein schmales Grasband und schließlich mit Hilfe eines Drahtseils über eine Wandstufe in die *Forcella del Méscol* (ca. 2360 m). Jenseits über Wiesenhänge und leichte Felsen hinunter in das riesige Trümmerchaos des Kars Meduce de Inze (gut auf die Markierungen achten!). Bereits von der Scharte aus hat man Blickverbindung mit dem Zackenkamm der Croda Rotta; nicht zu übersehen ist auch der markante Felszahn des Torre Frescura. Die »Strada Sanmarchi« steigt über einen Wiesenfleck und gestufte Felsen gegen eine steile Verschneidung an. Eine Serie von Leitern hilft über die Felsrampe hinweg; anschließend leiten die Markierungen in leichterem Gelände links in die *Forcella di Croda Rotta* (ca. 2520 m). Nun keinesfalls jenseits absteigen! Markierungen und Steinmänner führen nach links in eine winzige Scharte, dann hinab in den Geröllkessel westlich unter der Cresta Vanedel und – teilweise gesichert – weiter abwärts in den unwahrscheinlich schmalen Einschnitt der *Forcella del Vanedel* (2372 m). Gleich jenseits am Fixseil mit Armzug an plattigen Felsen schwierig auf einen Schrofenhang (Leiternfriedhof). Weiter in gestuftem Gelände, durch Rinnen, über Abschwünge und Bänder, kurz auch seilgesichert, hinunter in einen schattigen, felsumschlossenen Karwinkel und auf deutlicher Spur bergab ins Grüne. Nun links zu dem senkrechten Wandabbruch am langgestreckten Nordgrat der Croda de Marchi, den man an guten Drahtseilsicherungen sehr luftig, aber überraschend leicht quert, und flach über Wiesen zur Wegkreuzung im Val di Mezzo (Hin-

Luftige, aber bestens gesicherte Passage über dem Val di Mezzo.

75

weise an Felsen), *6 ¹/₂ Std.* Hier kann man direkt ins Val di San Vito absteigen: erst flach talauswärts zum Fuß des Corno di Doge, dann zunehmend steiler abwärts und schließlich über eine mit Drahtseilen gesicherte Felsstufe hinunter zum Talweg.

↑ **Cengia del Corno**

Die Fortsetzung des »Highways« führt leicht ansteigend auf das mächtige Ringband am Corno del Doge (2615 m). Zunächst eine komfortable, latschenbewachsene Terrasse, wird das »Cengia« allmählich schmaler; Drahtseile leiten schließlich über einen steinschlaggefährdeten Felswinkel hinauf zu einer markanten Schulter mit Prachtblick über das Ansieital und zu den Sextener Dolomiten. Auf guter Geröllspur mit freier Sicht auf die Ostflanke des Sorapìs taleinwärts und hinab; an einem (meist ausgetrockneten) Bachlauf rechts ab und hinunter zum Talweg, *1 ¹/₄ Std.*

↘ **Abstieg** Der gut markierte Abstieg führt zunächst talauswärts in den mächtigen Kessel am Fuß des Corno del Doge, dann in einer Gegensteigung auf ein felsiges Eck an seiner Mündung und dahinter in vielen Kehren hinab zum breiten Geröllbett des Rio di San Vito. Auf einer Sandstraße zurück zum Ausgangspunkt der Traumrunde.

Ein wildes Eck: die Forcella del Vanedel.

Via ferrata Fiamme Gialle – Monte Pelsa

76

La Palazza Alta, 2255 m
Steile Route am Civetta-Vorbau

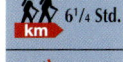

Routencharakter: Sportlich angelegte Ferrata, ausschließlich Drahtseilsicherungen. Insgesamt eine Tour, die Vielseitigkeit verlangt: Klettersteigerfahrung, Kraft, Ausdauer und Sicherheit in naturbelassenem, mäßig schwierigem Klettergelände (Direktabstieg). Landschaftlich in Verbindung mit dem Umweg-Abstieg über die Forcella di Col Mandro besonders lohnend.
Ausgangspunkt: Bastiani (971 m) bzw. Bricol (1091 m), Häusergruppen am Westhang des Monte Pelsa; Zufahrt von Cencenighe 3 bzw. 4 km. Nur beschränkter Parkraum! Wer über Col Mandro absteigt, kann sein Fahrzeug auch bei Chenét abstellen. Bus von Ágordo bzw. Álleghe bis Cencenighe.
Gehzeiten: Gesamt 6¼ Std.; Aufstieg 4¼ Std.; Abstieg 2 Std. Nimmt man den (empfehlenswerten) Rückweg/Abstieg über die

Forcella di Col Mandro, ergibt sich eine Gesamtgehzeit von 8 Std.
Markierung: Rot-weiß mit der Nummer 562, Abstieg via Col Mandro mit den Nummern 562-560-567.
Landkarten: Tabacco 1:25 000, Blatt 015 »Marmolada-Pelmo-Civetta-Moiazza«. Freytag&Berndt 1:50 000, Blatt WKS 15 »Pale di San Martino-Ágordo-Belluno«.
Highlights: Die schöne Kletterei in festem Fels, besonders Auftakt und Finale, dann der einmalige Blick auf das Civettamassiv. Von der Palazza Alta hat man zudem Aussicht auf die gesamte Gipfelumrahmung von Ágordo.
Einkehr/Unterkunft: —
Fototipps: Tolle Actionmotive an der Ferrata – die Westwand liegt morgens allerdings im Schatten! Ausblick auf die Südflanke des Civettamassivs.

Blickfang in der Bergkulisse des oberen Cordévoletals ist natürlich die Civetta mit ihrer Nordwestwand – eines der Traumbilder der Dolomiten. Daneben nimmt sich der Monte Pelsa recht bescheiden aus, und nur wenige, die auf der Talstraße unterwegs sind, schenken den Felsen östlich über Cencenighe besondere Beachtung. Oder gar dem kleinen

Steile Route in festem Fels: die »Ferrata Fiamme Gialle«.

Schild am Ortseingang, bei der Brücke über den Cordévole: »Via ferrata«. Macht nichts, Insider wissen Bescheid, kennen die Qualitäten der 1981 eröffneten, später verlängerten Route: lang, steil, luftig und mit einem echten »Knaller« als Finale, dem herrlichen Blick auf die Südflanke der Civetta und ihre steilen Bugfelsen, den Torre Venezia (2337 m) und den Torre Trieste (2458 m).
Lediglich ein in kurzen Abständen verankertes Drahtseil hilft über die rund 700 Meter hohe Wand, die

76

ungesichert mit dem III. und IV. Schwierigkeitsgrad zu bewerten wäre. Das garantiert zusammen mit dem griffig-festen Fels höchsten Kletterspaß – allerdings nur für Könner, die mit kleinen Tritten ebenso zurechtkommen wie mit viel Luft unter den Sohlen.

Bergsteigerisches Können braucht's auch beim Abstieg, den man getrost als »Latschen-Geröll-Direttissima« bezeichnen kann, mit mäßig schwierigen Kletterpassagen (II), und alles in der Falllinie. Wer's nach dem anstrengenden Bergauf lieber etwas gemütlicher mag oder auch die herrlichen Ausblicke auf die Dolomitenkulisse des Cordévoletals noch etwas genießen möchte, nimmt mit Vorteil den »Umweg-Abstieg« über die Forcella di Col Mandro: länger, schöner und entschieden gelenkschonender!

Landschaftswunder Dolomiten. In der Bildmitte die steile Felsstirn des Monte Pelsa.

76

➜ **Anfahrt** Von Cencenighe (774 m) führt ein schmales Asphaltsträßchen über Avoscán und Chenét hinauf bis zu den Häusern von Bricol (1097 m).

↗ **Zustieg** Der rot-weißen Markierung nach im Wald bergan zum Ansatzpunkt des Valle Morbiàc (1450 m), wo die Abstiegs-Direttissima mündet. Rechts, fast ohne weiteren Höhengewinn, teilweise über Bänder (Drahtseile) zum Einstieg (ca. 1480 m).

↑ **Via ferrata Monte Pelsa**

Schon der erste Aufschwung, fast senkrecht am straffen Seil, verlangt vollen Einsatz, und ähnlich anspruchsvoll geht es zunächst weiter. Nach knapp 100 Höhenmetern ist man aus dem Steilfels heraus; es folgt ein halbstündiges Intermezzo in den Latschen, was die erste Begeisterung etwas dämpft, dafür den Schweiß fließen lässt. Dann wird aus dem grünen Hang wieder eine graue Wand, über die das sichernde Seil nach oben weist: fast 500 Höhenmeter in festem Schlerndolomit, durch Rinnen, über Kanten und Pfeiler, dazwischen nur kurz auch Gehgelände. Naturbelassen müsste die Route immerhin mit dem oberen III. Grad bewertet werden. Unter der Kammhöhe gabelt sich die Ferrata: rechts durch eine harmlose Rinne auf den Grat, links (»Variante difficile«) zum Gipfelpfeiler der *Palazza Alta* (2255 m) und über ihn steil und luftig zum Civetta-Blick, *2 ¾ Std.*

↘ **Abstiege** Vom Gipfel kurz abwärts zu einer Verzweigung, dann links am Kamm entlang in eine kleine Gratsenke (I Sec, ca. 2200 m), wo die »Direttissima« beginnt. Immer den Markierungen folgend durch Rinnen und Latschengestrüpp extrem steil bergab. Dabei sind auch kurze Kletterpassagen (I, II) zu meistern, wobei der geschlauchte Ferratist mehr als einmal bei einer knorrigen Wurzel Halt sucht. Oberhalb des Valle Moriàc stößt man dann (endlich!) auf den Anstiegsweg. Auf ihm zurück zur Straße.

Entschieden weiter, aber auch ungleich reizvoller ist der Abstieg über den Col Mandro. Von der bereits erwähnten Verzweigung steigt man zunächst auf ordentlichem Weg über den latschenbewachsenen Ostrücken des Monte Pelsa mit herrlich freier Sicht auf die Civetta ab zum Pian di Pelsa (1890 m). In leichtem Gegenanstieg hinauf in die Forzelete (Sella di Pelsa, 1954 m) und links in die *Forcella di Col Mandro* (2032 m). Dahinter durch eine Geröllrinne steil abwärts und links zum Col Mandro (1844 m) mit dem gleichnamigen Biwak. Weiter über eine kleine Felsstufe, dann im Wald, mehrere Gräben querend, hinunter nach Collàz (1031 m) und auf der Straße zurück zum Ausgangspunkt.

77 Via ferrata degli Alleghesi

Civetta, 3220 m
Der schönste »Weg« auf den großen Berg?

ziemlich schwierig

10 Std.
km

1500 m

Routencharakter: Hochalpine, anstrengende Unternehmung; Ferrata-Passagen nur mäßig schwierig, dafür viel ungesichertes, leichtes Klettergelände. Gute Kondition ist neben sicherem Wetter sehr wichtig, eine Übernachtung in der Coldaihütte ratsam.
Ausgangspunkte: Bergstation des Sessellifts zum Col di Dôf (1889 m) bzw. Forcella d'Álleghe (1815 m; schmale Zufahrt von Palafavera herauf); Bergstation des Sessellifts Pian del Crep (1765 m). Die beiden Anlagen sind von Anfang Juli bis Ende September von 8.30–17 Uhr in Betrieb. Das Sträßchen zur Forcella d'Álleghe ist offiziell gesperrt.
Gehzeiten: Gesamt 10 Std., Aufstieg 6 Std., Abstieg 4 Std.

Markierung: Zustiege rot-weiß-rot mit den Nummern 556, 557, 585; am Klettersteig rote Punkte.
Landkarte: Tabacco 1:25 000, Blatt 015 »Marmolada-Pelmo-Civetta-Moiazza«.
Highlights: Die große Felskulisse am Aufstieg, die prächtigen Aus- und Tiefblicke, das Panorama vom Gipfel. Und am Abend der Blick zurück, hinauf: da oben war ich!
Einkehr/Unterkunft: Rifugio Coldai (2132 m), ☺ Mitte Juni bis 20. September; Tel. 0437/78 91 60. Rif. Torrani (2984 m), ☺ Mitte Juli bis Mitte September; Tel. 0437/78 91 50.
Fototipps: Gute Actionmotive bietet der am Vormittag voll besonnte Klettersteig, Tiefblick nach Álleghe (Tele).

Über diesen Berg nicht gleich in Superlative auszubrechen, ist schon nach dem ersten Augenschein schwierig; wer ihn nicht bloß gesehen und bestaut, sondern auch umwandert und bestiegen hat, tut sich da noch schwerer. Also erst einmal ganz sachlich: »Civetta, Berggruppe in den östlichen Dolomiten (Provinz Belluno). Umgrenzung: Cordévoletal – Fiorentinatal – Zoldano – Forcella delle Sasse – Listolade. Hauptgipfel: Monte Civetta, 3220 m. Erste Besteigung 1867 durch F. F. Tuckett mit seinen Schweizer Führern Melchior und Jakob Anderegg

Via ferrata degli Alleghesi

und dem Einheimischen S. de Silvestri.« So nachzulesen in Toni Hiebelers »Lexikon der Alpen«. Weiter erfährt man da, dass die »Wand der Wände«, der gigantische Nordwestabsturz der Civetta, immerhin 1200 Meter hoch, erstmals im Jahr 1925 durchstiegen wurde, von G. Lettenbauer und E. Solleder: die Geburtsstunde des VI. Schwierigkeitsgrades in den Dolomiten!
Natürlich ist die Civetta weit mehr als eine Abfolge von Zahlen und Namen, mehr als ein Schattenriss auf der Landkarte, sie ist kein Phantom, sondern Herausforderung,

Ziel, Erlebniswelt. Und ihr Bergerlebnis finden sie hier alle, die
Wandersleut' auf den markierten
Wegen unter den weitgespann-
ten Felsflügeln des »Käuzchens«
(= civetta) ebenso wie Klettersteigler und die Extremen der
Zunft im Steilfels der Busazza, an
den »Türmen der Jugend«, in der
Nordwestflanke.
Von vergleichbaren Anforderungen kann auf der »Ferrata degli
Alleghesi« keine Rede sein, obwohl die Route als Kletterführe
mit dem IV. Grad (Stellen) bewer-

tet wurde. Immerhin weist sie auch heute noch zahlreiche leichte *Die Nord-*
Kletterpassagen auf (I-II); stärker ins Gewicht fällt die Länge der Tour *westwand der*
(vor allem, wenn man sie an einem Tag machen will). Da ist dann gute *Civetta.*
Kondition wichtig – und sicheres Wetter. Bei Nebel oder Neuschnee –
in Höhen über 3000 Meter auch im Sommer keine Seltenheit – kann
sogar der Abstieg über den Normalweg zu einem nicht ganz gefahrlo-
sen Unternehmen werden – ich hab's erlebt!
Ein Erlebnis, das man getrost als »super« bezeichnen darf, vermittelt
die Überschreitung der Civetta auf den beiden Klettersteigen, der »Alleghesi« und der »Tissi« (⇨ Tour 78). Als günstige Ausgangspunkte
bieten sich die beiden Liftstationen am Col di Dôf (1889 m) und am
Pian del Crep (1765 m) an. Der Weg zum Einstieg ist dann etwa
zweieinhalb Stunden weit, gut markiert und ein einziges Schauerleb-
nis, egal ob vom Rifugio Coldai auf dem »Sentiero Tivan« oder über
den Col Grand: Pelmo, die Ampezzaner Dolomiten, das Zoldano, die
Bergketten jenseits des Piave. Der Blick geht aber auch immer wieder hinauf in die Felsen; schließlich entdeckt man an dem mächtigen
Ostpfeiler der Punta Civetta einige farbige Punkte, die sich nach oben
bewegen: Klettersteigler auf der »Via degli Alleghesi«!
➜ **Anfahrt** Ins oberste Zoldano (Zoldo Alto) kommt man von Norden
über die Forcella Staulanza (1766 m) oder aus dem Piavetal herauf, 15
km von Selva di Cadore, 27 km von Longarone bis Pecol (1387 m). Weiter per Lift zum Col di Dôf (1889 m) bzw. zum Pian del Crep (1765 m).
➚ **Zustiege** Vom grünen Hügel des *Col di Dôf* kurz abwärts in den
Almsattel der Forcella d'Álleghe (1816 m; Sträßchen von Palafavera),

77

dann auf dem alten Kriegsfahrweg in Kehren hinauf zum Rifugio Coldai (2132 m). Nun auf dem »Sentiero Tivan« durch mehrere Karmulden an der Ostseite des Civettakamms mit einigem Auf und Ab bis zu der Scharte im Rücken des markanten Felszackens Schinal de Bech (2420 m). Wenig weiter rechts Hinweis zur Ferrata.

Der Zustieg vom *Pian del Crep* (1765 m) führt an dem bewaldeten Bergrücken entlang zunächst in die Forcella della Grava (1784 m), dann weiter zum Col Grand und über den Wiesen- und Geröllhang schräg aufwärts gegen den Ostpfeiler der Punta Civetta (Hinweis auf Ferrata).

↑ **Via ferrata degli Alleghesi**

Nagelprobe ist der fast senkrechte Aufschwung über dem Einstieg: Ein paar Eisenstifte und eine Leiter entschärfen die anspruchsvolle, luftige Passage, der anschließende, lange Kamin prüft dann die Kletterfertigkeit der Gipfelanwärter. Auch im weiteren Routenverlauf wechseln immer wieder gesicherte Aufschwünge mit leichten Kletterstellen ab; horizontale Felsbänder, denen die Route dazwischen kurz folgt, bieten Gelegenheit, die packenden Aus- und Tiefblicke zu genießen. Ein enger Kamin wird an Klammern durchstiegen; aus einer kleinen Scharte hat man einen schwindelnden Tiefblick in das Zuitonkar. Allmählich legt sich der Pfeiler etwas zurück, die Steilheit nimmt ab, dafür füllt sich der Horizont mit immer mehr Gipfeln. Die »Ferrata Alleghesi« steuert nun den Nordgrat der Civetta an; an der Scharte (ca. 2880 m) unter der *Punta Tissi* schaut man fast zwei Kilometer weit hinab auf Álleghe und seinen See – was für ein Vogelschaublick! Links leiten Drahtseile durch die gebänderte Westflanke des Gipfels direkt zum Rifugio Torrani (Hinweis).

Weiter auf der »Alleghesi« überschreitet man die Punta Tissi (2922 m) und folgt dann den Drahtseilen und Markierungspunkten hinauf zum Gipfelgrat und zum *Civettagipfel* (3220 m), *3 ¹/₂ Std.*

↘ **Abstieg** Über die ostseitige Geröllflanke (Rutschpartie!) hinab zum *Rifugio Torrani* (2984 m), das sich so eng an den Hang schmiegt, dass man ihm glatt aufs Dach steigen könnte. Unterhalb der Hütte, am Schotterrücken des Pian della Tenda, mündet rechts die »Via ferrata Tissi« (⇨ Tour 78); der Civetta-Normalweg führt hier links, mit roten Punkten und Steinmännern markiert, über plattige Felsen und Bänder abwärts. Vorsicht: keine Steine lostreten! Ein gesicherter Plattenschuss, der »Passo Grünwald«, leitet zum Felsfuß (ca. 2420 m). Nun in Geröll und Schnee hinunter zum »Sentiero Tivan«. Auf ihm zurück zum Rifugio Coldai oder weiter bergab zum Col Grand (1927 m). Links ins Valle Civetta und talauswärts, zuletzt auf einem Sträßchen, nach Pecol (1387 m).

Via ferrata Attilio Tissi

Civetta, 3220 m
Ein »Klassiker«, neu aufgelegt

78

sehr
schwierig

10 ³/₄
Std.

2100 m

Routencharakter: Anspruchsvoller, nur sparsam gesicherter Klettersteig in hochalpinem Ambiente mit extrem langem Zustieg. Wird oft zusammen mit der »Ferrata Alleghesi« (⇨ Tour 77) begangen.

Ausgangspunkt: Rifugio Trieste (1135 m), 4 km von Listolade im Cordévoletal.

Gehzeiten: Gesamt 10 ³/₄ Std.; Aufstieg 6 ³/₄ Std., Abstieg 4 Std.

Markierung: Zustieg rot-weiß-rot mit den Nummern 555 und 558; am Klettersteig rote Punkte.

Landkarten: Tabacco 1:25 000, Blatt 015 »Marmolada-Pelmo-Civetta-Moiazza«. Freytag&Berndt 1:50 000, Blatt WKS 15 »Pale di San Martino-Ágordo-Belluno«.

Highlights: Die wilde Felskulisse des Van delle Sasse, das seinem Namen absolut gerecht wird (sasse = Steine), steile Ferrata-Passagen, Panorama vom Gipfel der Civetta.

Einkehr/Unterkunft: Rifugio Trieste (1135 m), ⏱ Juni bis September; Tel. 0437/66 01 22. Rifugio Vazzolèr (1714 m), eine Viertelstunde vom Anstiegsweg, ⏱ Mitte Juni bis 20. September; Tel. 0437/66 00 08. Rifugio Torrani (2984 m), ⏱ Mitte Juli bis Mitte September; Tel. 0437/78 91 50.

Fototipps: Torre Trieste und Torre Venezia, die »Türme der Jugend«, geben gute Motive ab; Action an der Ferrata.

»Ferrata Tissi«, im Jahr 1950 erbaut und nach dem Civetta-Kletterpionier Attilio Tissi benannt, gehört zu den älteren Klettersteigen der Dolomiten. Einst als besonders verwegen gepriesen, machte sie dann vor allem durch Unfälle von sich reden, bis die zuständige Gemeinde die Anlage sperren ließ. Die neue »Tissi« steigt nun durch die Westflanke der Cima di Tomè (3004 m) an zum Pian di Tenda: sicherer, weniger durch Steinschlag gefährdet, aber nicht mehr ganz so spektakulär im Verlauf. Wer die alte Route noch kennt, wird sich an die extrem luftige Querung hoch über dem Van delle Sasse bestimmt erinnern, vielleicht auch an abgeschlagene oder wackelige Eisenbügel. Die hat man bei der Neuanlage gleich weggelassen; nur ein straff gespanntes Drahtseil und ein paar wenige Eisenstifte sichern die Route – leichter ist sie dadurch nicht geworden, und vor allem im unteren, sehr steilen Teil muss man ein paar Mal kräftig zupacken. Doch bis man – endlich! – in den Fels, zum Drahtseil greifen darf, ist es ein ziemlich weiter Weg aus dem Val Corpassa herauf: fast 1500 Steigungsmeter zum Einstieg! Auch deshalb wird die »Tissi« gerne in Verbindung mit der »Via ferrata de-

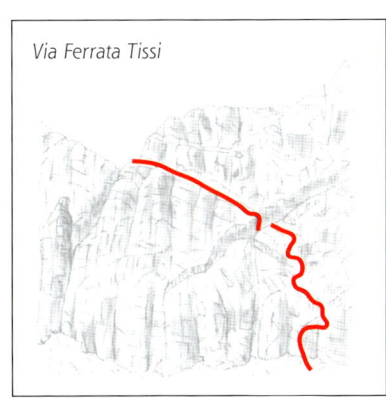

Via Ferrata Tissi

78

Civettamassiv von Süden.

gli Alleghesi« begangen, meistens als Abstieg. Startet man die Tour am Pian del Crep, ergibt sich eine Gesamtgehzeit von etwa 11 Stunden. Da überlegt man natürlich schon, ob nicht eine Übernachtung in der Torranihütte angezeigt wäre – ein Sonnenuntergang vom Gipfel der Civetta aus ist allemal ein Erlebnis der Sonderklasse!

➜ **Anfahrt** Auf der Strada Statale No. 203 nach Listolade (701 m) am Eingang ins Val Corpassa, 5 km von Ágordo, 15 km von Álleghe. Auf schmalem Sträßchen taleinwärts zum Rifugio Trieste (1135 m).

➚ **Zustieg** Zunächst auf der Schotterpiste im Talschluss hinauf zum Pian delle Taie, dann unter dem Torre Trieste (2458 m) hindurch und hinauf ins felsummauerte »End' der Welt« des Van delle Sasse.

↑ **Via ferrata Tissi**

Ein großes rotes Viereck markiert den Einstieg (ca. 2620 m) ziemlich weit rechts der Schlucht, die vom Pian della Tenda herabzieht. Am straff gespannten Drahtseil über den Felsvorbau auf eine Geröllterrasse, dann nach links anstrengend über senkrechte Stufen, schmale Bänder und abschüssige Platten in einen Felswinkel unter der Cima di Tomè. Weiter mit Drahtseilsicherung auf das markante Geröllband, das, nur mehr leicht steigend, zum Geröllsattel des Pian della Tenda hin ausläuft. Wenig höher, am ostseitigen Gipfelhang der Civetta, steht das *Rifugio Torrani* (2984 m), *1 ¹/₂ Std.* Über den Schrofenhang leicht, aber mühsam zur großen Aussicht.

↘ **Abstieg** Über den Normalweg vom Rifugio Torrani zum »Sentiero Tivan« und weiter durch das Valle Civetta nach Pecol (⇨ Tour 77).

Via ferrata Costantini

Cima Moiazza Sud, 2878 m
Nummer eins unter den Dolomiten-Klettersteigen

79

Routencharakter: Klettersteig der Superlative, auch besonders lang. Kraft, gute Kondition und etwas Kletterfertigkeit sind unerläßlich für diese extrem anspruchsvolle Tour. Nur bei sicherem Wetter einsteigen! Im Frühsommer können Schneereste, etwa auf dem Engelsband, gefährlich sein.
Ausgangspunkt: Passo Duràn (1601 m), Straßenübergang von Ágordo nach Forno di Zoldo. Großer Parkplatz.
Gehzeiten: Gesamt 9 1/2 Std.; Aufstieg 6 Std., Abstieg 3 1/2 Std.
Markierung: Zustieg rot-weiß-rot mit CAI-Nummer 554; am Klettersteig rote Markierungen.
Landkarten: Tabacco 1:25 000, Blatt 015 »Marmolada-Pelmo-Civetta-Moiazza«.

Freytag&Berndt 1:50 000, Blatt WKS 15 »Pale di San Martino-Ágordo-Belluno«.
Highlights: Die »Costantini« ist ein einziges Highlight! Schlüsselstelle und Engelsband sind die herausragenden Passagen; einmalig das Panorama vom Gipfel.
Einkehr/Unterkunft: Rifugio San Sebastiano (1601 m), ⏲ Anfang Juni bis Ende Oktober; Tel. 0437/623 60. Rifugio Carestiato (1834 m), ⏲ Mitte Juni bis Ende September; Tel. 0437/629 49.
Unterkunft: Bivacco Ghedini (2601 m), Notunterkunft, stets zugänglich.
Fototipps: An tollen Motiven fehlt's hier wahrlich nicht: Action, Aus- und Tiefblicke, Cengia Angelini usw. Die Schlüsselstelle liegt morgens noch im Schatten.

● sehr schwierig

🚶🚶 9 1/2 Std.

▲ 1400 m

Noch Anfang der siebziger Jahre gehörte die Moiazza zu den einsamsten Regionen der südlichen Dolomiten; ihre Gipfel erhielten nur selten Besuch, und Fernwanderer, die auf dem »Dolomiten-Höhenweg Nr. 1« unterwegs waren, nahmen die riesige, der Sonne zugewandte Mauerflucht höchstens als Kulisse fürs Erinnerungsfoto.

Das hat sich mittlerweile radikal geändert, seit der Eröffnung des »schönsten und schwierigsten und längsten« Klettersteigs zwischen Eisack und Piave: der »Via ferrata Costantini«. So ist der große Parkplatz oben am Passo Duràn an sommerlichen Schönwettertagen stets gut besetzt, und dass man die »Costantini« mittlerweile auch außerhalb der Alpen kennt, belegt so manches leicht exotische Autokennzeichen.

Die »Ferrata Costantini« ist unbestritten die Nummer eins unter allen Dolomiten-Klettersteigen, und ihre Schlüsselstelle, eine diagonale, fast trittlose Querung an senkrechter Wand, hat schon manche/n zur Umkehr veranlasst. Abbrechen kann man die Tour auch noch höher in der Wand, doch ist ein Abstieg über das zwar markierte, aber ungesicherte Cengia delle Masenade nur bedingt empfehlenswert (Kletterstellen I-II).

Der Gipfelsteig testet dann nochmals Kletterkönnen und/oder Bizeps, und

Tipp
Knapp nördlich unter dem Passo Duràn steht das schmucke Rifugio San Sebastiano. Hier wird bestens fürs leibliche Wohl gesorgt, und Beniamino Cordella, ein ausgewiesener Kenner der Berge rundum, hilft gerne mit gutem Rat. Rifugio San Sebastiano, Passo Duran, I-32010 Goima di Zoldo Alto; Tel. 0437/6 3 60.

79

nach der luftigen Promenade am »Engelsband« leiten die Drahtseile über plattige Felsen wieder hinunter zum Felsfuß. Sieben Stunden am Klettersteig, teilweise in extrem ausgesetztem Gelände, mit vielen anstrengenden Passagen – die »Costantini« ist eine Supertour, aber nur für Könner!

Wer's etwas gemütlicher mag, aber dennoch nicht auf das große Erlebnis verzichten

Ferrata Costantini

Rifugio Carestiato

möchte, kann die Tour in umgekehrter Richtung gehen, mit Aufstieg über die Westroute, den Gipfel auslassen und von der Forcella delle Masenade nordwärts via Bivacco Grisetti zum »Sentiero Angelini« absteigen, der nördlich um den Sass del Duràm zum Passo Duràn zurückleitet, etwa 8 1/2 Std.

➜ **Anfahrt** Der *Passo Duràn* (1601 m) verbindet das Agordino mit dem Zoldano, 13 km von Ágordo, 11 km von Forno di Zoldo.

➚ **Zustieg** Vom Passo Duràn hinauf zu dem breiten Fahrweg und auf ihm durch lichten Wald zum hübsch gelegenen *Rifugio Carestiato* (1834 m).

Auf zur großen Tour! Das Einstiegsband der »Costantini«.

↑ Ferrata Costantini, Ostroute

Ein schmaler Latschenweg (Hinweis) führt in wenigen Minuten von der Hütte zum Einstiegsband. Es leitet links zum ersten, trittarmen Steilaufschwung, den man an straff gespannten Drahtseilen locker meistert. Dann weniger anstrengend an der riesigen, teilweise begrünten Schräge unter der Pala del Belia (2295 m) aufwärts zu einer abweisenden Felsbarriere: die Schlüsselstelle. Das Fixseil zieht schräg nach oben zu ein paar Eisenbügeln. Nur voller Einsatz (stemmen!) hilft über das Hindernis hinweg. Nach einem kleinen

Überhang (Klammern) folgt nochmals ein anstrengender Steilaufschwung, dann legt sich die Wand etwas zurück. Links leiten rote Markierungen zum Cengia delle Masenade (Abstiegsmöglichkeit, ungesichert, I-II); die »Costantini« steigt von der Schotterterrasse der Pala di Belia durch eine Schlucht und über plattige Felsen zur Cima Cattedrale (2557 m) an und gewinnt dann den langgestreckten Masenade-Kamm (2737 m). Hier auf Steigspuren links in die *Forcella delle Masenade* (ca. 2640 m), wo man nordseitig zum Bivacco Grisetti (2050 m) absteigen kann.

Die »Costantini« folgt weiter

Luftig: das »Engelsband«

dem Grat; ein steiler 50-Meter-Aufschwung leitet auf eine Geröllflanke, über die man zur Südostschulter (2784 m) der Cima Moiazza ansteigt, *4 3/4 Std.*

↑ Cima Moiazza Sud
Hier zweigt rechts der Gipfelsteig ab: teilweise steil und luftig mit durchgehender Drahtseilsicherung zum geröllbedeckten Gipfel, *20 Min.*

↓ Ferrata Costantini, Westroute
Der Abstieg beginnt gleich mit einem Highlight: dem faszinierenden Gang über das »Engelsband« (Cengia Angelini) quer durch senkrechte Felsen. Anschließend im Geröll nordseitig hinunter zur *Forcella delle Nevere* (2601 m), wo das Bivacco Ghedini steht (Abstieg zum Rifugio Vazzoler möglich; markiert). Aus der Scharte am Drahtseil kurz aufwärts in die Ostwand der Cima delle Nevere, dann hoch über der mächtigen Schlucht Van dei Cantôi über plattige Felsen und Rippen abwärts und schließlich auf einem schmalen Weg durch Latschen hinunter zum »Dolomiten-Höhenweg 1«, *2 1/4 Std.*

↘ Rückweg
Auf dem vielbegangenen Wanderweg unter den Südwänden des Moiazza-Stocks hinüber zum Rifugio Carestiato (1834 m), zuletzt kurz ansteigend. Auf dem Sandsträßchen zurück zum *Passo Duràn* (1601 m).

80   Via ferrata Gianangelo Sperti
81   Via ferrata Luigi Zacchi
82   Via ferrata Antonio Berti

Monte Schiara, 2565 m
Klettersteigparadies am Südsaum der Dolomiten

ziemlich
schwierig

12 Std.
km

2050 m

Routencharakter: Insgesamt sind Touren in der Schiara sehr anspruchsvoll, sie verlangen neben einer guten Kondition etwas Kletterfertigkeit, wartet etwa die »Ferrata Zacchi« doch auch mit leichten ungesicherten Kletterstellen auf. Wegen der Länge der Tour ist auf jeden Fall eine Übernachtung im Rifugio 7° Alpini angezeigt. Nur bei sicherem Wetter gehen, da unterwegs kaum Rückzugsmöglichkeiten bestehen und auch die Abstiege durchwegs in felsigem Gelände verlaufen.
Ausgangspunkt: Case Bortot (694 m), 7 km von Belluno via Bolzano. Kleiner Wanderparkplatz, Stadtbus bis Gioz (525 m).
Gehzeiten: Gesamt 12 Std.; Aufstieg »Zacchi« und »Berti« 6 ½ Std., Abstieg »Sperti« 5 ½ Std. Nimmt man den Abstieg über die »Ferrata Marmol«, ergibt sich eine Gesamtgehzeit von etwa 11 Std.
Markierung: Zugang rot-weiß-rot mit CAI-Nummer 501, »Zacchi« Nummer 503; an der »Sperti« und am Gipfelweg rote Punkte.

Landkarten: Tabacco 1:25 000, Blatt 024 »Prealpi e Dolomiti Bellunesi«. Freytag&Berndt 1:50 000, Blatt WKS 15 »Pale di San Martino-Ágordo«.
Highlights: Die kühne »Ferrata Zacchi« mit dem schlanken Felszahn der Gusela als finalem Bild, der Meerblick bei klarer Sicht.
Einkehr/Unterkunft: Rifugio 7° Alpini (1502 m), ◷ Mitte Juni bis Ende September; Tel. 0437/94 16 31. Neben der Hütte steht die Capanna Lussato (1498 m), außerhalb der Bewirtschaftungszeit für Selbstversorger offen.
Unterkunft: Bivacco Sperti (2030 m), Bivacco Ugo Bernardina (2320 m), Bivacco Marmol (2266 m); Notunterkünfte, stets zugänglich.
Fototipps: Sowohl die »Sperti« als auch die »Zacchi« bieten viele schöne Motive, mit oder ohne Action. Und natürlich muss die Gusela aufs Bild! Dank der südseitigen Exposition hat man auf den Schiara-Steigen fast den ganzen Tag über gute Lichtverhältnisse – wenn die Sonne scheint.

Schiara-Klettersteige

Rifugio
7° Alpini

Was für Bozen der Rosengarten, ist für Belluno die Schiara: das alpine Wahrzeichen. Und ein veritables Tourenrevier dazu, mit zahllosen Kletterrouten und nicht weniger als fünf Vie ferrate. Anders als bei den berühmten Vorzeigegipfeln im Hinterland der Südtiroler Landeshauptstadt gibt es hier allerdings weder Straßen noch Lifte, die den Zugang verkürzen, und nur eine einzige bewirtschaftete Hütte über dem inneren Val d'Ardo, am Fuß der riesigen Felsfront – und die braucht's auch dringend. Denn als Tagestouren sind die Steige hier höchstens für

Konditionsbolzer geeignet: 2000 Höhenmeter und mehr! Wer auf dem Rifugio 7° Alpini
übernachtet, kann alle fünf Ferrate kombinieren: die romantische »Sperti«, die atemberaubend kühne »Zacchi«, die »Berti«, die auf
den höchsten Punkt des Massivs (Schiara,
2565 m) führt, die »Marmol« und die kurze
»Guariano«, die zusammen eine Überschreitung des Monte Pelf (2502 m; ⇨ Touren 83,
84) ermöglichen. Wouwwh!
Sicheres Wetter braucht's dazu, keine Gewit-
terwolken – und vor allem keine Südwinde.
Aufgrund ihrer Alpenrandlage sind Nebel an
der Schiara sehr häufig, und wenn ein Adria-

tief im Anrücken ist, braucht man sich sowieso nicht in diese Ecke der
Alpen zu bemühen. Eine besonders schöne Jahreszeit für Touren hier ist
der Herbst, wenn der Nordföhn vom Alpenhauptkamm herabbläst, den
grauen Smog aufs nahe Meer hinaus treibt und oben am Gipfel für glas-
klare Sicht sorgt.

*In der Süd-
wand der
Schiara.*

➔ **Anfahrt** Von Belluno (383 m), der Provinzhauptstadt am Piave,
über Bolzano zum Wanderparkplatz bei den Case Bortot (694 m).

↗ **Hüttenanstieg** Zunächst auf breitem Weg leicht ansteigend ins Valle
d'Ardo, dann mit Aussicht auf die zerklüftete Südwand der Schiara
hinab zur Ponte del Mariano (681 m). Hier erst, an der Mündung des
Val de Rui Fret, beginnt der eigentliche Hüttenaufstieg. Er führt rechts
des Ardobachs weiter taleinwärts, dann in Kehren hinauf zum *Rifugio
7° Alpini* (1502 m).

↑ **Via ferrata Sperti** Von der Hütte westwärts, der Markierung 504 folgend, über mehrere Gräben, dann an einem Latschenhang hinauf zum
ersten Drahtseil (ca. 1830 m). Nun durch steile Rinnen, über gestufte
Felsen und steile Grashänge, teilweise gesichert, zum *Bivacco Sperti*
(2030 m) in hübscher Lage auf einer Wiesenterrasse. Hinter dem Biwak abwechselnd ansteigend und querend zur Mündung des felsigen
Canalone, der von der *Forcella Sperti* (ca. 2250 m) herabzieht. An
Drahtseilen und über Leitern steil hinauf in den Grateinschnitt, wo die
landschaftlich sehr reizvolle Querung hinüber zur Gusela ansetzt.
Man passiert dabei mehrere namenlose Scharten, umgeht die Kamm-
zacken der Pale del Balcon und des Nasòn. Am Fuß der schlanken
Gusela-Nadel, beim *Bivacco Bernardina* (2320 m), läuft die wenig begangene Route aus, *4 Std.*

80 / 81
82

↑ Via ferrata Zacchi

Den Einstieg zum schönsten, auch längsten Klettersteig an der Schiara erreicht man vom Rifugio 7° Alpini in dreiviertelstündigem Anstieg auf markierter Spur; er befindet sich unmittelbar neben einem auffallenden, portalförmigen Felsausbruch am Wandfuß (ca. 1800 m). Spektakulär der Auftakt: Drahtseile, zwei luftige Leitern, ein enger Felsspalt, dem man an Eisenbügeln entsteigt. Eine tiefe Schlucht wird auf schmalen, gesicherten Bändern ausgegangen; wenig höher, auf einem begrünten Rücken (ca. 1880 m), zweigt rechts die »Ferrata Marmol« ab (⇨ Tour 83).

An der »Zacchi« beginnt nun eine längere, teilweise gesicherte Diagonale nach links. Ein senkrechter Kamin (Drahtseil) verlangt vollen Einsatz, dann läuft die Route über mehrere Pfeilerköpfe und gewinnt so schließlich den Rand einer markanten Felsmulde unter der Schiara-Gipfelwand. Hier rechts hinauf, teilweise wieder in freier Kletterei (I), schließlich nach links und in längerer Querung, zuletzt extrem luftig an einer Griffschiene zum Ausstieg beim *Bivacco Bernardina* (2320 m), *3 ¹/₂ Std.*

↑ Via ferrata Berti

Spektakulär, aber bestens gesichert: die Klettersteige der Schiara.

Der 1959 als Fortsetzung der »Zacchi« angelegte Klettersteig leitet über die zerklüftete Westflanke des Monte Schiara zum Gipfel; sie ist etwas verwickelt im Verlauf, mit Drahtseilen und Leitern ausreichend gesichert. Sehr stimmungsvoll die Rückblicke auf den steinernen Monolith der Gusela del Vescovà und die Pale del Balcon; *1 Std.* bis zum Gipfel.

↘ **Abstiege** Über die »Ferrata Berti« und den »Sperti-Steig« zum Rifugio 7° Alpini oder ostwärts zur Forcella del Marmol (2262 m). Ein schmales Weglein führt am Kamm hinüber zur Anticima (2506 m) und dann über leichtes Felsgelände bergab zu einer Verzweigung. Hier nicht links in die Marmolscharte, sondern rechts hinunter zum *Bivacco Marmol* (2266 m). Weiter auf der »Ferrata Marmol« (⇨ Tour 83) und über das Rifugio 7° Alpini zurück ins Tal.

Via ferrata Marmol 83
Sentiero attrezzato Marino Guardiano 84

Monte Pelf, 2506 m
Der einsame Nachbar

Routencharakter: Bei der »Ferrata del Marmol« handelt es sich um einen mäßig schwierigen Klettersteig; der »Sentiero Guardiano« ist zwar nur kurz, aber anspruchsvoll. Insgesamt eine Tour, die einen erfahrenen, konditionsstarken Bergsteiger verlangt. Nächtigung im Rifugio 7° Alpini unbedingt zu empfehlen!
Ausgangspunkt: Case Bortot (694 m), 7 km von Belluno via Bolzano. Kleiner Wanderparkplatz, Stadtbus bis Gioz (525 m).
Gehzeiten: Gesamt 12 Std.; Aufstieg 7 3/4 Std., Abstieg 4 1/4 Std.
Markierung: Rot-weiß-rot mit CAI-Nummern 501, 514, 511, 505, 507; am »Sentiero Guardiano« rote Punkte.
Landkarten: Tabacco 1:25 000, Blatt 024 »Prealpi e Dolomiti Bellunesi«.

Freytag&Berndt 1:50 000, Blatt WKS 15 »Pale di San Martino-Ágordo-Belluno«.
Highlights: Kulisse der »Ferrata Marmol«, steile Passage am »Sentiero Guardiano«. Der Abstieg ist zwar lang, aber landschaftlich sehr reizvoll.
Einkehr/Unterkunft: Rifugio 7° Alpini (1502 m), ⊕ Mitte Juni bis Ende September; Tel. 0437/94 16 31. Neben der Hütte steht die Capanna Lussato (1498 m), außerhalb der Bewirtschaftungszeit für Selbstversorger offen.
Unterkunft: Bivacco Marmol (2266 m), Bivacco Medassa (1340 m), Notunterkünfte, stets zugänglich.
Fototipps: Action an den Klettersteigen, schöne Stimmungsbilder am späteren Nachmittag beim Abstieg.

mittel/schwierig

12 Std.

2200 m

Der Monte Pelf (2506 m) ist der stille Nachbar der Schiara, ein richtiger Koloss, westseitig über eine breite Mauerflucht abfallend, von Norden, aus dem Circo dal Fontanon, genau so schwer zugänglich. Seine einzige »schwache« Seite weist nach Südosten; an den Crode di Caneva wechseln Gras und Fels ab, und hier führt auch eine dünne Wegspur bis zum langgestreckten Gipfelgrat hinauf. Doch der ist immerhin zweieinhalbtausend Meter hoch, und das ergibt aus dem Ardotal einen Anstieg von schon fast westalpinem Zuschnitt, nur halt viel, viel heißer ... Kein Wunder, dass der Pelf da nur selten Besuch er-

Mächtiger Nachbar der Schiara: der Monte Pelf.

83 / 84 hielt, während sich drüben am Monte Schiara die »Ferratisti« tummelten, auf der berühmten »Zacchi« und an der »Marmol«.

Inzwischen hat sich das geändert, der Gipfel ist zwar immer noch gleich hoch, doch hat er jetzt auch seinen Klettersteig. Obwohl nur kurz (aber knackig), schließt die Route die entscheidende Weglücke zwischen der Forcella del Marmol und dem Gipfel, was mithin eine Überschreitung des großen Berges ermöglicht. Und das Pensum lässt sich durch eine Übernachtung im Rifugio 7° Alpini auch noch »menschlicher« gestalten – zweitausend Höhenmeter sind im Abstieg schon genug...

➜ **Anfahrt** Von Belluno (383 m), der Provinzhauptstadt am Piave, über Bolzano zum Wanderparkplatz bei den Case Bortot (694 m).

↗ **Hüttenanstieg** Zunächst auf breitem Weg leicht ansteigend ins Valle d'Ardo, dann mit Aussicht auf die zerklüftete Südwand der Schiara hinab zur Ponte del Mariano (681 m). Hier erst, an der Mündung des Val de Rui Fret, beginnt der eigentliche Hüttenaufstieg. Er führt rechts des Ardobachs weiter taleinwärts, dann in Kehren hinauf zum *Rifugio 7° Alpini* (1502 m).

↑ **Via ferrata del Marmol**

Zum Einstieg kommt man in einer Dreiviertelstunde; er befindet sich neben einem bereits von der Hütte aus gut sichtbaren, großen Blindportal am Fuß der Schiara-Südwand. Nach einer kurzen Querung und zwei Leitern leiten die Markierungen in einen engen Spalt, dem man an Eisensprossen entsteigt. Nun auf schmalen Bändern um eine tiefe Schlucht herum und über leichte Felsstufen hinauf zu einem begrünten Buckel (ca. 1880 m). Hier zweigt die »Ferrata Zacchi« (⇨ Tour 81) links ab; die »Marmol« führt über Felsbänder, teilweise etwas luftig, aber gut gesichert, in ein riesiges steinernes Amphitheater. Über angenehm gestufte Felsen geht's, gelegentlich mit Drahtseilhilfe, hinauf zum Rand dieser Riesenbühne, zu einer winzigen Scharte (ca. 2150 m) mit Kraxeltürmchen und faszinierendem Blick in die wilde Marmolschlucht. Nun links, dem durchlaufenden Drahtseil folgend, steil auf eine grasige Kuppe und zum *Bivacco Marmol* (2266 m). Vom Biwak noch kurz bergan gegen den Ostrücken des Monte Schiara, an der Abzweigung des Gipfelststeigs rechts und über Felsen hinab in die *Forcella del Marmol* (2262 m), 3 ½ *Std.*

↑ **Sentiero attrezzato Guardiano**

Aus der engen Scharte nach links in die Felsen. Das straff gespannte Drahtseil läuft erst schräg über leichte Felsen, geht dann kurz in die Vertikale. Mit vollem Einsatz meistert man diese Schlüsselstelle (keine

künstlichen Tritte!) am Nordwestgrat des Monte Pelf. Knapp 100 Meter über der Forcella del Marmol läuft der Klettersteig bereits aus; Markierungen und Pfadspuren leiten am Kammrücken entlang mit einigem Auf und Ab zum höchsten Punkt (2506 m) und hinüber zum Ostgipfel mit Steinmann und Buch, *1 ¼ Std.*

Kurz, aber knackig: Schlüsselstelle am »Sentiero Guardiano«.

↘ **Abstieg** Auf markiertem Weg an dem mit Edelweiß übersäten Ostrücken abwärts, vorbei am isolierten Felszacken des Sass del Mel (2075 m), dann rechts hinüber zur Forcella Pis Pilon (1733 m). Hier links durch ein Tälchen weiter abwärts zum Bivacco de la Medassa (1340 m) und schließlich über die bewaldete Flanke des »Kaltwassertals« (Val de Rui Fret) hinunter zur Ardobrücke (681 m). Mit kleiner Gegensteigung zurück zum Ausgangspunkt der großen Gipfeltour.

PALA

Ihr abenteuerlich gezacktes Profil ist Blickfang im Panorama vieler Südalpengipfel, auch weit außerhalb der Dolomiten. Ob man auf dem Monte Grappa steht, vom langgestreckten Höhenrücken des Monte Baldo nach Osten schaut oder die immense Rundschau der Marmolada genießt, stets sind die markanten Felsbauten der Pale di San Martino ein Blickfang. Sie gehören zweifellos zu den attraktivsten Dolomitenregionen: wilder noch als die Berge des Grödner Tals oder des Hochabtei. Und was Klettersteigler besonders interessiert: zwischen dem Cimòn della Pala und den Pale di San Martino gibt es gut ein Dutzend gesicherte Routen – von leicht bis sehr schwierig. Ein Klassiker ist die »Bolver-Lugli« am Cimòn della Pala (⇨ Tour 96), sehr beliebt auch die Steige rund um Sass Maor und Cima della Madonna (⇨ Touren 91-95). Ganz im Osten des rund 250 Quadratkilometer großen Massivs steht der Agnèr; die »Stella Alpina« (⇨ Tour 86) ist eine der anspruchsvollsten Ferrate der Dolomiten überhaupt. Als echter Geheimtipp gilt schließlich der »Sentiero Miola« in den Pale di San Lucano (⇨ Tour 85) – nichts für »Eisenfresser«, aber schließlich gucken auch Klettersteigler nicht nur aufs Metall, oder?

Hüttenkletter-steig: die »Ferrata del Canalone« im Val Canali.

85 Sentiero Miola

Bivacco Bedin, 2210 m
Traumpfad in der »kleinen« Pala

ziemlich/
schwierig

9 Std.
km

1700 m

Routencharakter: Etwas für Leute mit einem ausgeprägten Hang zum Abenteuerlichen! Die über anderthalb Kilometer Anstiegsleistung, ein sehr verwickelter Wegverlauf, eine knackige Miniferrata und die wildromantische Kulisse ergeben einen tollen Mix. Ausdauer und alpine Erfahrung unerlässlich. Achtung: Die in manchen Wanderkarten noch herumgeisternde »Via ferrata Miola« am Monte San Lucano (2409 m) ist längst abgebaut, alle Markierungen wurden entfernt!

Ausgangspunkt: Forno di Val (635 m), Dörfchen am Eingang ins Valle di San Lucano. Zufahrt von Ágordo via Taibon Agordino, 3 km. Parkmöglichkeit am Ortsende; Busverbindung mit Ágordo.

Gehzeiten: Gesamt 9 Std.; Aufstieg 6 ½ Std., Abstieg 2 ½ Std.

Markierung: Ziemlich verwaschene, gelegentlich nur schwer zu findende Markierungen, rot-weiß-rot, CAI-Nummern 765, 764.

Landkarten: Tabacco 1:25 000, Blatt 022 »Pale di San Martino«. Freytag&Berndt 1:50 000, Blatt WKS 15 »Pale di San Martino-Ágordo-Belluno«.

Highlights: Eine Übernachtung im Bivacco Bedin, Sonnenuntergang inklusive! Und natürlich der abwechslungsreiche Aufstieg aus dem wilden Schlund des Valle della Besáusega.

Unterkunft: Bivacco Margherita Bedín (2210 m), Notunterkunft (aber eine komfortable!), stets zugänglich.

Fototipps: Die Südabstürze der Pale di San Lucano mit ihren riesigen Höhenunterschieden bieten packende Landschaftsmotive. Blick auf den Agnèr, beim Abstieg Richtung Norden zur Marmolada. Und dann: Sonnenuntergang am Bivacco Bedín (siehe oben)!

Dass es auch in den Dolomiten noch viel »Bergesruh'« gibt, abseits der Trampelpfade und vor allem im Süden des Gebirges, wissen Kenner schon lange. Da sind die Wege steiler, die Gipfel dafür weniger berühmt. Wer kennt die Pale di San Lucano (2409 m), jenen vergleichsweise kleinen »Ableger« der großen Pala im Winkel über den Tälern von San Lucano und Cordévole? Dass oben, fast schon in Gipfelnähe, vor einem einmaligen Panorama ein kleines, unbewirtschaftetes Rifugium steht, dürfte ebenfalls nicht vielen bekannt sein. Daran wird sich auch kaum etwas ändern, denn der Weg zu diesem wundervoll-einsamen Platz ist ausgesprochen weit, heiß und anstrengend, zudem noch mit einer sehr steilen 100-Meter-Klettersteigpassage gewürzt. Aber halt so schön, ehrlich ...

➔ **Anfahrt** Von Ágordo bzw. Cenceninghe im Cordévoletal nach Taibon Agordino und weiter nach Forno di Val (635 m).

↑ **Sentiero Miola**

Hinter den letzten Häusern, bei dem ehemaligen Kieswerk, markiert eine Tafel den Beginn des »Sentiero Miola«. Kurz auf schottriger Piste zum Waldrand, dann dem schmalen Pfad folgend steil, aber überwiegend schattig aufwärts. Im Rücken hat man dabei die Sonne und den

85

Monte Agnèr (2872 m), der in einem Zug über 2000 Meter aus dem Valle di San Lucano aufsteigt. Bei den winzigen Felszacken von Piloi (1372 m) wendet sich der Weg in den Riesenschlund des Valle della Besáusega. In anregendem Auf und Ab geht's an steilem Hang taleinwärts, zuletzt hinab in den Grund des Boràl (so heißen diese Schluchten bei den Einheimischen). Nun unter dem senkrechten Absturz der Seconda Pala (2340 m) in der Klamm aufwärts, über Felsblöcke, Geröll und meistens auch noch einen Lawinenrest zum Einstieg der kurzen Ferrata (ca. 1500 m). Anstrengend durch einen engen Kamin, über gestufte Felsen und an einem gerade fußbreiten Riss zum Ausstieg. Über steile Wiesenhänge aufwärts gegen den Wandfuß der Cime (2296 m), dann unter den Felsen nach rechts weiter bergan zu der kleinen Mulde am Col del Bus (1868 m). An ihrem linken Rand über felsdurchsetzte Steilhänge zu einer Minischarte am Corn del Bus (2071 m), wo sich ein packender Blick ins Valle Corpassa und auf die Civetta bietet. Weiter über einen Schrofenhang zum letzten Felsaufschwung, der unweit vom *Bivacco Bedín* (2210 m) ins Flache ausläuft, *6 ¹/₂ Std.*

Gesicherte Steilpassage am »Sentiero Miola«.

85

↘ Abstieg Vom Biwak auf teilweise recht schmalen Bändern hoch über dem schwindelnden Graben des innersten Valle della Besáusega hinüber zur *Forcella della Besáusega* (2131 m). Sie wird nur tangiert; die Markierungen leiten nordwärts hinab zur verlassenen Malga d'Ambrusogn (1700 m). Nun talauswärts durch das Valle del Torcòl; unterhalb einer verfallenen Alm führt der Weg an der sehenswerten Cascata la Pissa vorbei. Über den Weiler Pradimezzo (873 m) erreicht man schließlich Cencenighe Agordino (773 m), zuletzt auf einer Asphaltstraße.

Von der For-cella della Besáusega genießt man einen Pracht-blick auf die Marmolada.

Via ferrata Stella Alpina
Sentiero del Canalone

86
87

Monte Agnèr, 2872 m
Was für ein Berg!

Routencharakter: Die »Ferrata Stella Alpina« gehört zu den schwierigsten Klettersteigen der Dolomiten! Wer sich die Route nicht zutraut, hat im »Weg der Erstbesteiger« eine lohnende (aber ungesicherte) Alternative. Gipfelsteig und Abstieg über den »Sentiero del Canalone« sind bei guten Verhältnissen problemlos; von Frassenè aus ist der Agnèr als Tagestour (wenn der Lift nicht fährt) fast zu anstrengend.
Ausgangspunkt: Bergstation (1704 m) des Sessellifts zur Malga Losch; ihre Talstation befindet sich in dem Dörfchen Frassenè (1084 m). Die Anlage ist Juli und August täglich, im September nur an Wochenenden von 8–17 Uhr in Betrieb.
Gehzeiten: Gesamt 7 Std.; Aufstieg 4 $^1/_2$ Std., Abstieg 2 $^1/_2$ Std.
Markierung: Rote und gelbe Punkte; Gip-

felsteig recht sparsam bezeichnet.
Landkarten: Tabacco 1:25 000, Blatt 022 »Pale di San Martino«. Freytag&Berndt 1:50 000, Blatt WKS 15 »Pale di San Martino-Ágordo-Belluno«.
Highlights: Kletterei an der »Stella Alpina«, Edelweiß auf den Lastei, Fernsicht vom Gipfel mit Tiefblicken ins Valle di San Lucano.
Einkehr/Unterkunft: Rifugio Scarpa-Gurekjan (1742 m), ☉ 20. Juni bis 20. September; Tel. 0437/670 10.
Unterkunft: Bivacco Biasin (2650 m), Notunterkunft, stets zugänglich.
Fototipps: Wer noch die Nerven dazu hat, kann im Steilfels tolle Bilder schießen. Eine Übernachtung im Bivacco Biasin garantiert bei Schönwetter einmalige Stimmungsbilder.

sehr schwierig

7 Std.

1100 m

Der Agnèr (2872 m), alpines Wahrzeichen des Talkessels von Ágordo, gehört zu den eindrucksvollsten Berggestalten nicht nur der Pala, sondern der Dolomiten überhaupt. Seine schönste Seite wendet er aber nicht dem Cordévoletal, sondern dem Valle di San Lucano zu. Wie ein ins Gigantische vergrößerter Obelisk steht er über dem Tal; seine

Nordkante, über eineinhalb Kilometer hoch, wurde 1932 erstmals durchstiegen, 1967 von Reinhold und Günther Messner mit Sepp Mayerl dann sogar im Winter. Cesare Tomè und seine Begleiter, die als erste überhaupt den stolzen Gipfel erreichten – im August 1875 – nahmen den Weg über die Südseite; ihre Route rechts des riesigen Canalone ist heute noch ein empfehlenswerter Anstieg, gut markiert und logisch im Verlauf, auch kaum durch Steinschlag gefährdet. Das kann man vom Steig durch den Gran Canalone nicht unbedingt behaupten; immerhin

Ferrata Stella Alpina

Canalone

ist er vor einigen Jahren gründlich saniert worden. Neue
Drahtseile bekam jüngst auch
die »Ferrata Stella Alpina«, eine
gesicherte Route der Spitzenklasse, die über den nahezu
senkrechten Felsabbruch unterhalb der Lastei d'Agnèr verläuft.
Wer sich an der »Piazzetta« oder
an der »Costantini« bewährt hat,
braucht allerdings auch vor dieser Prüfung keine Angst zu haben – Neulinge nehmen auf jeden Fall einen der beiden anderen Wege, klar?

→ **Anfahrt** Von Ágordo auf guter
Straße nach Frassenè (1064 m)

Der (ungesi-
cherte) Weg
der Erstbestei-
ger wartet mit
ein paar
leichten Klet-
terstellen auf.

und mit dem Sessellift hinauf ins Almgelände von Losch. Etwas oberhalb der Bergstation (1704 m), auf einer aussichtsreichen Kuppe, steht
das Rifugio Scarpa-Gurekjan (1748 m); zu Fuß von Frassenè 2 Stunden.

↗ **Zustieg** Von der Liftstation zur Malga Losch, dann (Markierungen
rot und gelb) über einen grasigen Rücken aufwärts und halb rechts
über einen Geröllhang gegen die Mündung des Canalone ansteigend.

↑ Via ferrata Stella Alpina

Pfeile weisen noch vor der Schlucht links zum Klettersteig. Den Farbtupfern folgend steigt man über den gestuften Felsvorbau (Drahtseil)
auf einen Schrofenhang, der am eigentlichen Wandfuß (ca. 2010 m)
ansetzt. Der Hinweis »difficile – pericoloso« soll Ungeübte abschrecken. Dazu reicht aber meistens schon ein Blick nach oben, in
die rund 300 Meter hohe Mauer. Lediglich ein in kurzen Abständen
verankertes Drahtseil sichert die Route, die über plattige Felsen, durch
Kamine und Steilrinnen sehr direkt ansteigt. Eine Linksquerung in halber Wandhöhe verlangt gute Nerven, das glatte Ausstiegswandl (ca.
2320 m) dann nochmals kräftigen Armzug. Immerhin sind hier mittlerweile Eisenstifte als Tritthilfe angebracht worden. Markierungen und
Wegspur leiten anschließend über die riesigen, mit Edelweiß
(= Stella alpina) übersäten Plattenschüsse der Lastei d'Agnèr in die
Forcella del Pizzon (2623 m), *3 Std.* Einige etwas ausgesetzte Querun-
gen sind mit Drahtseilen gesichert; rechts münden die beiden anderen
Südanstiege.

Etwas oberhalb der Scharte, die einen ersten Blick über das Valle di San
Lucano zur Marmolada gestattet, steht das rote Bivacco Biasin (2650
m). Gleich hinter der Blechschachtel führt der Gipfelsteig in die Westflanke des Monte Agnèr. Leichte Kletterstellen wechseln in der Folge mit
gesicherten Passagen (Drahtseile) ab; schließlich leiten die Markierungen aus Nordwesten zum Gipfel, *1 Std.* ab Forcella del Pizzon.

↓ Sentiero del Canalone

Erst jüngst (wieder einmal) saniert, dient der Weg durch den Canalone
(auch »Via del Nevaio«) normalerweise als Abstieg. Die rot markierte
Route verläuft im wesentlichen links (im Abstiegssinn) der mächtigen
Geröllschlucht; nur einmal wird der Klammgrund kurz betreten. Neue
Drahtseile sichern alle heiklen Stellen; an der Mündung quert man
über Geröll oder Altschnee nach rechts zum Anstiegsweg.

↑ Weg der Erstbesteiger

Berühmt bei Kletterern: die Nordkante des Agnèr.

Eine Alternative zur »Ferrata Stella Alpina«, etwas weiter als der »Sentiero del Canalone«, aber überwiegend frei von Geröll und kaum durch
Steinschlag gefährdet. Den gelben Markierungen folgend zunächst
ohne Höhengewinn
nördlich durch das
Bergsturzgelände im
Vorfeld des Gran Ca-
nalone, dann links im
Zickzack über steile
Wiesenhänge auf-
wärts. In leichter,
kaum ausgesetzter
Kletterei weiter berg-
an bis unter die Gip-
felwand des Agnèr,
dann bei einem
Überhang links in die
Schrofenzone ober-
halb des Canalone.
Nun mit dem
Schluchtweg über die
mit feinem Kies be-
deckten Platten (Vor-
sicht!) hinauf zum Bi-
vacco Biasin (2650
m), *3 ¼ Std.*

88 Sentiero del Dottor

Forcella dell'Orsa, 2330 m
Einsamer Winkel der Pala

ziemlich
schwierig

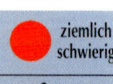
9 Std.
km

1900 m

Routencharakter: Große Rundtour mit verhältnismäßig wenig Eisen. Für die Ferrata Selbstsicherung und Helm erforderlich; im Frühsommer können Steigeisen (Grödel) und Teleskopstöcke im Vallon dell'Orsa nützlich sein. Kein Stützpunkt unterwegs, ab Hochsommer auch kaum Wasser! Bei Nebel ist die Orientierung nicht einfach.
Ausgangspunkt: Col di Prà (843 m), Weiler im innersten Valle die San Lucano, 10 km ab Ágordo. Parkplatz, keine Busverbindung.
Gehzeiten: Gesamt 9 Std.; Aufstieg bis Forcella dell'Orsa 5 Std., Forcella del Miel 1 ½ Std., Abstieg 2 ½ Std.
Markierung: Rot-weiß-rot mit den Num-

mern 767, 707 und 705. Die Markierungen könnten eine Auffrischung gut vertragen!
Landkarten: Tabacco 1:25 000, Blatt 022 »Pale di San Martino«. Freytag&Berndt 1:50 000, Blatt WKS 15 »Pale di San Martino-Ágordo-Belluno«.
Highlights: Die großartige Felskulisse des Valle d'Angheraz, der Blick von oben ins Canalital – und die Einsamkeit dieser Bergregion.
Einkehr/Unterkunft: —
Fototipps: Talschluss von Angheraz am frühen Morgen und im späten Abendlicht, Passagen an der Ferrata, die Felskulisse des Canalitals.

Palakenner wissen es: Das Valle d'Angheraz mit seinem weiten Gipfelkranz gehört fraglos zu den schönsten Winkeln der Pala. Trotzdem trifft man hier nur wenige Bergsteiger; die meisten Besucher beschränken sich auf einen Ausflug nach Col di Prà, spazieren vielleicht noch ein Stück weit in das gegen Süden ansteigende Tal. Der Grund ist einfach: nur wenige Wege, kein Stützpunkt weit und breit. Immerhin, zwei markierte Routen verbinden das Valle d'Angheraz mit dem benachbarten Canalital, ein Wanderweg und eine Via ferrata. Der »Sentiero del Dottor«, ein recht anspruchsvoller Klettersteig, überwindet den steilen Felsriegel im Talinnern. Da beide Steige knapp jenseits der Wasserscheide zum Val Canali zusammentreffen, ergibt sich die Möglichkeit zu einer großen Runde: ein anstrengendes Tagespensum, das beste Kondition voraussetzt, am »Sentiero del Dottor« auch etwas Kletterfertigkeit und Immunität gegen schwindelnde Tiefblicke. Bereits 1925 angelegt, gehört die Route zu den ältesten Eisenwegen in den Dolomiten; die Sicherungen wurden vor ein paar Jahren erneuert. Ihr Name erinnert an Dr. (»Dottore«) Giulio Vianello, einst Präsident der CAI-Sektion Treviso.

➜ **Anfahrt** Von Ágordo (611 m) über Taibon Agordino ins Valle di San Lucano, bis zum Weiler Col di Prà (843 m) 10 km.

↗ **Zustieg** Auf einer rauen Schotterpiste taleinwärts, vorbei an der längst verlassenen Malga d'Angheraz (1048 m). Grandios der Gipfelkranz; über dem Talschluss wuchtig der hohe Rücken der Croda

Granda (2849 m). In zuletzt steilerem Anstieg erreicht man den Einstieg der Ferrata (ca. 1540 m).

↑ Sentiero del Dottor
Die ersten Drahtseile und eine kurze Leiter leiten steil auf einen aus der Wand vorspringenden Felskopf. Nun links durch eine Verschneidung zu drei senkrechten Leitern, über die man auf ein schmales, exponiertes Band gelangt. Es führt – durchgehend mit Drahtseilsicherung – nach rechts ansteigend durch den Felsabbruch zum Ausstieg.

Nun auf dünner Spur durch das »Bärental« (Vallon dell'Orsa) steil bergan; in dem engen, nordseitigen Graben liegt meistens bis in den Hochsommer Schnee. Felsaufschwünge lassen sich jeweils leicht umgehen. Unterhalb der *Forcella dell'Orsa*, die den Übergang ins Canalital vermittelt, zweigt rechts der markierte »Sentiero Remo Furlan« ab; er führt über leichtes Fels- und Karstgelände direkt in die Forcella del Mièl. Wer sich für diese Wegvariante entscheidet, spart 150 Höhenmeter (und ³/₄ Std. Gehzeit); dafür muss man auf den herrlichen Blick ins Canalital verzichten. Der öffnet sich erst oben an der *Forcella dell'Orsa* (2330 m), zu der ein Drahtseil hinaufhilft, *2 ¹/₂ Std.*

↘ Rückweg/Abstieg Jenseits der schmalen Scharte kurz im Geröll abwärts zu Weg 707, der vom Rifugio Treviso heraufkommt, und auf ihm bergan in den *Passo Canali* (2469 m). Hier kommt die nächste Wegstation ins Blickfeld, die *Forcella del Mièl* (2520 m); nicht zu übersehen ist auch der mit gut 100 Metern »verlorener« Höhe verbundene Zwischenabstieg in einen flachen, karg begrünten Boden. Hinter dem Sattel geht's dann endgültig bergab, zunächst über die steinigen Wiesenhänge unter dem Costone del Mièl in den Pian del Mièl (1866 m) und weiter vorbei am Col dei Fagher (1856 m) hinunter nach *Col di Prà* (843 m).

Ein Landschaftsjuwel: das Valle d'Angheraz.

89

Via ferrata Fiamme Gialle – Bivacco Reali

Bivacco Reali, 2595 m
Große Runde über dem innersten Valle dei Canali

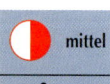 mittel

 8 Std.

 1450 m

Routencharakter: Eine große Tour mit kurzer, mäßig anspruchsvoller Ferrata – hier steht eindeutig das Bergerlebnis im Vordergrund! Der (ungesicherte) Abstieg in die Vani Alti setzt etwas Kletterfertigkeit voraus; insgesamt sind Ausdauer und Bergerfahrung verlangt.
Ausgangspunkt: Wanderparkplatz (1305 m) im Valle dei Canali, unweit der Malga Canali. Zufahrt von Fiera di Primiero (713 m) über die Cereda-Passstraße und Cant del Gal (1180 m), knapp 9 km.
Gehzeiten: Gesamt 8 Std.; Aufstieg 4 ½ Std., Abstieg über den »Sentiero Vani Alti« 3 ½ Std. (Abstieg über den Klettersteig 2 ½ Std.)
Markierung: Zustieg rot-weiß-rot mit der

SAT-Nummer 707, Klettersteig und Abstieg rote Punkte.
Landkarten: Tabacco 1:25 000, Blatt 022 »Pale di San Martino«. Freytag&Berndt 1:50 000, Blatt WKS 15 »Pale di San Martino-Ágordo-Belluno«.
Highlights: Felskulisse des Canalitals, Übergang vom Bivacco Reali zu den Vani Alti.
Einkehr/Unterkunft: Rifugio Treviso (1631 m), ⏲ Anfang Juni bis Anfang Oktober; Tel. 0439/623 11.
Unterkunft: Bivacco Reali (2615 m), Notunterkunft, stets zugänglich.
Fototipps: Bei schönem Wetter ist die ganze Tour ein einziger Fototrip. Tolle Motive vor allem am Weg vom Bivacco Reali in die Vani Alti: Pala total!

Keine Frage, die Runde im hintersten Canalital gehört zu den lohnendsten Unternehmungen in der Pala, und wer dabei nur aufs Eisen guckt, ist selber schuld. Denn hier sind es die Berge, die Gipfel, Grate, Karwinkel und Schluchten rund um die Croda Granda (2849 m) vor allem, die den Tourentag prägen, sind die Drahtseile an der (ziemlich kurzen) Ferrata eher Zugabe, vor allem, wenn man über den »Sentiero dei Vani Alti« absteigt. Der hätte ursprünglich auch ein Klettersteig werden sollen, Haken stecken im Fels, doch die Drahtseile verrosten am Einstieg. So muss man ungesichert in die »hohen Kare« (= Vani Alti) hinunter: etwa 100 Tiefenmeter im Schwierigkeitsgrad I-II.

→ **Anfahrt** Von Fiera di Primiero (713 m) über die Cereda-Passstraße und Cant del Gal (1180 m) bis zum Wanderparkplatz (1305 m) im inneren Val Canali, knapp 9 km.

 **Tipp** Wer die Klettersteigtour mit einer Besteigung der *Croda Granda* (2849 m) verbinden will, muss dafür mindestens zwei Stunden einkalkulieren. Zwischen dem Bivacco Reali und dem Gipfelkreuz liegen zwar bloß 250 Höhenmeter – aber auch die *Forcella Sprit* (ca. 2550 m), zu der man erst einmal absteigen muss. Aus der Scharte auf einer deutlichen Wegspur über Geröll hinauf zu einem markanten Schuttband. Es leitet in ein felsumrahmtes Hochkar, das Vallon delle Miniere. Steinmännern und Pfadspuren folgend hinauf in die Scharte zwischen Ost- und Hauptgipfel und über den Grat zum Gipfel.

↗ **Zustieg** Auf dem Schottersträßchen taleinwärts, dann über das Geröllbett des Canalibachs und in vielen kurzen Kehren an dem bewaldeten Hang hinauf zum *Rifugio Treviso* (1631 m). Nun unter

89

den Felsen der Pala del Rifugio und der Cima Sant'Anna in den innersten Kessel des Valle dei Canali. Grandios die Kulisse mit der zerklüfteten Cima dei Lastei (2798 m) und der Cima Manstorna (2816 m) zur Linken. An der Mündung des Vallon del Coro (ca. 2050 m) zweigt rechts der Weg zum Bivacco Reali ab. Von roten Punkten geleitet steigt man durch das steinige Hochkar des »Chors« – hohe Felsmauern links wie rechts – bergan.

↑ Ferrata Fiamme Gialle – Bivacco Reali

Oberhalb des Felsvorbaus (Rastplatz), der rechts umgangen wird, beginnt das eiserne Vergnügen (ca. 2400 m). Die lediglich mit Drahtseilen gesicherte Route steigt parallel zu der engen Schlucht, die von der Marmor-Scharte herabzieht, über steile, gestufte Felsen an. Die steinschlaggefährdete Rinne wird nur kurz tangiert und erst zuletzt nach links zur Ausstiegswand gequert. Abrupt der Szenenwechsel: aus der Vertikalen ins Flache! Ein paar Gehminuten östlich der *Forcella del Marmor* (2570 m) steht auf dem Karrenplateau das *Bivacco Reali* (2595 m),³/₄ *Std.*

↘ Sentiero dei Vani Alti

Rote Markierungen leiten vom Altipiano dei Foch mit freier Sicht auf das wuchtige Gegenüber der Croda Granda (2849 m) leicht ansteigend in die schrofige Ostflanke der Cime dei Vani Alti (2728 m). Die dünne Wegspur führt unmittelbar am Ansatzpunkt des Vallon di Sprit, einem wilden Schlund, vorbei und senkt sich dann durch ein steiniges Hochkar hinunter zur *Forcella dei Vani Alti* (2529 m); dabei steht der Sasso d'Ortiga (2634 m), einer der bekanntesten Klettergipfel in diesem Teil der Pala, direkt vor einem.

Am Aufstieg zum Bivacco Reali.

Zum Valle dei Canali bricht die Scharte jäh in den felsummauerten Kessel der Vani Alti ab. Auf teilweise schmalen, auch ausgesetzten Felsbändern (I-II; Haken zur Partnersicherung) steigt man hinunter in das Kar und zum Ausstieg der nie realisierten »Ferrata Bagnin« (ca. 2350 m, Tafel). Nun auf bezeichneter Spur über Geröll und Schneereste steil abwärts zum quer verlaufenden Weg 707.

↘ **Talabstieg** Auf dem Anstiegsweg zurück zum Rifugio Treviso (1631 m) und hinunter ins Valle dei Canali.

90

Ferrata del Canalone

Punta della Disperazione, ca. 1730 m
Kurz und bündig

 schwierig

 2½ Std.

 430 m

Routencharakter: Steile, aber bestens gesicherte Hüttenferrata.
Ausgangspunkt: Wanderparkplatz (1305 m) im Valle dei Canali, unweit der Malga Canali. Zufahrt von Fiera di Primiero (713 m) über die Cereda-Passstraße und Cant del Gal (1180 m), knapp 9 km.
Gehzeiten: Gesamt 2½ Std.; Aufstieg 1½ Std., Abstieg 1 Std.
Markierung: Hüttenweg rot-weiß-rot mit der SAT-Nummer 707, Zustieg über Steig 718.

Landkarten: Tabacco 1:25 000, Blatt 022 »Pale di San Martino«. Freytag&Berndt 1:50 000, Blatt WKS 15 »Pale di San Martino-Agordo-Belluno«.
Highlights: Knackig-luftige Passagen an der Ferrata.
Einkehr/Unterkunft: Rifugio Treviso (1631 m), ⏰ Anfang Juni bis Anfang Oktober; Tel. 0439/623 11.
Fototipps: Der senkrechte Pfeiler gibt gute Actionmotive ab.

Viel mehr als eine Übungsferrata ist die 50-Meter-Vertikale an den Sockelfelsen der Punta della Disperazione (2083 m) nicht: steil, mit einem durchlaufenden Drahtseil und einigen Eisengriffen bzw. –tritten. Wer vor einer größeren Tour, etwa auf die Croda Granda (2849 m) oder den Sasso d'Ortiga (2634 m), in der Trevisohütte übernachtet, wird sich das Vergnügen natürlich nicht entgehen lassen. Und interessiertes Publikum ist fast immer garantiert, hat man von der Hüttenterrasse aus doch freie Sicht auf den Kletterpfeiler...

➔ **Anfahrt** Von Fiera di Primiero (713 m) über die Cereda-Passstraße und Cant del Gal (1180 m) bis zum Wanderparkplatz (1305 m) im inneren Valle dei Canali, knapp 9 km.

↗ **Zustieg** Auf dem Schottersträßchen taleinwärts, dann über den Bach auf die rechte Talseite und in vielen Kehren an dem licht bewaldeten Hang hinauf zum *Rifugio Treviso* (1631 m).

↑ **Ferrata del Canalone**

In knapp zehn Minuten ist der Einstieg erreicht: auf dem mit 718 markierten Wanderweg über den Graben hinter der Hütte und links hinauf zum Einstieg (ca. 1680 m) am Pfeilerfuß. Sehr steil, aber bestens gesichert, läuft die Route über den fast senkrechten Fels. Vom Ausstieg (ca. 1730 m) durch Latschen noch etwas aufwärts, dann links an einem Drahtseil steil abwärts und auf einem mächtigen, am Steilfels verankerten Baumstamm in den Canalone. Über die vom Wasser rundgeschliffenen Felsen durch die Schlucht hinunter. Mit Kettensicherung um ein luftiges Eck herum und zurück zum Einstieg,½ *Std.*

↘ **Abstieg** Auf dem Hüttenweg ins Val Canali.

Sentiero del Cacciatore 91
Sentiero attrezzato Dino Buzzati 92

Cima della Stanga, 2550 m
Eine Tour für Romantiker

mittel

7³/₄ Std.

1480 m

Routencharakter: Mäßig schwierige gesicherte Steige im Süden der Pala-Hauptkette, abseits der großen Ziele, deshalb aber nicht weniger lohnend. Ausdauer, Schwindelfreiheit und ein sicherer Tritt sind unerlässlich; Selbstsicherung für wenige Geübte.
Ausgangspunkt: Wanderparkplatz bei der Baita la Ritonda (1086 m); Anfahrt von Fiera di Primiero (713 m) über die Cereda-Passstraße ins Valle dei Canali nach Cant del Gal (1080 m), 8 km.
Gehzeiten: Gesamt 7³/₄, Aufstieg 4¹/₂ Std., Abstieg 3¹/₄ Std.
Markierung: Rot-weiß-rot mit den SAT-Nummern 719, 742, 747.

Landkarten: Tabacco 1:25 000, Blatt 022 »Pale di San Martino«. Freytag&Berndt 1:50 000, Blatt WKS 15 »Pale di San Martino-Ágordo-Belluno«.
Highlights: Die faszinierend wilde Felskulisse rund um Sass Maor, Cima della Stanga und Cimerlo-Stock. Originelle Passagen am »Sentiero Buzzati«.
Einkehr/Unterkunft: Baita la Rotonda (1086 m) am Eingang ins Val Pradidali, ◷ Juni bis Mitte Oktober; Tel. 0439/76 2 23. Cant del Gal (1080 m), ◷ Mitte Juni bis Mitte Oktober; Tel. 0439/629 97.
Fototipps: Siehe »Highlights« – und bei schönem Wetter genug Filme mitnehmen!

Wer durch das Val Pradidali aufsteigt und dabei die zerklüfteten Felsformationen zur Linken im Auge hat, wird nicht unbedingt vermuten, dass man vergleichsweise leicht Zugang zu diesem Kletterrevier findet, auf zwei markierten Wegen sogar. Da ist einmal der »Sentiero del Cacciatore«, der seinem Namen alle Ehre macht, sich listig durchs schwierige Gelände mogelt, nur an ein paar Stellen gesichert. Für den Abstieg bietet sich dann der kaum weniger reizvolle »Sentiero Buzzati« an – insgesamt eine große Runde im Südwesten der Pala, weitab aller Trampelpfade, die das Attribut »romantisch« wirklich verdient.

Der »Sentiero Buzzati« erinnert an den in Belluno geborenen Schriftsteller, Maler, Grafiker und Journalisten Dino Buzzati (1906–1972), der seinen Heimatbergen zeitlebens verbunden war. Nicht zufällig verläuft »sein« Weg über den Cimerlo; wer die bizarre Felskulisse durchwandert, fühlt sich leicht in eine der fantastischen Erzählungen des Dichters versetzt – vor allem, wenn auch noch Nebel aufzieht und die Grenze zwischen Wirklichkeit und Schein verschwindet...

Sentiero Buzzati

91 / 92

➜ **Anfahrt** Von Fiera di Primiero (713 m) über die Cereda-Passstraße ins Valle dei Canali; 8 km bis Cant del Gal (1080 m).

↗ **Zustieg** Die Runde beginnt als Talwanderung, führt hinein ins Val Pradidali, zunächst einer Schotterpiste folgend, dann auf dem Pradidali-Hüttenweg, Markierung 709. Man verlässt ihn bei Pedemonte am Fuß der mächtigen Felsrampe, die zum Pradidalikessel ansteigt, nach links und erreicht rasch den Ausgangspunkt des »Jägersteigs« (1627 m; Tafel).

↑ **Sentiero del Cacciatore**

Die rot-weißen Markierungen leiten durch ein ausgetrocknetes Bachbett gerade aufwärts zur Mündung einer markanten, bereits vom Tal aus sichtbaren Schlucht (ca. 1880 m). Hier links auf ein schmales, luftiges Felsband (Drahtseil) und weiter über leichte Felsstufen und Bänder schräg bergan zu einem herrlichen Aussichts- und Rastplatz (ca. 2100 m) unter dem Riesenobelisk des Sass Maor (2814 m). In gut gesicherter Querung in den wilden Fels- und Geröllwinkel des Boàl dei Pissoti, wo auch spät im Sommer noch Wasser fließt, und schräg aufwärts zu einem Felsriegel. Ein Fixseil und etwas Armzug helfen über diese Schlüsselstelle hinweg; anschließend windet sich die dünne Spur im Zickzack über karge Wiesen und Schrofen hinauf gegen den Grat, wo links der »Sentiero Buzzati« abzweigt, *2 3/4 Std.*

Bei gutem Wetter wird man hier den kleinen Abstecher (20 Min.) zur *Cima della Stanga* (2550 m) nicht versäumen; der unbedeutende Gipfel bietet einen wahren »Kaiserblick« auf die Cima della Madonna (2752 m) mit der berühmten Schleierkante und den Sass Maor. Rund 200 Meter tiefer, am Fuß der Cima della Madonna, steht das im Sommer bewirtschaftete *Rifugio Velo della Madonna* (⇨ Tour 94).

Ein richtiger Schleichweg: der »Sentiero del Cacciatore«.

↓ **Sentiero Buzzati**

Von der Weggabelung am Verbindungsgrat zwischen Cima della Stanga und Cimerlo (ca. 2420 m) führt der »Sentiero Buzzati« zunächst links um den Torre Moser herum, dann aufwärts in eine enge Scharte und schließlich durch ein Felsentor (Drahtseil). Der Gipfel des Cimerlo (2503 m) wird nicht betreten (lohnender Abstecher, 5 Min.); man steigt – gleichsam auf einer schiefen Ebene – im Zickzack über

91
92

Im Lago di Welsperg spiegeln sich die Pala-Zinnen; links die Cima Canali.

die schrofendurchsetzte Südostabdachung des Berges ab, mit prächtig freier Aussicht auf den Gipfelkranz der Täler von Pradidali und Canali. Wer allerdings zu sehr in die Ferne guckt, läuft Gefahr, den Weiterweg zu verpassen. Der geht nämlich ins Bergesinnere. Zwei Eisenleitern führen hinunter in einen wenig auffallenden, kaum meterbreiten Schlund (ein vollgepackter Rucksack kann dabei leicht zum Hindernis werden!), aus dem man am Felsfuß wieder entlassen wird. Ein Blick zurück lässt erkennen, dass ein gewaltiger Felsklotz vom eigentlichen Bergkörper abgespaltet worden ist. Überhaupt scheint der ganze Steilhang recht instabil zu sein; 1976 – im Friauler Erdbebenjahr – stürzte einer der vielen Türme, die Gobba del Cimerlo, zusammen.

Der weitere Abstieg durch das Felslabyrinth der »Pinnacoli« wartet noch mit einigen gesicherten Passagen (Drahtseile), schönen Fotosujets, einer reichen Flora und viel, viel Geröll auf. Schließlich taucht das Weglein ein in den Wald. Parallel zu der mächtigen, bis in die Almwiesen von Fosne hinunterreichenden Schuttreiße steigt man ab zum »Troi de Ródena«, einem uralten Weideweg. Hier links und fast eben zur Laibi-Quelle, wo eine große Markierung wieder nach rechts weist, zur Malga Fosne (1370 m). Auf dem Asphaltsträßchen wandert man durch lichten Lärchenwald hinunter zur *Baita la Ritonda*.

93 Sentiero Nico Gusella
94 Via ferrata del Portòn
95 Via ferrata del Velo

Forcella Stephen, 2680 m, und Forcella del Portòn, 2450 m
Pala-Architektur und steile Wege

schwierig

6³/₄ Std.
km

600 m

Routencharakter: Die Ferrata del Portòn wartet zunächst mit einer luftigen 100-Meter-Vertikalen auf und mündet dann in einen steinschlaggefährdeten Canalone. Im Frühsommer können Steigeisen evtl. nützlich sein. Sehr reizvoll und mit ein paar schönen Passagen der Weiterweg zum Rifugio Velo della Madonna; Abstieg über die »Via de la Vechia« nicht ratsam (schwer zu finden!). Der »Sentiero Gusella« bildet eine weniger anspruchsvolle Variante zur »Ferrata del Portòn«, lässt sich mit dieser aber auch zu einer Runde verbinden.

Ausgangspunkt: Bergstation der Rosetta-Seilbahn (2609 m); Talstation ist San Martino di Castrozza (1466 m) im Val Cismon. Die Anlage ist von Ende Juni bis Ende September 8.30–17 Uhr in Betrieb.

Gehzeiten: Gesamt 6 ¾ Std.; Rosetta-Seilbahn – Passo di Ball – Rifugio Velo della Madonna 4 ½ Std., Abstieg 2 ¼ Std.

Markierung: Rot-weiß-rot mit den SAT-

Nummern 702, 715, 714, 739, 734, 713, 721.

Landkarten: Tabacco 1:25 000, Blatt 022 »Pale di San Martino«. Freytag&Berndt 1:50 000, Blatt WKS 15 »Pale di San Martino-Agordo-Belluno«.

Highlights: Die Felskulisse der südwestlichen Pala; Auftakt zur »Ferrata del Portòn«, der einmalige Blick auf die beiden »Zwillinge« Cima della Madonna und Sass Maor. Im Sommer Blumen am Abstiegsweg.

Einkehr/Unterkunft: Rifugio Rosetta (2581 m), ⏱ Mitte Juni bis Ende September; Tel. 0439/683 08. Rifugio Pradidali (2278 m), ⏱ 20. Juni bis 20. September; Tel. 0439/641 80. Rifugio Velo della Madonna (2358 m), ⏱ 20. Juni bis Ende September; Tel. 0439/76 87 31.

Fototipps: Jede Menge schönster Dolomitenmotive unterwegs. Action an der »Ferrata del Portòn« im Vormittagslicht, Silhouette der »Zwillinge«.

Stehen im Norden der Pala deren höchste Erhebungen, so findet sich im Südwesten ihr schönstes Gipfelpaar: Sass Maor (2814 m) und Cima della Madonna (2752 m). Sie bilden die beiden letzten markanten Felsbauten der Pala-Hauptkette, die sich am Cimerlo mehr und mehr in ein Gewirr von bizarren Türmen und Zacken auflöst und schließlich im Grün der Almen und Wälder versinkt.

Maor und Madonna: ein gigantisches Felshorn und ein unvergleichliches Profil, die berühmte Schleierkante, italienisch »Spigolo del velo«,

Tipp

Man kann die Tour auch vom Val Canali aus unternehmen: Anstieg zum Rifugio Pradidali, dann auf den Klettersteigen »Portòn« und »Velo della Madonna« zur Hütte am Fuß der Schleierkante. Abstieg über den auf kürzeren Abschnitten gesicherten »Sentiero Depaoli«, Rückweg über die Prati Fosne zum Wanderparkplatz bei Cant del Gal (1180 m), insgesamt etwa 9 Std.

Traum ganzer Bergsteigergenerationen, als eine der schönsten Kletterreien in den Dolomiten gerühmt, Idealtour des IV. und V. Schwierigkeitsgrades. Klettersteigler müssen sich allerdings mit bewundernden Blicken auf diese himmelwärts strebende »Magic line« begnügen ... Neid braucht dabei nicht aufzukommen, ist das »eiserne« Angebot in diesem Winkel der Pala doch erstklassig: »Sentiero Gusella«, die Ferrate »Portòn« und »Velo«, »Sentiero del Cacciatore« (⇨ Tour 91) und »Sentiero Buzzati« (⇨ Tour 92). Zusammen mit den Tal- und Hüttenwegen bilden sie ein dicht gewobenes Netz von markierten Pfaden zwischen dem Val Cismon und dem Val Pradidali – ein herrliches Tourenrevier auch für Verwöhnte!

→ **Anfahrt** San Martino di Castrozza (1466 m) liegt südlich des Rollepasses im Val Cismon, 30 km von Predazzo. Am Ortseingang befindet sich die Talstation der Rosettabahn; mit Sessellift und ab Col Verde mit der Großkabinen-Seilbahn schwebt man hinauf zum Gipfelgrat der Rosetta (2609 m).

Nurmehr Notabstieg: die »Ferrata de la Vechia«.

↗ **Zustieg** Auf dem einst kunstvoll angelegten Val-di-Roda-Weg in vielen Kehren unter der Cima di Roda abwärts, dann in langer Querung über die Sockelfelsen der Pala di San Martino (2982 m) und der Cima Immink, zuletzt ansteigend, in den *Passo di Ball* (2443 m). Eine Viertelstunde jenseits des Passes steht das *Rifugio Pradidali* (2278 m).

↑ **Sentiero Gusella**

Vom Passo di Ball auf ausgetretener Spur in die von der *Forcella Stephen* herabziehende Schlucht, die rechts von mächtigen Überhängen überragt wird. Mit neuen Drahtseilsicherungen über die plattigen Felsen ziemlich steil hinauf zu der Scharte (2680 m); hier empfiehlt sich der kleine Abstecher auf markierter Spur nördlich zur Cima di Val di Roda (2791 m; 20 Min).

Der »Sentiero Gusella« wendet sich nun in die stark gegliederte Westflanke der Cima di Ball (2802 m). Man quert, teilweise gesichert, in eine winzige Scharte, wo sich unvermittelt ein »Kaiserblick« auf das gradiose Felsduo Maor-Madonna auftut (Rastplatz). Nun über felsdurchsetzte Edelweißwiesen hinab in die *Forcella del Portòn* (2450 m), *2 Std.*

↑ **Ferrata del Portòn**

Vom Rifugio Pradidali (2278 m) über einen Schrofenbuckel in den (meist bis in den Sommer hinein schneegefüllten) Graben am Fuß der

93 / 94
95

Traumroute im Palafels: die »Schleierkante« an der Cima della Madonna.

Ostwand der Cima di Ball. Hier weisen Bügelreihen gleich senkrecht über die graue Felsflucht nach oben. Gut 100 Meter höher wendet sich die Route in die von der *Forcella del Portòn* herabziehende Geröllschlucht. An ein paar Klammern absteigend, erreicht man den Grund der düsteren Schuttrinne. Nun mühsam in dem steinschlaggefährdeten Schlund aufwärts und über zwei Leitern in die enge Scharte (2450 m) mit Prachtblick auf die »Schleierkante«, *1 ¹/₂ Std.*

↑ **Ferrata del Velo**

Die Weiterweg führt zunächst in einem weiten Bogen – erst ab-, dann wieder ansteigend – hinüber zu den westseitigen Sockelfelsen der

Cima della Madonna. Schlüsselstelle der Ferrata ist eine tief eingerissene Schlucht, die mit Hilfe solider Sicherungen (Drahtseile, Eisenbügel) überwunden wird. Anschließend leiten die Markierungen unter Überhängen in leichteres Gelände und zuletzt ansteigend zum *Rifugio Velo della Madonna* (2358 m), *1 Std.*

↘ **Abstieg** Auf gutem Weg über eine Felsbarriere (Drahtseile) hinunter ins Kar Sopra Ronz, wo rechts der alte Abstiegsweg vom Portòn (»Ferrata de la Vechia«) mündet. Die Route, vor dem Bau der Hütte angelegt, dient heute nur mehr als Notabstieg, ist auch mangelhaft bezeichnet und schwer zu finden (Abzweig bei der Forcella del Portòn). Weiter auf Weg 721 über die westseitigen Sockelfelsen der Cima di Ball hinunter in den Wald. Man quert das Val di Roda an seiner Mündung und wandert auf breiten Forstwegen zurück nach *San Martino di Castrozza* (1466 m).

Via ferrata Bolver-Lugli 96
Via ferrata Gabitta d'Ignoti 97

Cima della Vezzana, 3192 m
Auf Klettersteigen über den höchsten Palagipfel

schwierig

8 1/4 Std.

1500 m

Routencharakter: Spitzenferrata, lang, steil und nur mit (jüngst erneuerten) Drahtseilen gesichert. Große Landschaft, insgesamt eine Tour, die einige Anforderungen an Kondition und alpine Erfahrung stellt. Für den Abstieg durch das Valle dei Cantoni können Steigeisen (Grödel) nützlich sein.
Ausgangspunkt: Seilbahnstation Col Verde (1965 m) oberhalb von San Martino di Castrozza (1466 m). Die Rosetta-Lifte verkehren von Ende Juni bis Ende September von 8.30–17 Uhr.
Gehzeiten: Gesamt 8 1/4 Std.; Aufstieg 5 Std., Abstieg 3 1/4 Std. Steigt man vom Bivacco Fiamme Gialle durch das Valle dei Cantoni zum Col Verde ab, ergibt sich eine Gesamtgehzeit von 6 3/4 Std.
Markierungen: Rot-weiß mit den Nummern 706, 716, 703 und 715; am Klettersteig und am Abkürzungsweg vom Passo Bettega hinunter zum Col Verde rote Punkte.
Landkarten: Tabacco 1:25 000, Blatt 022 »Pale di San Martino«. Freytag&Berndt 1:50 000, Blatt WKS 15 »Pale di San Martino-Ágordo-Belluno«.
Highlights: Prächtige Kletterei an der Ferrata, Felsumrahmung des Travignolopasses, Panorama von der Cima della Vezzana.
Einkehr/Unterkunft: Rifugio Rosetta (2581 m), ☉ bewirtschaftet Mitte Juni bis Ende September; Tel. 0439/683 08.
Unterkunft: Bivacco Fiamme Gialle (3005 m), stets zugänglich.
Fototipps: Action am Klettersteig; die Gipfelüberschreitung bietet dann tolle Fels- und Stimmungsbilder. Wer in der Rosettahütte übernachtet, kann bei Schönwetter den Sonnenuntergang vom Rosettagipfel (2741 m; 1/2 Std.) erleben und fotografieren.

Cimòn della Pala (3184 m) – das »Matterhorn der Dolomiten«. Ein populärer Vergleich, etwas hinkend zwar wie alle Vergleiche, aber halt immer wieder zu hören, zu lesen. Wer über den Rollepass fährt oder von der Baita Segantini hinaufguckt in die Felsen, könnte aber fast glauben, den weltberühmten Viertausender vor sich zu haben, so elegant schwingt sich das Horn in den Himmel. Erstmals bestiegen wurde der zweithöchste Gipfel der Pala im Sommer 1870 (also fünf Jahre nach dem Matterhorn) von dem Engländer E.R. Whitewell zusammen mit seinen beiden Führern Santo Siorpaès und Christian Lauener, der eine aus Cortina d'Ampezzo, der andere aus dem Berner Oberland. Sie nahmen – typisch für jene Zeit – den Weg über das steinschlaggefährdete nordseitige Eiscouloir. Später erst wurde der Anstieg von Süden,

Via ferrata Bolver-Lugli

96 / 97 durch das Valle dei Cantoni, üblich, und genau ein Jahrhundert nach der Erstbesteigung erhielt der Cimòn della Pala »seinen« Klettersteig. Ob er sich über das Jubiläumsgeschenk gefreut hat? Unter Kennern die »Ferrata Bolver-Lugli« jedenfalls als eine der schönsten Ferrate der Dolomiten. Sparsam gesichert, verbindet sie in idealer Weise Klettererlebnis und Landschaftsgenuss, und wer sich am Ausstieg zum Bivacco Fiamme Gialle noch fit genug fühlt, kann an den »Eisenweg« die Überschreitung des höchsten Palaberges anhängen, der *Cima della Vezzana* (3192 m), mit Abstieg über die jüngst renovierte »Ferrata D'Ignoti« ins Val Strut – eine grandiose Tour! Der Cimòngipfel dagegen ist nach wie vor eine mäßig schwierige Kletterei im II. und III. Grad – nichts für »Ferratisti«!

➜ **Anfahrt** San Martino di Castrozza (1466 m) liegt südlich des Rollepasses im Val Cismon, 30 km von Predazzo. Am Ortseingang befindet sich die Talstation der Rosettabahn; der Sessellift fährt hinauf zur Umsteigestation Col Verde (1965 m; Seilbahn weiter zur Rosetta, 2609 m).

↗ **Zustieg** Von der Liftstation steigt man, den rot-weiß-roten Markierungen folgend, über steinige Wiesen hinauf zu dem markanten Wandvorbau unter der Croda della Pala (2960 m).

↑ **Via ferrata Bolver-Lugli**
Eine Bronzetafel (ca. 2280 m) markiert den Einstieg zur Ferrata, aber noch nicht den Beginn der Sicherungen. Farbtupfer leiten zunächst über den Schrofenvorbau zur Wand. Dann aber zeigt die »Bolver-Lugli« rasch einmal ihre Klasse: die in kurzen Abständen fixierten Seile leiten steil nach oben, teilweise nahe der Vertikalen; der feste Fels bietet dabei überall gute, wenn auch gelegentlich recht kleine Haltepunkte. Im wesentlichen folgt die Ferrata einer 1921 von den Brüdern Langes eröffneten Führe (III). Ein solider Haken erleichtert den Überstieg aus einer Minischarte; nur wenig höher in der Wand folgt eine Steilrinne. Dann wird das Gelände allmählich leichter, die Neigung nimmt ab, und bei ein paar bizarren Gratzacken läuft die Route schließlich aus. Eine Spur führt am Rand des obersten Valle dei Cantoni links zur roten Blechkiste des *Bivacco Fiamme Gialle* (3005 m), *3 Std.*

↘ **Abstieg** Zunächst im Schutt unter den Felsen des Cimòn della Pala leicht abwärts in den *Passo del Travignolo* (2925 m), wo sich ein packender Tiefblick auf den gleichnami-

Steile Route: die »Ferrata Bolver-Lugli«.

gen (arg geschrumpften) Glet-scher bietet. Nun den rot-weißen Markierungen folgend hinunter in den Gerölltrichter des Valle dei Cantoni, wobei ein felsiger Abbruch am rechten Rand um-gangen werden muss (Drahtseil). Hier keinesfalls abrutschen, auch wenn Altschnee dazu verführt (Warntafel zwischen die Felsen gespannt!). Mit fast 100 Metern Gegenanstieg rechts aus dem Canalone heraus in den *Passo Bettega* (2667 m). Nun entweder westwärts um die Cima Corona (2768 m) herum zum *Rifugio Rosetta* (2581 m), *1 ³/₄ Std.*, oder über Schrofen und leichte Felsen direkt steil hinun-

ter zum alten Rosettasteig. Die Abkürzung verlangt sicheren Tritt (kurze Kletterstellen, I-II), zwei Passagen sind mit Drahtseilen gesichert; bis Col Verde *2 ³/₄ Std.*

In den Bergen nichts Unge-wöhnliches: Bergstürze, hier aus der Westwand des Cimòn della Pala.

↓ Via ferrata Gabitta d'Ignoti

Aus dem Passo del Travignolo führt eine markierte Wegspur in ein paar Kehren rechts am steilen Schutthang aufwärts zu dem namenlo-sen Sattel (3030 m) unter dem Nuvolo. Hier links und über den schro-figen Rücken zum Grat und an ihm zum Gipfel der *Cima della Vez-zana* (3192 m), *1 Std.* vom Bivacco Fiamme Gialle.

Der nordseitige Abstieg führt über plattige Felsen hinunter zum spal-tenfreien, kümmerlichen Gletscherrest im Val Strut; Seile und Veran-kerungen der »Ferrata Gabitta d'Ignoti« wurden erst vor kurzem er-neuert. Faszinierend der Blick über das »versteinerte Meer« des Pala-Hochplateaus zur Fradusta; am Fuß der Cima dei Bureloni (3130 m), unter einem Felsüberhang, steht das Bivacco Brunner (2667 m).

↘ **Abstieg** Auf einer Geröll- und Wegspur steil hinunter zum querfüh-renden »Sentiero delle Farangole« (2310 m). Auf ihm erst flach über dem innersten Valle delle Comelle (Drahtseile) in den Pian dei Can-toni (2313 m), wo der Weg von Garès herauf einmündet. Er führt hin-auf zum Westrand des Altipiano delle Pale di San Martino und zum *Rifugio Rosetta* (2581 m).

DER AUTOR

Eugen E. Hüsler, geb. 1944 in Zürich, veröffentlicht Reiseführer über Alpenländer, Wander- und Klettersteigführer sowie Bildbände. Inzwischen sind es über 50 Titel. Seit 25 Jahren ist er in den Alpen unterwegs, vor allem wandernd, gerne auch mit dem Seil, ohne ein Extremer zu sein.
Eugen E. Hüsler lebt seit 1983 in Bayern. Bei Bruckmann erschien zuletzt von ihm der »Klettersteigführer Westalpen«.

Eine Produktion des **Bruckmann**-Teams, München
Lektorat: Heinrich Bauregger und Georg Steinbichler

Kartografie: Christian Rolle, Umweltkartographie und Geoinformationstechnik, Holzkirchen
Darstellung der Anstiegsskizzen: Eugen E. Hüsler
Satz: Gramma GmbH, München

Titelbild: Am Gabriella-Band, hoch über dem innersten Val Stalata (Foto: Eugen E. Hüsler).
Umschlagrückseite: Sehr beliebt: die »Ferrata Pisciadù« (Foto: Eugen E. Hüsler).
Abbildung Seite 1: An der »Ferrata Pisciadù« (Foto: Eugen E. Hüsler).
Alle Fotos im Innenteil von Hildegard und Eugen E. Hüsler mit folgenden Ausnahmen: Manfred Kostner, Unterwielenbach, S.6, 16, 18, 23, 44, 61, 67, 69, 70, 79, 99, 101, 104, 105, 111, 119, 120, 133, 134, 151, 154;
Franz Hofstätter, München, S. 113.

Alle Angaben dieses Werkes wurden vom Autor sorgfältig recherchiert und auf den aktuellen Stand gebracht sowie vom Verlag auf Stimmigkeit geprüft. Für die Richtigkeit der Angaben kann jedoch keine Haftung übernommen werden. Für Hinweise und Anregungen sind wir jederzeit dankbar. Bitte richten Sie diese direkt an den Autor: Eugen E. Hüsler, Ostener Straße 5, 83623 Dietramszell; TEl. 080 27/13 69, Fax 080 27/90 45 31.

Gedruckt auf chlorfrei gebleichtem Papier

Die Deutsche Bibliothek – CIP-Einheitsaufnahme

Ein Titeldatensatz für diese Publikation ist bei
Der Deutschen Bibliothek erhältlich

Gesamtverzeichnis gratis:
Bruckmann Verlag GmbH, Innsbrucker Ring 15, 81612 München
Internet: www.bruckmann.de